HISTÓRIAS DE MATERNIDADE
para aquecer o coração

AMY NEWMARK

HISTÓRIAS DE MATERNIDADE
para aquecer o coração

DA SÉRIE
CANJA DE GALINHA
PARA A ALMA

Tradução
Giovana Bomentre

Rio de Janeiro, 2022

Copyright © 2016 por Chicken Soup for the Soul Publishing, LLC. Todos os direitos reservados.
Copyright da tradução © 2022 por Casa dos Livros Editora LTDA.
Título original: *Chicken Soup for the Soul. For Mom with love*

Todos os direitos desta publicação são reservados à Casa dos Livros Editora LTDA.
Nenhuma parte desta obra pode ser apropriada e estocada em sistema de banco de dados ou
processo similar, em qualquer forma ou meio, seja eletrônico, de fotocópia, gravação etc., sem
a permissão do detentor do copyright.

Diretora editorial: *Raquel Cozer*
Gerente editorial: *Alice Mello*
Editores: *Lara Berruezo e Victor Almeida*
Assistência editorial: *Anna Clara Gonçalves e Camila Carneiro*
Copidesque: *Laura Folgueira*
Revisão: *Anna Beatriz Seilhe*
Capa: *Renata Vidal*
Diagramação: *Abreu's System*

Dados Internacionais de Catalogação na Publicação (CIP)
(Câmara Brasileira do Livro, SP, Brasil)

Newmark, Amy
  Histórias de maternidade para aquecer o coração : da série Canja de galinha para a alma / Amy Newmark ; tradução Giovana Bomentre. – Rio de Janeiro, RJ : HarperCollins Brasil, 2022. – (Canja de galinha para a alma)

  Título original: Chicken soup for the soul : for mom with love.
  ISBN 978-65-5511-294-8

  1. Experiências de vida 2. Mães e filhos 3. Maternidade
I. Título. II. Série.

22-101557   CDD-306.8743

Índices para catálogo sistemático:
1. Maternidade : Experiências : Sociologia   306.8743
Eliete Marques da Silva – Bibliotecária – CRB-8/9380

Os pontos de vista desta obra são de responsabilidade de seu autor, não refletindo necessariamente a posição da HarperCollins Brasil, da HarperCollins Publishers ou de sua equipe editorial.

HarperCollins Brasil é uma marca licenciada à Casa dos Livros Editora LTDA.
Todos os direitos reservados à Casa dos Livros Editora LTDA.
Rua da Quitanda, 86, sala 218 – Centro
Rio de Janeiro, RJ – CEP 20091-005
Tel.: (21) 3175-1030
www.harpercollins.com.br

Sumário

Introdução.. 11

❶
Obrigada por me ensinar

1 – As partes boas... 16
2 – As meias de Natal da mamãe 18
3 – Tudo que eu precisava saber 20
4 – Mantendo a lucidez aos 95 24
5 – Sorrir não dói 28
6 – Como correr me ajudou a curar as feridas 31
7 – Derrama no estádio 34
8 – Destacando-se 38
9 – A garota com cachos dourados 41
10 – O próximo novo passo 45
11 – O presente da vovó.. 48

❷
Obrigada por estar sempre certa

12 – Líder de torcida 54
13 – O *tour de force* da mamãe 58
14 – A especialista em fertilidade................................... 63
15 – Noites insones 65
16 – Design de produtos 68

17 – Convite de festa 72
18 – Um passo positivo 74
19 – Feia 77
20 – O dia mais importante da minha vida 81
21 – A última noite em casa 85
22 – Celebrando as lágrimas 88
23 – A cinturinha da década de 1950 91

❸
Obrigada por estar presente

24 – Uma filha como eu? 96
25 – Minha mãe, meu pai, meu tudo 98
26 – Voltando para casa 100
27 – Sempre mãe 103
28 – Feliz aniversário, raio de sol 106
29 – Noite da pizza 110
30 – Uma verdadeira mãe 113
31 – Mamãe ao resgate 115
32 – Um vestido rosa e uma promessa 117
33 – A matriarca 120
34 – Maternidade: não é exatamente um passeio no parque 124
35 – Rivalidade de guirlanda 128

❹
Obrigada por sua força

36 – Vale mais que dinheiro 132
37 – Volte à montanha do coração 135
38 – Para minha outra mãe 139
39 – As meninas do ônibus 142
40 – A vez dela 145
41 – Vaqueira urbana 148

42 – Corrida com o coração 152
43 – Encontrando o Natal 155
44 – Cabelo é superestimado 159
45 – Mãe-Maravilha 161
46 – Chá da tarde 165
47 – Aulas de dança 168

❺
Obrigada pelas memórias

48 – Um passeio glorioso 172
49 – Os biscoitos de Natal da mamãe 174
50 – Do jeitinho que eu gosto 177
51 – O poder curativo do papel higiênico 180
52 – Mamãe não jogava limpo 184
53 – A alegria de uma amizade inesperada 186
54 – Casa de sol e lágrimas 188
55 – Presentes para guardar 192
56 – Te amo para sempre 196
57 – O início das manhãs com Deus e minha mãe 199
58 – O outro lado da mesa 202
59 – Filha de Lilian 205

❻
Obrigada por ser meu exemplo

60 – A moça no espelho 210
61 – Dia dos Pais 212
62 – O perdão da meia-noite 215
63 – Sem reclamações 219
64 – Queimada 221
65 – Esperança no futuro 225
66 – O medalhão 229

67 – Perdoando o imperdoável 233
68 – Focando o que temos 236
69 – As aventuras de ficar em casa 239
70 – Uma lição de vida sobre coragem 243
71 – Virando minha mãe 247

❼
Obrigada pelas risadas

72 – A Bíblia da vovó 252
73 – Procura-se senso de humor 256
74 – Um punhado de dólares 259
75 – A aula de culinária 262
76 – A mulherzinha 266
77 – Atenda o telefone 269
78 – O moletom amaldiçoado 271
79 – Coisas sérias 274
80 – Um vestido simples de noiva 276
81 – Bolas de algodão 280

❽
Obrigada por ser minha base

82 – Maternidade noturna 286
83 – Ali o tempo todo 289
84 – Amor incondicional 292
85 – Do desespero à paz 294
86 – O baú de cedro da vovó 296
87 – Encontrando forças no amor 299
88 – Ela nunca parou de me amar 302
89 – O concurso de soletrar 307
90 – Dia da Independência 311
91 – O segredo de ofício da vovó 315

9
E agora sou eu que cuido de você

92 – Coberta de amor...320

93 – Nas mãos dela 324

94 – A meia perdida 327

95 – Falando com a batata..329

96 – Um peru de Ação de Graças 331

97 – Uma criança pequena irá guiá-los..........................335

98 – Destino acidental..337

99 – Tal mãe, tal filha 340

100 – Época de narcisos...342

101 – Rebobinar...345

Conheça os colaboradores 347

Conheça Amy Newmark..365

Agradecimentos..367

Introdução

A autora motivacional Marion C. Garretty dizia: "O amor materno é o combustível que capacita um ser humano comum a fazer o impossível". As mães de fato conseguem o impossível, encontrando tempo para criar os filhos, gerir casa, trabalhar, fazer trabalho voluntário, além de cuidar de seu marido ou sua esposa, de animais de estimação e dos próprios pais idosos. Não dá para entender o quanto é difícil até você se tornar mãe.

Minhas colegas editoras e eu somos todas mães, então, entendemos. E foi com essa compreensão que compilamos carinhosamente estas histórias, para mostrar para mães de todas as idades o quanto são valorizadas e amadas.

Não homenageamos apenas mães neste livro. Incluímos também histórias sobre avós, madrastas, sogras e outras mães de nossas vidas. Essas narrativas tocantes às vezes farão você rir, em alguns momentos chorar um pouquinho e, principalmente, farão cada mãe sentir com alegria o impacto que tem na vida de seus filhos.

Tenho certeza de que você vai adorar as histórias do Capítulo 1 — Obrigada por ser minha professora —, por ser uma parte tão importante do que nós, mães, fazemos. Em "Tudo que eu precisaria saber", Barbara Ann Burris descreve como foi observar sua mãe gerenciando o próprio empório e serviço de buffet. Barbara se ressentia do negócio da mãe quando era adolescente, mas agora percebe o quanto aprendeu "sobre fé e determinação, trabalho duro, responsabilidade e, acima de tudo, cuidado".

No Capítulo 2 — Obrigada por sempre estar certa —, você lerá histórias que confirmam o que as mães já sabem: estamos SEMPRE certas! Em "Convite para festa", nossa editora sênior, Barbara LoMonaco, conta a vez em que teve que recusar um dia na Disney com a melhor amiga porque já tinha aceitado o convite para o aniversário de outra menina. A mãe da Barbara não permitiu que ela renegasse o convite anterior. Fazendo a coisa certa, embora de maneira relutante, Barbara foi ao aniversário e se divertiu muito no fim das contas, e nos diz: "Minha mãe estava certa... como sempre".

A colaboradora prolífica de *Canja de galinha para a alma* Mimi Greenwood Knight compartilha a história "Mamãe ao resgate" no Capítulo 3 — Obrigada por estar presente. No caso de Mimi, a mãe dela preparou um rápido jantar especial depois que o carro do acompanhante da filha teve um problema que os fez perder o jantar pré-festa de formatura. A mãe inclusive lavou, secou e passou a camisa manchada de óleo do rapaz enquanto os dois comiam, "remediando mais um pequeno trauma da minha vida", segundo Mimi.

Já se perguntou como consegue fazer algumas das coisas que faz como mãe? O Capítulo 4 — Obrigada por sua força — é sobre as habilidades super-humanas que as mães conseguem desempenhar. Em "Mãe-maravilha", a canadense Susan Blakeney nos conta sobre a vez em que sua mãe manteve os filhos calmos e felizes durante uma grande nevasca que os deixou presos por uma semana. O pai deles não conseguiu voltar para casa por dias, e a nevasca foi tão grave que chamaram os soldados para abrir as estradas. A mãe de Susan estava apavorada o tempo todo, mas nunca deixou transparecer para as crianças mesmo que, "como mãe, nunca tenha estado tão sobrecarregada nem tão sozinha".

O Capítulo 5 — Obrigada pelas memórias — é sobre aqueles momentos especiais que entram para a tradição familiar, como o conto de Toni Becker, "O poder curador do papel higiênico". Toni e sua mãe de 92 anos, que estava em estágio terminal de câncer, decidiram ter uma última aventura jogando papel higiênico nos quintais do irmão e da irmã de Toni. Toni conta: "Nas semanas seguintes, minha mãe e eu partilhamos muitas risadas depois de cada uma de nós receber telefonemas de parentes confusos se perguntando quem teria feito algo tão estranho".

Não há dúvida de que nós, mães, somos exemplos de conduta e que nossas lições persistem muito depois de partirmos. No Capítulo 6 — Obrigada por ser meu exemplo —, Lisa Hutchinson conta, em "Focando o que temos", como a "postura otimista" que a mãe teve depois de um derrame que a paralisou "me ajudou a seguir em frente, a ter fé e a manter minha conexão com ela, especialmente depois do falecimento". Lisa fala que o exemplo da mãe "com certeza mudou a minha vida".

Criar bem os filhos exige um grande senso de humor, certo? E isso vale para ser avô ou avó também. Robin Rylee Harderson me fez gargalhar em "A Bíblia da vovó", que é uma das muitas histórias engraçadas do Capítulo 7 — Obrigada pelas risadas. A avó de Robin era uma fonte de sabedoria, "citando" a Bíblia com frequência. Um dia, quando alguém chamou Robin de pirralha, vovó disse: "Você volte para casa e fale para ele que só os iguais se reconhecem". Robin confessa que a "Bíblia" da vovó, por mais suspeita que fosse, "sempre resolvia qualquer problema que aparecesse no meu caminho".

No Capítulo 8 — Obrigada por ser meu porto seguro —, você conhecerá algumas mães inabaláveis no apoio incondicional aos filhos. Sempre fiquei admirada com a história de Leigh Ann Bryant, "Ela nunca deixou de me amar". A mãe de Leigh Ann foi seu porto seguro durante o julgamento por matar o próprio marido, com quem a mãe tinha avisado para ela não se casar. Leigh Ann conta: "Ela ficou do meu lado e me amou durante esse tempo todo. Quando os jurados me pouparam da prisão, ela fez joinha e sussurrou: 'Eu te amo'. Um sorriso inundou meu rosto — acreditei nela. Minha mãe me ama, não importa o que aconteça".

Nossas mães nos amam incondicionalmente e nós as amamos de volta, em todas as 101 histórias desta inspiradora coletânea. Oferecemos estas histórias no espírito da "solidariedade materna". Já estou sorrindo ao imaginar você lendo cada uma delas.

Amy Newmark
Autora e editora-chefe de *Canja de galinha para alma*

Obrigada por me ensinar

Sempre que estou encrencada, pergunto ao meu coração: "O que devo fazer?". Ele toda vez me responde: "Faça o que sua mãe sugeriria". Mãe, obrigada por ser o meu farol.

Autor desconhecido

1 – As partes boas

Uma mãe é uma pessoa que, ao perceber que só há quatro fatias de torta
para cinco pessoas, prontamente anuncia que nunca ligou para torta.
Tenneva Jordan

Quando eu era criança, minha mãe comia as coisas mais nojentas. Cascas dos meus sanduíches, torrada queimada, os últimos pedaços murchos de pizza que eu sempre abandonava. Ela comia os miúdos, inclusive moela, o caule do brócolis e as migalhas de batatinhas no fundo do saco. Eram dela as bolachas quebradas e as batatas assadas com pontos pretos no meio. Ela descascava uma maçã para mim e comia a casca, o que era aterrorizante, e, quando eu terminava, ela ficava com o resto de fruta ao redor das sementes. Eu achava que tinha algo de errado com ela.

Minha mãe também se vestia mal. Ela nunca comprou um par de tênis decente para si mesma, e as calças de moletom estavam todas gastas. Nunca entendi por que ela se vestia tão mal, pois ela sempre me comprava roupas lindas e bem na moda. Ela ainda tinha alguns casacos aveludados horríveis dos anos 1970, e eu rezava para que ela nunca aparecesse na escola com um deles. Se aparecesse, Deus me livre, provavelmente estaria comendo borda de pizza queimada e roendo um caroço de pêssego.

Minha mãe me dava muita vergonha.

Então, em uma manhã, finalmente entendi. Depois de comer no café da manhã as torradas que minha filha não quis e a casca de uma ameixa, fui com ela às compras. Eu precisava de uma sandália nova para um casamento naquele final de semana. Porém, assim que chegamos ao shopping, percebi que os meus pés não estavam em crescimento. Era só uma festa. Ninguém ficaria olhando para os meus pés. Mas minha filha? Quase todos os sapatos dela estavam apertados, e logo ela mudaria para um tamanho maior. Precisava de sapatos novos mais do que eu.

Considerei comprar um novo vestido, mas será que eu precisava mesmo dele? Não. Minha pequena estava crescendo, assim como o tamanho das roupas dela, e não teria nada que servisse. Decidi esperar e gastar o dinheiro em coisas para ela.

Quando chegamos em casa, almoçamos. Ela comeu a parte macia dos brócolis, e percebi que aprendi a adorar os caules duros. Descasquei um pêssego para ela e chupei toda a polpa do caroço enquanto ela comia a parte boa. Eu queria um biscoito doce, mas só tinha duas e eu decidi que não gostava mais tanto de biscoitos quanto na infância. Igual a minha mãe, e era por isso que ela também me deixava ficar com as últimas do pacote.

Quando você é pai ou mãe, não se importa de abrir mão das partes boas. Eu não preciso de um monte de coisas novas, porque já tenho todo o necessário. Tenho minha filha e a felicidade dela, e tenho uma mãe que finalmente valorizo — uma mãe que um dia me deu todas as partes boas na esperança de que eu também me tornasse esse tipo de mãe.

Victoria Fedden

2 – As meias de Natal da mamãe

Abra seu coração — abra bem; há alguém esperando do lado de fora.
Citado em Believe: A Christmas Treasury, *por Mary Engelbreit*

Nossa mãe, June Parker, era pesquisadora espiritual, historiadora, estudante da vida, jornalista e escritora. Nada disso era uma profissão, eram todas paixões. Depois que ela morreu, eu me vi em seu escritório ensolarado e organizado, mexendo nos muitos artigos de jornal arquivados, cartas ao editor e notas genealógicas, cada um perfeitamente digitado em sua máquina de escrever Selectric da IBM.

Uma página chamou minha atenção. Tinha o título "As meias de Natal da mamãe" e dizia: "Todo Natal, vocês sempre encheram uma meia para a mamãe. Eu quero que continuem enchendo. Escolham exatamente o que eu amaria. Encontrem alguém a quem dar essa meia recheada — uma mulher na prisão ou em reabilitação, ou em um centro para moradores de rua. Esse é o presente de Natal mais precioso que eu poderia dar ou receber — compartilhar o amor que conhecemos com alguém que realmente precise de uma dose de amor. E, dessa maneira, continuarei participando do seus Natais e continuarei a ser parte da minha maravilhosa família".

Dei cópias às minhas irmãs e ao meu irmão e peguei uma cópia para mim.

Nosso primeiro Natal sem mamãe se aproximava, e fui comprando alguns itens divertidos e úteis para a meia de Natal dela. Comprei uma linda meia branca e embrulhei cada item, enchendo a meia com cuidado. Encontrei uma organização em Nova York, onde moro, chamada Women In Need (WIN) [Mulheres que Precisam de Ajuda] — era o lugar perfeito para receber aquela doação! Senti a presença dela comigo enquanto caminhava para a sede em meu horário de almoço. Contei como estava feliz de compartilhar nosso amor daquela maneira, sabendo que ela estava ao meu lado.

As mulheres no escritório da WIN ficaram gratas e comovidas pelo pedido da minha mãe e prometeram encontrar uma mulher especial para receber a meia.

O sentimento de amor ficou comigo ao longo do dia e, quando encontrei minhas amigas naquela noite na academia, contei o que tinha acabado de vivenciar. No final do ano seguinte, fizemos uma festa só para nós: jogos de tabuleiro, bebidas e oito meias cheias para a Women In Need.

O entusiasmo delas me ajudou a criar o evento anual Meia da Mamãe, no qual coletamos doações de itens necessários e enchemos mais de 150 meias de Natal para mulheres que vivem em abrigos para moradores de rua em Nova York. O evento cresceu e agora inclui meias para bebês e crianças, além de vale-presentes para adolescentes. Meus amigos e seus filhos são convidados para um evento em minha casa para encher as meias, beber refrescos e participar da partilha de doses de amor.

Minhas irmãs e meu irmão moram em outros estados e, junto a suas famílias, enchem meias para entregar em lugares à escolha de cada um. A família estendida da minha mãe também faz doações para o evento Meia da Mamãe de diversas maneiras. Todas as doações são bem-vindas e usadas para essa causa amorosa.

Todo ano, agradeço minha mãe por me dar o presente de Natal mais precioso: a oportunidade de compartilhar amor onde ele é verdadeiramente necessário.

Daryl Wendy Strauss

3 – Tudo que eu precisava saber

Há algumas coisas que aprendemos melhor na calmaria;
outras, na tempestade.
Willa Cather

Minha mãe era a mãe "diferente". Raramente estava em casa, emulando a mulher profissional e dinâmica que só se tornaria comum na década seguinte. No ano em que completei dez anos, mamãe comprou um empório e começou um serviço de buffet na sala dos fundos. Meus amigos chegavam da escola e encontravam as mães no meio do preparo do jantar, ansiosas para ouvir sobre o dia deles. Eu chegava em uma casa vazia com um jantar preparado pela minha avó ou que eu ou minha irmã precisávamos aquecer no forno.

Nunca gostei de ir à escola, mas, durante o ensino médio, odiei completamente. Costumava fingir todo tipo de doença para me livrar das aulas. Trabalhando sete dias por semana, minha mãe tinha pouca energia sobrando para discutir comigo. A reputação do serviço de buffet dela crescera. E, por mais que parecesse impossível, ela passou a trabalhar ainda mais, o que me magoava muito. Entre projetar bolos de casamento, preparar refeições inteiras e expandir os horários do empório para atrair transeuntes madrugadores e compradores de última hora, ela passava dezessete extenuantes horas de pé. Simplesmente não lhe sobrava energia para lidar com uma adolescente teimosa de quatorze anos. Então ela me punia do único jeito que podia.

— Não sei o que você está tentando evitar — dizia ela. — Mas você não vai ficar na cama o dia inteiro, se é o que está pensando.

Ela bebericava do copo de café de forma impaciente, enquanto eu tomava banho e me vestia.

Nossa primeira parada era a Padaria Temmler's. Às 5h30, quando o bairro comercial estava vazio e escuro, a cozinha da Temmler's estava iluminada. Entrávamos pela porta dos fundos enquanto os homens da equipe, vestidos de branco dos pés à cabeça, estavam encerrando suas horas de bater massas, assar e decorar. Os negócios estavam prestes a acontecer na vitrine, onde os vendedores, incluindo a sra. Temmler, deslizavam imensas bandejas prateadas cheias de doces nas prateleiras, preparando-se para a chegada de pessoas famintas a caminho do trem para Chicago.

Encurvado sobre um banquinho com uma xícara de café fumegante, o sr. Temmler indicava bruscamente onde estava o pedido que minha mãe encomendara no meio do oceano de quitutes doces e estantes de filões aromáticos. O forte sotaque alemão o fazia soar severo. Mas reparei que ele sempre indicava os melhores produtos para ela. Nós arrastávamos até a perua as bandejas pesadas e lotadas de rocamboles, canudos de creme, donuts de geleia e bolinhos de café. Filões de pão quente eram cuidadosamente dispostos em grandes sacos marrons e inseridos com delicadeza em fendas e vãos. A alguns quilômetros, mamãe estacionava o carro na rua vazia. Nós colocávamos tudo na seção de padaria do empório, logo depois da porta de entrada, para os cheiros gostosos acordarem outro grupo de madrugadores a caminho do trem.

Eu odiava o empório, com seu fluxo e refluxo imprevisível de clientes exigentes. Eu preferia a cozinha. No fundo do prédio estreito de madeira, a cozinha ocupava um espaço imenso com seu pé-direito de seis metros que acumulava calor no inverno, mas nos sufocava como um grosso cobertor de calor no verão. Fileiras suspensas de luz fluorescente iluminavam a área de trabalho com um brilho cálido sobre o piso gasto de madeira e reflexos metálicos das bancadas de preparação. Eu era fascinada pela velha batedeira Hobart, quase tão alta quanto eu. Tinha o dobro da minha idade, mas seu motor de som grave seguia rodando de forma confiável, transformando imensas tigelas de ingredientes em massas acetinadas de bolo. O grande forno preto de pizza no canto dos fundos era diferente de todos os fornos que eu já vira, com seus dois metros de largura por trinta centímetros de altura sobre pernas compridas. Mas ele assava tortas e bolos às dúzias sem esforço.

Meu primeiro trabalho do dia geralmente era fazer donuts. Mamãe não confiava em mim para preparar a massa, então ela mesma fazia isso. Despejava tudo no tubo cônico suspenso sobre o poço de gordura. Eu deslizava o tubo sobre a piscina fervilhante, acionando a alavanca que descia os donuts um a um. O cheiro de donuts frescos e quentes era convidativo a princípio, mas ia ficando nojento conforme a fragrância de fritura permeava minhas roupas e meu cabelo. Eu revirava os donuts ferventes em panelas de chocolate e de cobertura de baunilha, depois os soltava em imensas tigelas de granulados coloridos ou coco ralado macio antes de dispô-los em grandes bandejas prateadas como as da padaria. Mexi em tantos donuts quentes quando tinha quatorze anos que juro que minhas digitais foram permanentemente removidas.

Mamãe talvez até fosse boa em falar comigo sobre os meus problemas e os motivos pelos quais eu não queria ir para a escola, mas eu não estava escutando. Nas poucas vezes que conversávamos, era uma batalha verbal intensa que chegava rapidamente num beco sem saída e terminava de forma abrupta com um tapa na minha cara por algum comentário impertinente.

No fim das contas, ela desistia de falar e só trabalhava. E eu trabalhava ao lado dela. Aprendi a limpar e a preparar camarões enormes, além de tornar atrativo um bolo salgado com camadas alternadas de pão com carne de caranguejo ou atum, decorado como um bolo de casamento com uma cobertura de cream cheese e apetitosas azeitonas e cebolinhas. Eu passava horas de pé cortando com cuidado canapés a partir de filões de pão e aprendendo a decorá-los com perfeição. Percebia a atenção que ela dava aos detalhes e o jeito que sorria ajeitando a postura quando clientes elogiavam a apresentação adorável e os sabores deliciosos da comida. Eu escutava as conversas com o rapaz das entregas. Ela sabia o nome e a história de todo mundo. Eles ansiavam por revê-la e contar sobre a própria vida. Eu via como todos a respeitavam e admiravam. E tinha orgulho de tê-la como mãe.

Eu limpava o chão com um esfregão pesado e passava pano nos equipamentos. Lavava pilhas de panelas, assadeiras e utensílios culinários. Não havia máquina de lavar louças, apenas eu. Minhas costas doíam de ficar sobre a pia de porcelana, mas logo percebi que, se eu não lavasse aquilo, a pessoa que ficaria responsável pela limpeza seria minha mãe. Era por isso que ela estava sempre atrasada para o jantar ou nem chegava a tempo de comer.

Com o tempo, entendi a tenacidade e a determinação necessárias para alcançar aquele sonho. Eu amava como ela se iluminava quando cumpríamos os prazos que constantemente a assombravam, tanto do ponto de vista da produção como do financeiro. E aprendi o preço de um sonho quando, no fim do dia, ela desabava na cama sabendo que a rotina recomeçaria em algumas horas. Mas eu via o quanto ela valorizava seu sonho e acreditava que valia a pena.

Antes de terminar o ensino médio, eu já entendia de custos fixos e marketing, cronogramas e folha de pagamento. Mas, principalmente, aprendi fé e determinação, trabalho duro, responsabilidade e, acima de tudo, cuidado. Mamãe e eu nunca tivemos nenhuma das conversas tradicionais de mãe e filha que se vê nas histórias. Mas, sem palavras, sobre as tortas e os bolos, canapés e sanduíches, ela me explicou tudo que eu precisava saber.

Barbara Ann Burris

4 – Mantendo a lucidez aos 95

Envelhecer não é perder a juventude,
mas uma nova etapa de oportunidade e força.
Betty Friedan

Faz algum tempo, ando interessada em maneiras de aumentar o potencial do meu cérebro. O tempo está passando, e estou tendo dificuldade de lembrar nomes — o que eu fazia sem esforço na juventude.

As pessoas que conheço que mantiveram a mente afiada em idade avançada têm algumas características em comum. Todas são física e mentalmente ativas. Exemplo: minha sogra. Regularmente, meu marido e eu conversamos com a mãe dele, Lilian, uma mulher de 95 anos, e a visitamos. Até o momento em que quebrou o quadril, há alguns meses, ela era fisicamente ativa. Entretanto, ela conseguiu se adaptar.

— Você quer ajuda em casa? — perguntou meu marido em nossa última visita.

— Eu tinha ajuda quando não podia andar. Agora consigo caminhar bem com o andador. Preciso fazer o máximo possível de coisas sozinha — respondeu ela.

Lilian contratou uma pessoa para limpar a casa, encomendava comida a maior parte do tempo e continuou vivendo de maneira independente na casa da família, grande e em estilo vitoriano. A mente dela está mais ativa do que nunca, e ela está se recuperando da fratura.

— Vamos lá — disse ela —, deixa eu ver se consigo derrotar vocês.

Ela olhou para o papel no qual anotara perguntas. Então nos desafiou com uma coletânea tirada de seus programas de quiz favoritos.

Durante o almoço, na cozinha, eu decidi entrevistá-la.

— Eu sei que você nunca esquece um número de telefone, aniversário ou data importante. Como consegue?

— Simples — respondeu. — Escrevo tudo e estudo. Se eu vejo, consigo lembrar. — Então declamou nosso número de telefone para demonstrar sua habilidade.

— O que mantém seu espírito jovem e sua mente afiada? — perguntei.

— Para mim, é o contato com família e amigos. Já que não posso sair por aí como antes, converso pelo telefone. Me mantém conectada. Eu também me sento na varanda e observo o que está acontecendo no bairro. Gosto particularmente de observar e escutar crianças brincando. Às vezes os vizinhos passam aqui para uma visita.

Minha sogra, além de ser animada e determinada, tem um grande interesse nas pessoas. Isso a mantém bem. Falar com seus filhos, netos e bisnetos também mantém a mente dela ativa e ágil, assim como assistir a programas de auditório com jogos e entrevistas. Ela se sente conectada com o que está acontecendo social e politicamente no mundo. Interação humana é um elemento crucial para manter a mente dela afiada e potencializar a memória.

Ela fez uma cara feia para mim porque eu estava servindo o almoço que levamos para a casa dela. Disse que queria pedir de um restaurante e nos tratar como convidados. Mas nós gostamos de mimá-la quando a visitamos. Fazemos as compras. Meu marido faz pequenos reparos na casa. Levamos fotos dos bisnetos.

— Você faz algo específico para manter a memória aguçada? — perguntei.

— Toda noite, antes de dormir, recito o alfabeto ao contrário.

Em diversas ocasiões, levei minha sogra para um check-up. A médica dela disse que tanto a genética como o estilo de vida interferem no possível desenvolvimento de demência ou Alzheimer.

Pessoas que sofrem de colesterol alto, pressão alta e diabete são particularmente vulneráveis. Os cientistas encontraram associações entre Alzheimer e pressão alta, que pode prejudicar vasos sanguíneos do cérebro. Assim, controlar a pressão também é importante. Minha sogra toma remédios para esse problema. E ela ainda fica de olho no sal ingerido. As pessoas mais velhas também precisam ficar atentas a interações medicamentosas, que podem afetar a memória e o raciocínio.

Lilian estimula a mente com atividades como a leitura de livros e palavras-cruzadas. Ela manteve a mente ativa e curiosa nos últimos anos com este tipo de atividade: leitura, escrita, palestras e até jardinagem.

Para os que estão em boas condições físicas, caminhar, nadar e dançar são algumas das atividades que podem ajudar a manter nossa mente ativa. Meus sogros foram nadadores e dançarinos assíduos por muitos anos. Eles também gostavam de viajar para lugares novos e de conhecer novas pessoas. Todas essas atividades constroem reserva cognitiva. Uma variedade de lazeres e atividades físicas mantiveram a mente de Lilian afiada ao longo dos anos.

Observei que aqueles que são física, mental e socialmente ativos apresentam menos sinais de declínio cognitivo. Essa hipótese foi confirmada pela médica de Lilian, Barbara Paris, que encoraja a socialização e manter-se mentalmente ativo para manter a mente afiada. "Se não usar, vai perdendo", enfatiza a dra. Paris, que também afirma que manter um senso de comunidade e socialização é importante. São exatamente as coisas que minha sogra faz todos os dias.

— Por que você acha que viveu uma vida tão longa e relativamente saudável? — perguntei a Lilian.

Ela ficou pensativa, correndo os dedos por entre os cabelos brancos.

— Bom, acredito que comer de forma saudável, muitas frutas e vegetais, mas não demais. Tento ser otimista. Valorizo cada dia e me mantenho ocupada. Tento encontrar soluções para os meus problemas sempre que possível.

Tudo isso é verdade. Essencialmente, Lilian vê o copo meio cheio. Ela não perde tempo com acontecimentos negativos. Também vê o melhor nas pessoas. Sua visão positiva da vida, força de caráter e determinação para viver ao máximo e superar todos os obstáculos mantêm a mente dela afiada e saudável. Quando há problemas, ela busca soluções. Ela não se lamenta. Todos podemos aprender muito com pessoas como Lilian para potencializar nossos cérebros.

Jacqueline Seewald

5 – Sorrir não dói

Antes de fazer cara feia, tenha certeza absoluta
de que não há sorrisos disponíveis.
Jim Beggs

Da última vez que a minha sogra de 83 anos nos visitou, perguntei como ela estava se sentindo. É uma pergunta válida. Afinal, ela tinha feito artroplastia nos dois joelhos, colocado uma haste no fêmur e recebido um transplante de fígado. Pinos estruturam seus punhos e a artrite está tão estabelecida em seus ossos que ela já não consegue mais abrir a massa de seus famosos biscoitinhos crocantes de canela. Ela anda devagar e com movimentos precisos para evitar mais uma queda.

Mas não parou de se mexer. Inclusive, ela e o meu sogro foram ao seu primeiro show do Jimmy Buffet neste verão... e sentaram-se no gramado. Eis a questão dos meus sogros: eles nunca recusam um convite ou uma nova aventura. Se conseguirem dar um jeito, estão dispostos a experimentar praticamente tudo. Quando precisamos que venham cuidar das crianças, temos que marcar com muita antecedência.

Eles nos inspiram diariamente.

Quando perguntei como ela estava se sentindo, minha sogra respondeu sem um pingo de autopiedade:

— Bom, quase tudo dói todos os dias. Alguns dias são melhores que outros. Mas sabe o que descobri? Sorrir não dói nadinha. Então é o que decidi fazer... sorrir para todo mundo que encontrar. Eu talvez não consiga fazer tudo que fazia antes, mas posso ao menos iluminar o dia de alguém.

É uma sabedoria tão simples e uma mudança tão profunda!

Mudar o foco do que não temos, do que perdemos, dos nossos fardos para o que podemos oferecer aos outros é a diferença entre viver na escuridão ou na luz radiante. E essa luz, é claro, faz a jornada ser muito mais fácil para nós e para os outros.

A chave para uma vida que vale a pena, eu acredito, é mudar a perspectiva...

De dentro para fora
De abrir mão para dar as mãos
Da autoconsciência para consciência global
De mentes fechadas para corações abertos
De "Não, obrigada" para "Sim, vamos!"
De julgamento para aceitação
De arrogância para humildade
De coisas para pessoas
De indiferença para amor

Você não precisa pegar no colo bebês de um orfanato distante ou assumir as despesas de uma cirurgia extremamente necessária para alguém. Não é preciso abrir uma fundação para apoiar vítimas de violência doméstica ou atravessar o país de bicicleta arrecadando dinheiro para crianças subnutridas. Claro, se você tiver tempo, meios e capacidade física para fazer essas coisas, então... vá! Faça! Corra como o vento! Comece algo importante! Faça enormes doações!

Mas o que eu quero dizer é: às vezes a mudança chega em pacotes de papel-pardo, muito menores e menos dramáticos do que aqueles com glitter e um laço rosa brilhante. Às vezes a mudança pode se parecer até demais com gentileza e empatia diárias. Às vezes a mudança começa por permitir que outro motorista passe na sua frente, por segurar a porta para uma mãe com os braços cheios de compras, por um agradecimento gentil ao caixa ranzinza do mercado (mesmo que ele fique mais confortável resmungando e franzindo a testa do que aceitando uma palavra de encorajamento), por uma gorjeta generosa para o garçom, pela oferta de algo para amenizar o ronco do estômago de um estranho faminto.

Na teoria do caos, o efeito borboleta afirma que a menor das brisas provocadas pelo bater de asas de uma borboleta pode mudar a trajetória de um furacão do outro lado do mundo.

Imagine, então, as possibilidades contidas em um único sorriso.

A vovó sabe.

Katrina Anne Willis

6 – Como correr me ajudou a curar as feridas

Aprendi que terminar uma maratona não é apenas um feito atlético. É um estado mental; um estado mental que diz que tudo é possível.
John Hanc

Fazia uma semana que minha mãe morrera, e eu não sabia como seguir com a vida. Em vez de ir ao trabalho ou para o mercado, eu me escondi sob as cobertas, desejando que eu também pudesse desaparecer. Eu tinha 28 anos e minha mãe, 54. Eu sentia que fora roubada.

Então, quando recebi o e-mail de uma amiga falando de uma corrida de cinco quilômetros para arrecadar fundos para uma pesquisa de câncer pancreático, ignorei. Parecia perto demais da ferida, já que foi essa a doença que levou a minha mãe. Mas algo nas palavras dessa amiga — "Posso ajudar a organizar tudo" — ficou comigo. Eu me senti obrigada a concordar, nem que fosse só para aceitar o apoio dela.

Juntas, eu e minhas amigas caminhamos em homenagem à minha mãe. Tentei ignorar as camisetas de outros participantes, muitos com fotos de entes queridos que perderam. Eram um lembrete dolorido de que a minha mãe já não estava disponível para me ouvir reclamar das irritações da vida cotidiana nem para me ver casando e tendo filhos.

Minhas amigas e eu fomos almoçar depois e acabei me divertindo. Mas imediatamente me senti culpada.

Nas semanas seguintes, consegui voltar ao mundo dos vivos. Sei que é como minha mãe gostaria que fosse. Ela era do tipo que nunca se dá por derrotada. Inclusive, quando estava grávida de mim, os médicos avisaram que, por ser diabética, estaria arriscando a vida ao me ter.

— Mas eu ia ter você, independentemente das consequências — disse ela. E foi justamente esse espírito que me ajudou a seguir adiante.

Além disso, me manter ocupada era preferível a enlouquecer com coisas como imaginar o que teria acontecido se eu tivesse tido a chance de me despedir. O fato de que eu tive que ir trabalhar no último dia dela em vez de pegar uma folga para visitá-la, embora soubesse que ela não estava bem, me assombrava. Mas mamãe havia incutido uma ética do trabalho seríssima em mim, me desencorajando de tirar um dia de folga.

Um ano depois, para minha surpresa, eu me inscrevi para a mesma corrida. Pareceu a coisa certa. Eu conferia o site da nossa equipe diariamente, sentindo uma pontada de orgulho sempre que uma doação nos impulsionava para a meta de arrecadação.

A maioria do nosso time caminhou os cinco quilômetros, mas muitos membros correram dez quilômetros. Quando a corrida acabou, notei que os corredores tinham todos uma coisa em comum: estavam radiantes. Faziam parecer tão recompensador — e fácil. Eu queria aquilo.

Então, me inscrevi para uma corrida de dez quilômetros dali a dois meses. Considerando que eu mal conseguia correr dois quilômetros, foi um ato ambicioso. Mas o meu namorado e eu elaboramos um plano de treinamento para que eu não chegasse em último lugar. Segui o plano religiosamente e não deixei que nada me atrapalhasse — nem uma viagem para São Francisco.

Correndo colina acima e morro abaixo, fui inundada de memórias. Eu havia morado lá depois da faculdade, e minha mãe me visitava com frequência. Passei pela Bloomingdale's, lembrando a vez em que batemos boca ali, para o desgosto dos vendedores. Tudo começou quando minha irmã e eu discutimos por eu ter me atrasado meia hora para encontrá-la.

— Por que vocês não podem se dar bem? — perguntou mamãe.

Fiquei contra ela também.

Eu estava prestes a me repreender quando lembrei de algo que mamãe disse depois de receber o diagnóstico. "Não quero que se sinta culpada por nada." Suas mãos com pele finíssima me abraçaram com força. Ela sabia que eu podia ser minha pior inimiga, sempre ávida por me culpar. Um peso a menos nos meus ombros. Corri com energia renovada.

Nos meses seguintes, me vi rindo novamente com amigas sem vestígio de culpa. E consegui dormir sem pesadelos com os momentos finais da minha mãe. A vida parecia mais leve.

Quando chegou a corrida, dei tudo de mim — não por mim, mas pela minha mãe e por tudo que ela me ensinou e continua a me ensinar. Ao correr, sempre que sentia a velocidade diminuir, eu a imaginava torcendo por mim, como fizera em todos os jogos de futebol e apresentações da minha infância.

Ao cruzar a linha de chegada, eu estava preenchida pelo amor dela e por um senso de paz. A tal ponto que, pouco tempo depois, me inscrevi para uma meia-maratona.

Kristin Julie Viola

7 – Derrama no estádio

O espírito humano é mais forte do que qualquer coisa
que possa acontecer a ele.
C.C. Scott

Entrei na cozinha, onde minha mãe estava observando nossa Nespresso, intrigada.

— O que é isso, uma cebola?

— Não, mãe, é uma máquina de café.

— E o que são essas coisinhas… cebolinhas? — perguntou, apontando para as cápsulas da máquina.

Minha mãe não gosta de tecnologia nem de café, então não fiquei surpresa por ela não entender nosso aparato. Achei que ela estivesse brincando quando começou a chamar outras coisas da cozinha de "cebolas".

Era o Quatro de Julho, e íamos para o jogo dos Mets em homenagem ao aniversário de 81 anos da minha mãe. Ela e minha irmã vieram para a minha casa para irmos todos juntos de carro até lá.

No caminho, enquanto pegávamos a via expressa, minha mãe continuava um pouco estranha. Quando meu marido fez uma curva suave para sair da avenida e evitar o trânsito, ela fez elogios excessivos às habilidades de direção dele. Chegamos ao estádio vinte minutos depois e ela ainda estava tagarelando coisas peculiares.

Eu não sabia muito sobre derrames, mas me ocorreu que ela podia estar tendo um. Pedi orientações para chegar à enfermaria do estádio e a conduzi para lá sem a informar para onde estávamos indo.

No elevador, mamãe começou a gritar que precisávamos ver o "imperador" — o que percebi ser a palavra dela para o estádio Citi Field. Aparentemente, ela fez o salto de "estádio" de beisebol para "Coliseu" para "imperador" romano, palavras de origem latina. Ela tentou nos desviar várias vezes do caminho para nos mostrar o imperador enquanto eu a levava para os paramédicos.

Eles fizeram a avaliação; minha mãe alegremente identificou a caneta que eles mostraram como "uma chave" e fomos levadas às pressas de ambulância para a unidade de derrames em um hospital do Queens. As habilidades linguísticas da minha mãe estavam deteriorando rapidamente.

Tivemos sorte de detectar o derrame dela a tempo de administrar o remédio tPA. Essa medicação, em termos leigos, interrompe o derrame, como se desligasse um disco rígido que está começando a apagar os próprios dados. Mas o tPA é um poderoso anticoagulante, que pode matar o paciente. Houve alguns momentos tensos quando precisei tomar a decisão de usá-lo ou não, mas eu sabia que minha mãe preferiria correr o risco de morte a permitir que o derrame continuasse agindo. Minha mãe recebeu tPA no primeiro hospital e sobreviveu, então fomos de ambulância até outro hospital em Manhattan, com uma unidade de derrame mais sofisticada.

Depois de um derrame, as células cerebrais incham, e os sintomas pioram cada vez mais. Minha mãe foi de chamar as coisas de "cebola" a não saber nem o próprio nome. Mas, apesar disso, ela disse que não queria cancelar a festa de sessenta anos de casamento que ela e meu pai haviam planejado para a semana seguinte. Quando apontei que ela estava perdendo muitas palavras e que não lembraria o nome de ninguém, ela respondeu:

— Eles só vão pensar que sou um pouco peculiar... que já é o que pensavam de mim antes.

Mesmo enfrentando uma perda profunda, mamãe continuou a ter aquele humor autodepreciativo!

Quando ela lembrou seu primeiro nome e o nome de solteira, alguns dias depois, ainda não conseguia lembrar o nome de casada. Então, ela deu de ombros e disse:

— Não importa muito.

Isso pareceu um comentário sobre o casamento desgastado. As sequelas de um derrame são paradoxais. Quando entreguei um formulário do hospital, sem pensar, para minha mãe assinar, ela o fez com perfeição: escreveu seu nome, nome do meio e sobrenome. Eu mostrei a ela e sugeri que escrevesse o próprio nome e lesse para si mesma quando não conseguisse lembrar.

Alguns dias depois, minha mãe foi mandada para casa com o diagnóstico de afasia receptiva e expressiva. Isso significa que ela tinha dificuldade em entender linguagem falada e escrita, e em encontrar as palavras certas para se expressar. Fiz um grande cartaz com fotos de familiares e os respectivos nomes sob cada foto. Não estava ajudando na relação com meu irmão e minha irmã o fato de que mamãe estava chamando os dois pelo meu nome. Todos na família foram "Amy" pelos primeiros dias.

Colocamos minha mãe em um programa de reabilitação terapêutica da fala, que ela frequentava várias vezes por semana. Quando estavam testando as habilidades dela e descobriram que ela não pronunciava os Rs, eu intervim para explicar que ela era de Boston, onde dizem "cahos motohizados" em vez de "carros motorizados". Deus me livre de desperdiçar as preciosas consultas pagas pelo seguro tentando restaurar um "R" que minha mãe nunca pronunciou!

Minha irmã se voluntariou para levar nossa mãe à terapia e a ajudar com os exercícios à noite. Durante os meses seguintes, ela frequentou a terapia da fala assiduamente e passou horas fazendo o dever de casa a cada noite, reaprendendo palavras, especialmente os pronomes e as unidades de tempo mais difíceis. Ela ainda tem problemas com pronomes masculinos e femininos, unidades de tempo e o entendimento de letras e números falados, mas recuperou quase todas as outras palavras ou encontrou substitutos.

A afasia dura a vida toda e, mesmo hoje em dia, depois de três anos, minha mãe testa alguns pronomes antes de acertar, especialmente quando está cansada. Ela ainda frequenta um grupo de apoio para afasia. Essa é sua nova vida, mas sei que ela se sente sortuda. Ela sabe como foi importante ter tido o derrame na nossa frente, para que pudéssemos encontrar ajuda médica de imediato. Se ela estivesse em casa ou dormindo, não há como prever quanto as sequelas seriam graves.

Desde o começo, minha mãe corajosamente informa atendentes de loja que teve um "derrama" e, por isso, tem dificuldade em encontrar palavras. Ela chama de derrama em vez de derrame, o que parece adequado, porque é como se o cérebro dela tivesse derramado uma parte das palavras.

Fiquei muito impressionada com a maneira como minha mãe lidou com essa mudança dramática já sendo idosa. Sua bravura, falta de vergonha e atitude positiva foram inspiradoras. Inclusive, apenas duas semanas depois do derrame, ela e minha irmã voltaram ao estádio Citi Field para outro jogo dos Mets. Mamãe estava um pouco ansiosa por voltar ao lugar em que teve o derrame, mas escolheu encarar o medo de frente.

Naquela primeira vez de volta ao estádio, ou "imperador", minha mãe descobriu a cura para a ansiedade: as imensas margaritas que vendem no Citi Field. Ela comprou uma e bebericou o jogo todo. E toma uma margarita em todos os jogos do Mets desde então. Ela encontrou alternativas para as palavras que perdeu permanentemente e encontrou uma alternativa para assistir ao jogo sem ter um derrame, ou derrama, apesar dos altos e baixos dos Mets.

Amy Newmark

8 – Destacando-se

Coragem é ter medo e ir mesmo assim.
Dan Rather

Eu sempre soube que minha mãe era diferente das outras. Não era só na aparência — seu porte pequeno, cabelo preto e olhos amendoados escuros contrastavam com as loiras monumentais que acompanhavam as outras crianças da escola. A fala dela era temperada com sílabas extras, e às vezes as palavras saíam na ordem errada. Não me incomodava que ela fosse diferente — afinal, eu também era diferente dos meus amigos!

Por fora, nossa casa parecia qualquer outra casa do bairro. Mas, por dentro, lindas bonecas vestidas com quimonos coloridos posavam em redomas de vidro. Nossa geladeira e despensa tinham comidas que as outras crianças nunca haviam visto. Eu nunca pensei no significado desses itens. Eram apenas mais uma parte da minha vida.

No almoço, outras crianças pediam para trocar os biscoitos e doces das suas lancheiras pelas bolachas de arroz que eu levava. E me pediam para mostrar como dobrar quadrados de papel em pequenos brinquedos como gatos, cestas e pássaros, do jeito que minha mãe me ensinara. Se havia alguma maldade dirigida a nós, eu e meus irmãos éramos protegidos dela pelos nossos maravilhosos professores e demais adultos da nossa vida.

A única coisa que me incomodava era não ter parentes por perto. Outras crianças iam visitar seus primos e falavam das tias e dos tios. Os meus parentes viviam do outro lado do globo. Eu sabia que tinha primos, mas só os vira em fotografias. Quando mamãe falava com as irmãs pelo telefone, usava uma língua que parecia misteriosa e divertida. Na época do Natal, ganhávamos lindos cartões com letras de aparência estranha.

Foi só quando me inscrevi para uma aula de japonês, na faculdade, que percebi o tamanho da adaptação que minha mãe teve que fazer ao seguir o marido para a terra natal dele. Até então, o Japão era, para mim, uma terra exótica e distante, na qual as pessoas falavam de maneira diferente e comiam alimentos que não encontrávamos na maioria dos restaurantes do Meio-Oeste. Graças aos estudantes internacionais do campus, fiquei sabendo mais sobre os costumes e a cultura. Nas aulas, consegui aprender várias palavras e frases, mas houve poucas oportunidades de praticar depois que virei professora.

Depois, eu mesma me tornei mãe. Meus filhos herdaram os meus cabelos e olhos escuros, mas não eram as únicas crianças de descendência asiática na escola. A essa altura, havia outras: crianças adotadas por pais caucasianos, bem como filhos de imigrantes. Eles também foram ensinados a celebrar as diferenças. Quando minha filha mais velha era pequena, eu e minha mãe a levamos para visitar nossa família no Japão. Adorei visitar os meus parentes, mas foi frustrante não conseguir me comunicar com eles. Em passeios para fazer compras, os meus primos ficavam de olho em mim como ficariam em uma criança pequena, sabendo que eu não conseguia ler as placas da rua ou fazer compras sozinha. De novo, eu era a diferente. Agora eu tinha a mesma aparência que os outros, mas me destacava por não conseguir entender a língua. Era assim que minha mãe se sentia quando chegou aos Estados Unidos?

Agora que me aposentei do trabalho de professora em tempo integral, posso focar em alguns dos meus objetivos anteriores. Um deles é aprender a falar japonês fluentemente. O único ano de aula que fiz durante a faculdade não foi o suficiente para me permitir ter conversas com meus tios e primos quando eles vinham visitar. Eu quero conhecer melhor esses parentes. Quero aprender do que eles gostam e não gostam, conhecer o cotidiano deles e compartilhar histórias sobre os dois lados da família.

Dizem que é mais difícil aprender uma língua nova depois de adulto e eu diria que é verdade. Mas estou curtindo essa nova aventura. Quatro dias por semana, sento-me em uma sala com pessoas de metade da minha idade. Quatro noites por semana, eu me debruço sobre o dever de casa e completo as listas de exercício com diligência. Pode ser mais difícil para mim absorver o vocabulário novo, mas agora tenho tempo para exercitar e praticar. Estou estudando por mim, não por uma nota. E, mais que isso, estou valorizando a conexão com a minha cultura. Todas as noites, quando termino o dever de casa, chamo a minha "professora particular" para revisar o que escrevi. Ela está feliz por eu ter iniciado essa empreitada. Deve ter sido difícil para ela ter que ser minha intérprete em todas as viagens para o Japão e em todas a visitas dos nossos parentes. Se eu ficar fluente, poderemos dividir a carga. Mas, além disso, estamos construindo uma conexão preciosa com a terra que ela amava e teve que deixar.

Eu ainda acho que minha mãe é diferente. Ela é diferente por ter tido a coragem de deixar para trás tudo o que conhecia para ir a um lugar distante e construir uma nova vida. Ela teve a inteligência de aprender a se imiscuir naquela sociedade desconhecida e criar três filhos, ensinando pelo exemplo a importância do trabalho árduo, da perseverança e do respeito aos outros.

Espero que eu também seja diferente e que os meus filhos e netos admirem a diferença.

Patricia Gordon

9 – A garota com cachos dourados

Como a borboleta, eu também despertarei no meu tempo.
Débora Chaskin

— **M**as eu não quero cuidar da vovó!

Eu tinha dezessete anos e era o primeiro dia das férias de verão. Minha expectativa era passar o melhor verão de todos. Em setembro, começaria o meu último ano da escola e, depois da formatura, eu teria que arranjar um trabalho. Aquele era o último verão em que estaria completamente livre e, agora, minha mãe estava tentando roubar esse momento de mim ao me forçar a tomar conta da minha avó. Ela morava a cem quilômetros de casa. Se eu fosse ficar com ela, ficaria longe de todos os meus amigos.

Minha avó tinha oitenta anos e diabetes. Ela estava mal e era apenas uma questão de tempo para o pé dela ser amputado. Também precisava de uma dose de insulina todas as manhãs. Eu teria que aprender a dar a injeção nela, fazer todas as refeições, fazer todo o trabalho doméstico e lavar as roupas, além de levá-la à consulta médica semanal. Não era justo!

Embora fôssemos uma família grande, ninguém mais podia ou queria cuidar da vovó. Disseram para mim que, se eu não cuidasse dela, ela teria que ir para uma casa de repouso. O imenso peso da culpa foi colocado em meus ombros. Se eu não concordasse, seria uma adolescente egoísta, terrível e mimada, que só se importava consigo mesma.

Passei pouquíssimo tempo com a vovó quando era criança e mal a conhecia. Esse seria o pior verão da minha vida.

Pratiquei as injeções em uma laranja, mas, da primeira vez em que dei a dose de insulina nela, quase vomitei. A dieta dela era bem restritiva e a comida tinha de ser medida e cozinhada de um jeito específico. Ela me culpava pelo que considerava "comida sem gosto".

Eu sentia saudade dos meus amigos e sabia que estavam se divertindo no shopping e em encontros. Eu não ia ter encontro nenhum naquele verão. Minha vida acabara.

As únicas leituras disponíveis na casa dela eram revistas *National Geographic* dos anos 1970. Perguntei se tinha alguma outra coisa para ler e ela disse que achava que havia um dicionário na mesa. Eu tinha a sensação de que, antes do final das férias, estaria lendo o dicionário e grata por ele estar ali.

Duas vezes por dia, eu precisava trocar os curativos do pé direito dela. Dois dos dedos estavam pretos. Era apenas uma questão de tempo até eles caíssem nas bandagens ou tivessem que ser amputados. A cada troca de curativos, eu rezava para que os dedos ainda estivessem grudados ao pé.

Ela usava cadeira de rodas, e um dia eu a empurrei para o jardim, sob a sombra de uma árvore, e me sentei ao lado dela. Uma borboleta passou por nós, e ela sorriu pela primeira vez desde que eu chegara.

— Quando eu era menininha, amava borboletas. Eu as caçava, mas nunca as pegava porque, se a gente as pega, elas morrem — disse ela.

Tentei imaginar minha avó como uma menininha que adorava borboletas, mas não consegui. Era só uma senhora doente, e eu estava presa a ela.

— Quando eu era jovem, tinha cachos dourados e lindos, que passavam da minha cintura. Inclusive, quando eu me sentava, tinha que afastar meu cabelo para não me sentar nele. Todo mundo tinha inveja dos meus longos cachos. Minha mãe passava os dedos pelo meu cabelo à noite e amarrava pequenos laços ao longo dele para fazer os cachos — contou. — Minha mãe morreu quando eu tinha onze anos. Tive que tomar conta das minhas duas irmãs e dos meus três irmãos. A partir daí, eu tive que cozinhar e limpar a casa sozinha. Meu pai era um homem quieto; nós mal conversávamos. Eu tive que abandonar a escola no quarto ano. Chorei por não poder mais ir à escola.

Percebi que não sabia nada sobre a minha avó.

— Meu pai contou que havia perdido nossa fazenda e que tínhamos que nos mudar do Kentucky para o Kansas. Eu odiei ter que trocar as colinas verdes de Kentucky pelas planícies tediosas e secas do Kansas. Eu tinha amigos em Kentucky. Nunca consegui fazer amigos no Kansas porque estava ocupada cuidando do meu pai e dos meus cinco irmãos e irmãs. Quando eu tinha dezesseis anos, um rapaz vizinho perguntou se eu queria me casar com ele e eu disse sim. Nunca fomos a um encontro nem nos beijamos, mas eu estava tão cansada de cozinhar, limpar e cuidar de cinco crianças que quis fugir. Ele tinha lindos olhos azuis, então me casei com ele. Minhas duas irmãs já tinham idade suficiente para assumir a cozinha e a limpeza — prosseguiu ela, com o olhar na distância do passado.

Toda tarde, depois do almoço, eu a levava para o jardim e ela me contava mais histórias de sua vida. Eu acho que ninguém as ouviu antes de mim.

Ela sempre morou numa fazenda, que mal conseguia fornecer comida para a família. Quando ainda era adolescente, teve duas filhas natimortas. Depois teve mais nove filhos.

Eu estava chateada por não poder ir ao shopping ou a encontros. Quando ela tinha a minha idade, já havia perdido a mãe, saído da escola, ajudado a criar cinco irmãos, se casado e tido duas filhas natimortas.

Todos os dias, saímos para o jardim e bebíamos chá gelado enquanto ela me falava sobre a vida dela. Os dias passaram voando. Era difícil de acreditar que eu antes estivera horrorizada de passar tempo com ela.

No meio de julho, a diabete dela piorou tanto que o pé teve que ser amputado e nossa família decidiu colocá-la em uma casa de repouso. Ela precisava de mais cuidado do que eu podia prover, e eu tinha que voltar para a escola em breve.

Eu fui para casa. Ainda tinha metade do verão pela frente, mas não era a mesma pessoa de quando saí de lá, seis semanas antes.

Nunca mais vi a vovó.

O verão que achei que seria o pior de todos acabou sendo um dos mais memoráveis. Eu estava grata pela oportunidade de conhecer e amar a minha avó.

Quando penso nela, não imagino a senhora de cabelos brancos em uma cadeira de rodas. Penso nela como uma linda jovem com longos cachos dourados que amava borboletas.

April Knight

10 – O próximo novo passo

O que é uma mãe além da luz do sol nos nossos dias e
a estrela do norte nas nossas noites?
Robert Brault, www.robertbrault.com

Eu mal tinha saído da estrada quando as lágrimas começaram a escorrer no volante. Desliguei o motor e finalmente soltei todos os soluços de desespero longos, ofegantes e íntimos que eu estivera segurando no fundo da garganta. Eu tinha acabado de deixar minha mãe em seu novo lar, uma casa de repouso para pessoas com Alzheimer.

Eu me peguei falando com ela em minha imaginação:

— Ah, mamãe, você me deu colo quando terminei com meu namorado e chorei a noite toda. Você me levou de loja em loja para encontrar o vestido perfeito para a formatura. Foi em todas as minhas apresentações, me ajudou a preencher formulários de inscrição para a faculdade noite adentro e me deu conselhos ao comprar cortinas para minha primeira casa. Eu ajudei você a encontrar um apartamento depois do divórcio e, depois, almocei com você no novo escritório do qual você tanto se orgulhou. Juntas nós nos perdemos em viagens de carro, nos preocupamos se o jantar de Ação de Graças ficaria bom, criamos cartões caseiros para o Natal e choramos no meu casamento. Você cuidou de mim quando o meu primeiro bebê não parou de chorar. E agora, hoje, choramos separadas. E é isso que mais dói.

Depois de um tempo, os soluços diminuíram, e eu percebi que não podia ficar para sempre em um carro cheio de lágrimas no acostamento. Então lentamente coloquei o veículo para rodar e fui para casa.

No dia seguinte, fui visitar mamãe em sua nova casa e a encontrei dobrando guardanapos alegremente. Sentei-me para participar, intimamente pensando como era triste que estivéssemos reduzidas a dobrar guardanapos. Porém, dobra a dobra, assistimos à pilha ordenada de guardanapos crescendo entre nós. Ela parecia feliz com tudo aquilo e, ao ir embora, percebi que parte da minha tensão tinha passado.

"Obrigada pelo dia gostoso, mamãe", pensei enquanto digitava o código de segurança na trava eletrônica da saída.

Algumas semanas depois, achei que valia a pena tentar patinar no gelo. Alguém disse que atividades da infância eram boas para quem tem demência e minha mãe adorava patinar no gelo. Eu não estava esperançosa, pensando no equilíbrio envolvido, no frio, na novidade e na frustração de espremer os pés em patins firmemente amarrados. A caminho do ringue, reparei que ela estava com sapatos de pares diferentes e rosnei por dentro. Eu devia estar cometendo um erro.

Depois, com os patins já nos pés dela e os sapatos escondidos sob um banco, ajudei mamãe a subir com cautela no ringue, e então ela estava patinando e rindo na minha frente. Não pude evitar algumas lágrimas familiares enquanto a via recuperar o jeito sobre o gelo. Ela virou e me viu chorar, depois seguiu patinando.

— Obrigada pelo dia maravilhoso — disse eu, depois de pararmos de patinar.

Aos poucos, aprendi o que funcionava e o que não funcionava. Uma viagem para o mercadinho era uma adorável tarde, especialmente se fizéssemos uma pausa para tomar sorvete. Comecei a notar que a pressão de tentar pensar em coisas novas e interessantes para fazer estava indo embora. Não era preciso nada homérico; era bom simplesmente sentar e tomar sorvete ou caminhar por um jardim. Todos os dias, mamãe parava mais ou menos no mesmo ponto para reparar no desabrochar das flores e dos pássaros voando. Logo, também passei a reparar.

Depois, quando ela não podia mais sair do quarto, achei melhor apenas me sentar ao lado dela, sem tentar conversar. Escutávamos juntas os sons ao nosso redor e, quando era hora de partir, eu dizia um simples "tchau, mãe, obrigada" para completar o dia.

Assim, aquele mundo pelo qual eu ficara em luto naquele dia no carro foi substituído por um novo mundo — um mundo do qual mamãe era dona, que ela controlava e aceitava. Assim, deu uma oportunidade a ela. E aí, magicamente, virou um mundo no qual ela me permitiu entrar depois que abri mão das minhas próprias expectativas confusas e a deixei me mostrar como se fazia.

Era um mundo com flores adoráveis para cheirar e acariciar, graciosos guardanapos se acumulando em uma linda pilha. Era um mundo de caminhadas silenciosas e gentis, do prazer na aventura de uma ida ao mercado, um mundo onde sapatos de pares distintos não importam e onde uma tarde de patinação no gelo é tudo de que precisamos na agenda. No mundo dela, ela me mostrou a beleza do silêncio e a plenitude de duas cadeiras, lado a lado.

Ah, mamãe, você me deu colo e me ajudou quando eu era pequena e você era a adulta. Agora, justo quando pensei que seria a minha vez de ser a adulta, você me mostrou novamente como se faz. Não deveria ser surpresa uma coisa não ter mudado: foi você quem pegou a minha mão para mostrar o próximo novo passo.

Obrigada, mamãe, por todos os dias maravilhosos, de antes e de agora.

Jennifer Harrington

11 – O presente da vovó

Os livros são os amigos mais silenciosos e constantes; são os mais acessíveis e sábios conselheiros e os professores mais pacientes.
Charles W. Eliot

Já faz muitos anos que a minha avó se foi e, enquanto estava viva, não éramos particularmente próximas. Encontrávamo-nos com pouca frequência e cada conversa era um esforço. Como é possível que uma mulher cuja vida tenha se sobreposto tão pouco à minha me influencie de maneira tão profunda? Esta é a história de uma avó que amava uma menininha e a agraciou com um presente. Ela não sabia se receberia agradecimentos. Essa avó sabia que o que tinha para dar era um dos melhores presentes que uma criança poderia receber.

A minha avó morava sozinha em um apartamento distante, em um prédio grande e imponente que meu irmão, minha irmã e eu chamávamos de "o castelo". Ela era muito estudada, falava várias línguas, viajava pela Europa sozinha, colecionava antiguidades e gostava de ouvir óperas. O apartamento dela era decorado com essas antiguidades e repleto das centenas de livros que ela lia e dos quais sempre falava.

Eu morava no subúrbio de Long Island e só a via mais ou menos uma vez por ano. Meu pai ligava para ela nas noites de domingo e me pedia para falar com ela. Eu resmungava só com a ideia. Meu pai me lançava um olhar insistente, querendo dizer que eu não tinha escolha. Repetia que ela tinha saudades e que me amava, mas eu nunca acreditava muito nele. Ela sempre me perguntava sobre a escola, o que eu estava lendo e aprendendo. Eu era uma péssima aluna, que nunca conseguia prestar atenção e que se agitava na carteira. Queria estar do lado de fora, brincando e conversando com os meus amigos.

Eu pegava o telefone com relutância e conversava com ela por alguns longos momentos. "Queria que essa senhora sacasse o que significa viver", pensava eu ao colocar o telefone no gancho. A inabilidade dela de reconhecer o que era importante ficava mais evidente do que nunca na hora de dar presentes.

A cada ano, na manhã de Natal, meu irmão, minha irmã e eu corríamos escada abaixo e víamos a linda árvore cercada de pacotes brilhantes. Mergulhávamos na pilha com imenso deleite, rasgando as embalagens para revelar os brinquedos da moda. Em algum momento, eu reparava em um pacote com aparência esquisita enfiado sob a árvore, que só podia ser da vovó. Ela nunca usava papéis de presente tradicionalmente natalinos e os pacotes dela sempre tinham fitas amarelas, laranja ou lavanda. Todo ano eu pegava o pacote, sentia seu peso, batia nele com o punho para ouvir um baque seco. "Outro livro, como todo ano!", pensava eu, prontamente deixando-o de lado sem sequer abrir. Eu brincava alegre com os meus brinquedos na manhã de Natal e nos dias, e até semanas, seguintes. Em algum momento, eu abria o presente da minha avó e passava os olhos pelas páginas do livro escolhido para mim. Minha avó escrevia em cada livro, com sua letra elegante e bonita: "Para Elizabeth Rose, com amor, da vovó". Eu lia o livro e, às vezes, memorizava o texto. Ainda não considerava como uma brincadeira ou diversão. E sabia, no fundo do coração, que ler um livro ou falar da escola não era divertido para uma criança.

Conforme os anos passaram, os meus interesses escolares permaneceram mínimos. Tudo era chato e formal demais para mim. Eu estava resistindo mais do que nunca a falar com vovó nas tardes de domingo. Escola, livros e "as coisas interessantes que aprendi ultimamente" eram assuntos chatos de gente velha. A vovó não sabia que eu só me interessava pelas minhas amigas, roupas e meninos? A cada Natal, havia mais livros sob a árvore, reforçando a minha crença de que ela não se importava muito.

Embora eu não tivesse muito interesse na escola, tinha uma imensa paciência com crianças mais novas. O vizinho da frente me pediu para ajudar a filha dele com a lição de casa, depois da escola. Consegui ensiná-la do jeito que gostaria de aprender. Eu inventava músicas e histórias para ajudá-la a memorizar fatos e fazíamos jogos para testar o que ela tinha aprendido. Um dia, a mãe dela afirmou:

— Você devia virar professora quando crescer, Liz. É tão boa em ajudar crianças!

A princípio, a ideia me pareceu ridícula. Eu era uma péssima aluna. Como seria possível?

Aos poucos, a ideia criou raízes e decidi dar uma chance à universidade. Ter um objetivo facilitou as coisas e comecei a me empenhar. Escolher as matérias e ter professores diferentes também me convinha. No meu segundo semestre, fiz minha primeira matéria obrigatória: literatura infantil. A professora falou de trazer os livros infantis à vida, de encher o mundo das crianças com um vocabulário rico. Era a minha aula favorita e eu sempre ficava ávida para participar de cada discussão. Mais ou menos na metade do semestre, a professora discutiu as diferenças entre um livro infantil de determinada época e os que se tornam clássicos atemporais. Ela mostrou uma lista de livros com o projetor, incluindo vencedores da Medalha Newbery ou do Caldecott. Foi então que senti um aperto na garganta.

Armada com uma versão manuscrita da lista de clássicos da minha professora, corri para casa, deixei os livros da faculdade no chão e parti para o porão. Ali, no canto de uma estante empoeirada, estava a coleção mais incrível de livros infantis que uma professora poderia querer. Conforme corri os dedos pelas lombadas de *Frederico*, *Histórias do balé*, *O trompete do Cisne* e *Stuart Little*, as memórias começaram a me inundar. Memórias de ganhar aqueles livros, encarar aquelas páginas tarde da noite, enrolada na cama e observando lindas ilustrações. Eu me lembrava da minha avó lendo *Frederico* para mim, de Leo Lionni, em uma visita de primavera. Eu tinha tanta certeza de saber o final que descobrir que eu estava errada me deleitou.

Foi então que percebi que não me lembrava da maioria dos brinquedos que ganhei em todos aqueles Natais e, com exceção de uma boneca antiga, nada daquelas pilhas de brinquedos chegou à minha idade adulta. Na verdade, a maioria foi descartada logo depois que os usei, ou quebrou, ou foi embora em vendas de garagem. E agora eu me deparava com um tesouro que não trocaria por nada. Quando abri a obra *Make Way for Ducklings* [Abram alas para os patinhos], vi a letra elegante e familiar da minha avó, com os dizeres: "Para Elizabeth Rose, com amor, da vovó". Amor era justamente o que a minha avó me dera por tantos anos. Ela resistiu à alegria de uma criança entusiasmada abrindo um brinquedo caro e escolheu dar um presente que era parte dela. Não me deu o que eu achava querer na minha cabeça de criança, mas aquilo de que ela sabia que eu precisaria — um presente para a alma que duraria a vida toda. Agora eu via como ela fora sábia e como cada livro tinha sido cuidadosamente escolhido para épocas distintas da minha vida.

Nesse dia, eu me sentei para escrever uma carta à minha avó. Expressei tanto quanto podia que eu estava gostando muito da faculdade e como minha coleção de livros era um tesouro. Escrevi sobre minhas memórias felizes de leitura e como eu soube que era amada. Coloquei a minha carta numa caixa com uma almofada que tinha um pato-real desenhado. Parecia o pato na capa de *Make Way for Ducklings*, escrevi. Essa carta era tanto para mim como para ela, e eu estava planejando falar mais da faculdade e saber mais dos livros favoritos dela a cada vez que conversássemos. Às vezes, o que planejamos nunca acontece. Logo depois de receber a minha carta, minha avó faleceu. Minha tia que morava perto dela contou quanto as minhas palavras a comoveram nos dias finais.

Continuei a regar a semente que ela plantou tanto tempo atrás. Terminei a graduação e me formei com honrarias, depois fiz mestrado em remediação de leitura. Eu me tornei professora e tentei ao máximo plantar essas sementinhas em todos os meus alunos. Às vezes, consigo ver o mundo das palavras se abrindo diante dos olhos deles. Alguns alunos se agitam e não prestam atenção, mas não perco as esperanças nem sinto que os meus esforços são vãos em mudar a vida deles ou que a semente não criará raízes. Sei que eu não preciso ver o produto final para acreditar que um trabalho que comecei pode levar muitos anos para chegar ao final.

Hoje em dia, percebo que meus momentos mais felizes são quando consigo desviar alguns momentos de um dia ocupado para apreciar um bom livro. Embora os meus filhos agora consigam ler sozinhos, ainda tenho prazer em ler em voz alta para eles. No último verão, lemos *Island of the Blue Dolphins* [A ilha dos golfinhos azuis], e eles resmungavam toda vez que eram chamados para ouvir a história. Sem me abalar, eu lia; e, ao final de cada sessão, eles sempre pediam por mais. Agora, considero meus momentos de leitura pacíficos um mundo de possibilidades superado apenas pela igreja. Quando abro um livro novo, sinto a sombra da minha avó ao meu lado e é como se, no interior de cada livro, estivesse escrito: "Para Elizabeth Rose, com amor, da vovó".

Elizabeth Rose Reardon Farella

Obrigada por estar sempre certa

*As crianças não ficam com você se fizer tudo direito.
É o único trabalho em que quanto melhor você for, é
menos provável que precisem de você no futuro.*

Barbara Kingsolver

12 – Líder de torcida

Biscoitos são feitos de manteiga e amor.
Provérbio norueguês

Quando saí do ônibus escolar e olhei para a casa, suspeitei que ela sabia. Ela estava espiando pela cortina da janela da cozinha enquanto eu passava pela calçada. Meus cinco irmãos passaram correndo por mim, mas eu passeei vagarosamente, chutando os cascalhos até chegar à porta dos fundos. O cheiro amanteigado de biscoitos recém-assados preencheu o ar quando abri a porta e tirei os sapatos. Meus irmãos tentavam pegar os biscoitos, enlouquecidos, e minha irmã batia nas mãos deles.

Minha mãe parecia ignorar o caos enquanto secava as mãos no avental e me encarou, analisando os meus olhos. Vestindo as luvas térmicas, ela tirou mais uma fornada de biscoitos com pedaços de chocolate, sem desviar um olho dos meus irmãos esfomeados e o outro da minha mochila. Eu fui direto para o quarto, com a cabeça baixa. Fechei a porta e logo escutei uma batida suave.

— Vicki, posso entrar? — perguntou ela com sua voz baixa, enquanto eu observava a maçaneta girar. Ela desamarrou o avental manchado de farinha e esticou os braços para mim. — Precisei ligar para a secretaria da escola para descobrir. Você não precisava ter feito isso.

— Você o quê?

Eu não conseguia acreditar que ela seria enxerida a ponto de ligar para a escola e descobrir quem tinha entrado para o time de líderes de torcida. Mas então os braços dela me envolveram, imediatamente senti a empatia dela e comecei a chorar, enquanto relatei todos os terríveis detalhes. Entre soluços, de alguma forma, consegui reconstruir a cena toda.

— Mãe, elas colocaram o nome de todo mundo que entrou para o time num cartaz branco imenso na parede da secretaria! Dava para ver do corredor que o meu nome não estava lá! O nome da Megan e da Sara estavam lá! Você acredita que elas conseguiram e eu não? Elas não sabem fazer aéreos nem o flic-flac para trás!

Ela apenas me ouviu e acenou com a cabeça enquanto eu relatava os detalhes doloridos de como o nome das minhas amigas estavam na lista, mas o meu não. Chorei muito, recontando cada minúcia estilhaçante e ela apenas ficou sentada me escutando e me fazendo cafuné.

— Mãe, eu até esqueci um verso do Canto de Guerra Esquimó! Você acredita?

Ela olhou para o lado quando falei isso e eu percebi que estava tentando abafar uma risada cobrindo a boca.

— Como você consegue rir disso, mãe? Não é engraçado!

— Desculpa, Vic. É que me lembra do meu segundo ano, quando eu tentei participar do setor de bandeiras da banda marcial e fiquei derrubando a bandeira no teste!

Os olhos azuis dela brilhavam e ela me encarava diretamente, então jogou a cabeça para trás numa risada.

Não pude deixar de rir um pouco entre as lágrimas que enchiam os olhos.

— Você entrou no time? — perguntei, meio rindo e meio chorando.

— Claro que não. Estava tremendo tanto que fiquei surpresa de ter conseguido girar a bandeira pelo menos uma vez!

Rimos juntas e ela secou os meus olhos com um lenço, segurando o meu queixo com as mãos ásperas.

— Vicki, sei que você está arrasada agora e eu também fiquei decepcionada, mas você logo encontrará outra coisa que ama fazer e então vai rir de tudo isso.

Tive de admitir que já não estava com vontade de vomitar.

— Ah, não começa — falei entre risos, batendo com força no braço dela. — Estou cansada de ouvir todo mundo dizer que vai ficar tudo bem e que eu posso tentar jogar basquete.

Ainda segurando o meu queixo, ela disse:

— Vicki, estamos tentando incentivar você.

É claro que ela tinha razão. Eu a abracei e, enquanto olhava por sobre o ombro dela, percebi que os meus dois irmãos mais novos tinham entreaberto a porta e estavam nos espiando. Mas ela não se abalou e continuou secando meus olhos até eu sorrir para ela.

Desde que consigo me lembrar, minha mãe sempre parecia saber exatamente o que dizer e sempre deu a cada um de nós a atenção de que precisávamos. Apesar de ter que cuidar dos problemas de outras cinco pessoas, mamãe me fazia sentir que o meu problema era a única preocupação dela. Cada um de nós era, em momentos diferentes, a única preocupação dela.

Depois de secar as minhas lágrimas e de ouvir a minha história de lamentação, ela disse algo que nunca esqueci. Embora eu estivesse arrasada, minha mãe soube exatamente como amenizar a minha dor. Daquele dia em diante, ela finalizou nossas muitas conversas com duas frases simples:

— Vicki, mantenha o queixo para o alto. Assim vai enxergar o que está a caminho.

E ela estava certa — durante todas as decepções do ensino médio, de alguma maneira ela me fez sentir que a crise da vez passaria e que haveria algo novo me esperando. Apenas um mês depois de me consolar, ela foi a primeira a me parabenizar com outro prato de biscoitos quando eu entrei para o time de ginástica artística.

Nunca me esquecerei daquele dia, porque a minha mãe deu o presente mais simples e mais importante que uma mãe poderia dar a uma filha. Ela não me deu um jeans da Guess ou um rádio pelo qual andava implorando. Ela me ensinou a ter compaixão. Ela me ensinou que uma mãe coloca as necessidades dos filhos acima das próprias. E usei esse presente para ajudar meus dois filhos a lidarem com os momentos mais difíceis. Sempre que eu os abraço e incentivo com as palavras da avó deles, fica mais fácil secar suas lágrimas.

Minha mãe criou meus cinco irmãos e eu para que "mantivéssemos o queixo para o alto" e sempre buscássemos o próximo desafio; e, no melhor estilo materno, nunca pediu nada em troca — bom, talvez alguns biscoitos de chocolate.

Victoria LaFave

13 – O *tour de force* da mamãe

Uma mãe entende o que uma criança não diz.
Provérbio judaico

Eu nunca fui afeita a casamentos arranjados. Não que eu tenha encontrado a pessoa certa por conta própria, mas não consigo imaginar os meus pais sendo capazes de encontrar essa pessoa. Entretanto, percebi que algo muito similar aconteceu — deixei que minha mãe tomasse uma das decisões mais importantes da minha vida, que me levou a um tipo de casamento... Permiti que ela escolhesse a minha faculdade. Como chegamos a esse ponto é uma história interessante e o resultado prova que, a despeito do estresse, do trabalho e de algumas brigas, o processo de admissão na faculdade dá certo no final das contas.

Como aluna esforçada e exemplar no ensino médio e primeira filha a sair do ninho, meu processo de escolher uma faculdade foi dramático... e em alguns momentos nos perguntamos se daria certo. Tudo começou no meu segundo ano do ensino médio quando os meus pais (também esforçados e exemplares) decidiram que devíamos começar a lidar com o processo de admissão da faculdade. Eu me lembro de folhear o imenso guia universitário que me deram em um final de semana gélido de inverno e de marcar quais faculdades me interessavam. Não era surpresa que a maioria estivesse abaixo da Linha

Mason-Dixon,[1] e acabei caindo na Carolina do Norte. Mas, para chegar lá, minha mãe e eu embarcamos em uma jornada que nos levou das montanhas do Tennessee às margens do lago Michigan e que mostrou como sou abençoada. Sabe, a capacidade de decisão não é o meu forte. E minha mãe permitiu que eu fizesse o que agora percebo ter sido uma série de visitas totalmente errática a universidades motivada pela minha inabilidade de escolher.

Começou aos poucos, com visitas inseridas nas férias em família. Eu fiz um tour por Tulane quando o meu pai teve reuniões de negócios em Nova Orleans e fui à William and Mary em uma viagem de feriado para Williamsburg. Mas, conforme o último ano do ensino médio se aproximava, sem ideia alguma de para onde eu iria, a urgência aumentou.

Logo minha mãe estava liderando nosso time de duas pessoas. Ela fez uma planilha manuscrita para registrar as informações e a minha percepção sobre todas as universidades nas quais me inscrevi. Nossa mesa de jantar se tornou a Central Universitária, na qual minha mãe reescrevia minhas inscrições em sua letra bonita e regular, mantinha-nos em dia e planejava uma série de viagens de carro. A minha jornada para a faculdade exauriu nós duas. Mamãe era minha parceira, alguém tão envolvida quanto eu, que entendia a inquietação, o trabalho e a exasperação envolvidos em conseguir uma vaga de faculdade para mim.

Minha mãe procurou ex-orientadores universitários para conseguir respostas; marcou entrevistas em campus, visitas e hospedagens nos intervalos entre o trabalho dela e os meus estudos. E lá íamos nós! Visitamos muitas faculdades: grandes e pequenas, urbanas e rurais, das galinhas azuis de Dellaware às aranhas de Richmond, e várias entre os extremos. Às vezes, meu pai vinha conosco, às vezes, minha melhor amiga ou minha avó. Mas geralmente éramos só nós duas. E era assim que eu mais gostava.

---

1 Linha formada na junção das fronteiras entre os estados da Pensilvânia, Virgínia Ocidental, Delaware e Maryland que, durante o período de independência dos EUA em que houve escravatura, separou estados escravagistas de abolicionistas. (N. da T.)

Apesar do meu desejo inicial por um lugar quente, a ideia de ir para a Northwestern University, em Evanston, Illinois, alojou-se em minha mente como uma sinusite teimosa. Fiz um tour pela faculdade e fui entrevistada por um representante institucional, e então fui rejeitada de imediato. Infelizmente, fiquei tão obcecada pela Northwestern que nenhuma outra universidade parecia adequada. Fiz e comi uma torta de maçã inteira em um surto de autopiedade e em seguida anunciei que não estava interessada em nenhum outro lugar. Encarando-me do outro lado da mesa de jantar, é um milagre que minha mãe não tenha arremessado o pesado guia universitário em mim. Em vez disso (ainda bem), ela fez o que faz de melhor: virou a situação a nosso favor, planejou uma viagem repentina e lá fomos nós... de novo!

Em Nashville, tivemos nossa primeira experiência com música country; na Virgínia, vimos? a palmeira mais setentrional; e, em Delaware, meus pais me ofereceram um carro novo se eu escolhesse a universidade estadual. Mas, ainda assim, eu estava paralisada: nervosa e assustada, teimosa e incapaz de decidir.

A última faculdade que visitamos foi a Wake Forest University, em Winston-Salem, Carolina do Norte. Quase não chegamos lá, já que, no meio das oito horas de viagem de carro, anunciei de maneira dramática que ainda acreditava que a Northwestern era o único lugar para mim. Minha mãe parou no acostamento e disse:

— Se você não for dar uma chance para esta faculdade, vou dar meia-volta agora e parar de desperdiçar nosso tempo.

Ela não estava de brincadeira. E estava certa. Eu calei a boca e seguimos adiante.

Chegando em Winston-Salem, fomos até uma encosta arborizada que se abria em uma imensa planície verde.

— É lindo — disse minha mãe.

Mas eu franzi a testa, relutante em emitir um julgamento rápido demais ou, pior, ser forçada a gostar. Depois do tour pelo campus, mamãe estava obviamente entusiasmada.

— Então, o que você acha?

Resmunguei algo sobre o ginásio esportivo ser muito longe do campus, uma reclamação interessante vinda de uma garota sem interesse nenhum em esportes. Eu ainda estava travada, e minha mãe percebia.

A taxa de matrícula precisaria ser paga em breve e os meus pais já haviam gastado uma quantia imensurável de tempo e dinheiro tentando me ajudar. Era hora de estabelecer um limite. Minha mãe deixou claro que eles não pagariam duas taxas.

— Aimee — disse ela —, a Wake tem uma ótima reputação; é pequena, mas não pequena demais. Olhe em volta: é linda, as pessoas são gentis e agem como uma família. O que tem de errado?

Eu não respondi. Ela continuou:

— Acho que vou comprar um adesivo para o nosso carro, o que acha?

Concordei, sem me sentir compelida a discutir por um adesivo, aceitando a situação ao dizer a mim mesma: "Afinal, é só um adesivo". Mas nós duas sabíamos que era mais que isso.

Naquela noite, escutei minha mãe falando com meu pai ao telefone, numa espécie de código:

— Bom, compramos um adesivo para o carro, Dan.

E acho que os dois suspiraram de alívio. O adesivo era o tipo de comprometimento com o qual eu conseguia lidar. Minha mãe me conhecia e parecia saber um pouco de psicologia também. O adesivo virou a taxa de matrícula, que por sua vez virou a matrícula em si. E, no final do meu ano de caloura, minha mãe e eu olhamos novamente para a vastidão verde do campus.

Desta vez, as coisas estavam diferentes. Desta vez ali era o meu lar. Estávamos em balanços que haviam sido instalados como o projeto de um aluno do curso de arte. Eles tinham palavras como "sonho" e "confiança" e "esperança" e "amor" escritas, e eu estava chorando porque de fato amava aquele lugar. O fato de eu ter me apaixonado tão rápido e tão completamente, depois de tanta hesitação e dúvida, tornava tudo mais doce. E ir embora dali, mesmo que fosse só durante o verão, era uma das coisas mais difíceis que eu já tinha feito. Minha mãe sabia disso. Era por isso que estávamos nos balanços. Assim como precisei ir aos poucos para chegar ali, precisei ir aos poucos para partir. Então balançamos por um tempo, até minha mãe dizer:

— Aimee... é hora de ir.

E, embora eu não quisesse, senti vontade de confiar nela. Enquanto caminhávamos até o carro, um poste iluminou o adesivo que começou tudo, e eu soube o porquê.

Aimee Lorge

14 – A especialista em fertilidade

*O amor de mãe é o combustível que permite a
um ser humano normal fazer o impossível.*
Marion C. Garretty

Minha mãe era uma mulher especial. É difícil colocar em palavras, mas, de alguma forma, todos nós acreditávamos que ela tinha um dom especial, como se ela sempre soubesse mais do que demonstrava. As premonições dela sempre eram precisas. No fundo, eu sabia que tinha herdado essa habilidade, mas falava muito pouco dela, apenas quando uma das minhas predições se provava acertada.

Eu estava morando na Califórnia na década de 1990, casada e com uma filha de cinco anos. Estávamos tentando ter outro filho, sem sucesso, nos últimos quatro anos. Liguei para a minha mãe, e ela fez a pergunta usual:

— Então, quando você vai ter outro filho?

Eu tinha oito irmãos, então, ter uma filha única era inconcebível para ela. Expliquei para ela que havia marcado uma consulta com uma especialista em fertilidade. Ela respondeu conforme o esperado:

— Você não precisa de uma especialista em fertilidade. Você só não está rezando o suficiente.

Garanti a ela que rezava, mas que, infelizmente, àquela altura, eu precisava de mais do que orações. Meu 32º aniversário estava chegando e eu realmente queria respostas.

Alguns dias depois, minha amada mãe, que mal tinha setenta anos e estava com boa saúde, morreu subitamente durante o sono. Eu voltei a Nova Jersey para o velório. Foi surreal passar pela porta e ver o corpo diminuto dela em um caixão; e então uma coisa ainda mais surreal aconteceu. Eu estava na metade do caminho até ela quando senti uma força me atingindo na barriga. Era como ter sido acertada por uma pistola de pressão. Senti meu corpo ser empurrado para trás. Continuei a caminhada até ela, mas agora com um sorriso. Ajoelhei-me diante dela e balancei a cabeça.

— Eu sei o que você acabou de fazer. Você nunca para de me surpreender, Helen.

No dia seguinte, que era o meu aniversário de 32 anos, minha mãe foi para seu descanso eterno. Eu voltei para a Califórnia exausta e drenada. Estava com saudade da minha pequena Lauren e precisava da minha casa. Arrastei a minha mala para fora do carro e comecei a caminhar na direção dos degraus da entrada. A primeira coisa que notei foi uma caixa na varanda. Deixei a mala e abri a caixa com mãos trêmulas. A primeira coisa que vi foi a letra dela do lado de fora do cartão de aniversário. Dentro da caixa, havia uma linda estátua de uma mãe com um menino no colo. Ela está ainda hoje em um nicho na minha sala.

Logan nasceu no dia 13 de agosto de 1996, exatamente nove meses depois de a minha mãe ser enterrada.

Mary Ellen Flaherty Langbein

15 – Noites insones

Se você tiver uma mãe, não há um lugar para o qual
você vá em que já não esteja uma oração.
Robert Brault, www.robertbrault.com

Minha mãe não perdeu tempo para retornar minha ligação.

— Não coloque o bebê no eBay — apelou ela. — Eu chego em uma hora para você descansar.

Ela chegou em poucos minutos e pegou o recém-nascido aos berros do meu colo. Então balançou o neto e cantou para ele enquanto eu subia para tirar uma soneca.

Foi um descanso merecido. Eu tinha ficado sem uma boa noite de sono durante as primeiras quatro semanas da vida do meu filho. Enquanto todas as demais pessoas do mundo contavam carneirinhos, eu contava os minutos que restavam para a próxima amamentação. Era só então que o quarto ficaria pacífico novamente. Então, nas primeiras horas do dia eu o fazia arrotar, trocava a fralda e ninava o meu bebê até o sol nascer.

Havia vezes em que a fadiga me fazia ter pouca paciência com a minha mãe — o que é um jeito muito tolo de se comportar com quem está lhe oferecendo ajuda.

— Você não é a única nova mãe que se sente estressada e sobrecarregada — me lembrou ela. — Todas estivemos nesse barco.

Minha mãe falou sobre passar o final da noite e o começo da manhã na cadeira de balanço.

— Tinha vezes que eu tentava de tudo para você parar de fazer manha. Eu estava no limite. Mas esses dias passaram rápido para mim. E vão passar rápido para você também.

Eu sabia que ela estava certa. Passaria rápido — rápido demais —, e aí eu teria outros motivos para ficar acordada a noite toda: cartas de habilitação, formaturas, encontros etc.

Eu me lembro de chegar em casa um pouco tarde depois de um encontro, quando era adolescente. Escorreguei a chave na fechadura, virei a maçaneta silenciosamente e fechei a porta depois de passar. Segui pé ante pé sobre as tábuas barulhentas da sala de jantar e fui para o meu quarto. Então uma lâmpada se acendeu na sala e ali estava minha mãe, me esperando na sala de estar.

— Onde é que você estava? — questionou. — Era para você estar em casa às onze.

— Ainda é meia-noite — argumentei. — Que diferença uma hora faz?

Minha mãe me colocou de castigo por discutir com ela, além de por ter chegado em casa depois do horário. Ela tentou me fazer entender que só estava brava comigo porque se preocupava. Eu achava que ela era malvada e injusta. Demorei anos para entender que era o contrário.

Houve várias outras ocasiões em que minha mãe ficou sem dormir por minha causa. Ela se revirou na cama quando me mudei para dois estados de distância e ela andou para lá e para cá no corredor quando anunciei que estava saindo da faculdade. Eu a mantive acordada com o tipo de preocupação que apenas uma mãe pode sentir.

São quatro da manhã em uma manhã de quarta-feira, e eu e meu bebê estamos acordadíssimos. Ele já mamou e já troquei a fralda dele, mas não para de choramingar a menos que eu o pegue no colo. Então oscilamos juntos na cadeira de balanço, a cabecinha dele no meu peito e minha cabeça pendendo de exaustão.

Daqui a alguns anos, estarei acordada por outros motivos. Ele vai chegar em casa depois do horário, vai dirigir pela primeira vez ou ir para a universidade. Eu vou me perguntar onde ele está e se está bem ou não. Vou sentir saudade de passar o final das noites e começo das manhãs na cadeira de balanço com ele. Então, quando o sol nascer e o resto do mundo acordar de novo, vou ligar para a minha mãe. Ela vai entender.

Melissa Face

16 – Design de produtos

As crianças precisam mais de orientação e
empatia do que de instrução formal.
Annie Sullivan

Ao que parece, no dia em que comecei o ensino médio, cada um dos meus professores falou que era importante tirar boas notas porque, assim, teríamos uma média geral alta e então conseguiríamos ir para a faculdade. Nenhum professor falou com essas exatas palavras, mas a mensagem tácita era que, se você falhasse mesmo que UMA ÚNICA VEZ, sua vida inteira estaria arruinada. A pressão de cuidar do nosso futuro parecia ter começado no primeiro dia de aula.

Eu até que fui bem na primeira metade do nono ano. Peguei todas as matérias obrigatórias e consegui tirar B na maioria dos casos, com alguns As salpicados. Nas eletivas, peguei alguns cursos que eu gostava, outros nem tanto e ainda havia os que eu mal podia esperar para terminar. Mas passei em todos e era o que importava. Eu estava sempre pensando na droga da média e no fato de que precisava continuar tirando pelo menos B se eu quisesse fazer alguma coisa da vida além de catar latinhas no acostamento.

Então veio o segundo semestre e uma eletiva chamada Design de Produtos. Por alguma razão, achei que seria um curso de projetar algo como rótulos ou as imagens nas caixas de cereal. Eu gostava de desenhar e presumi que seria fácil de tirar A em Design de Produto. Não podia ser tão difícil inventar um novo design para uma lata de refrigerante, certo?

Levei aproximadamente três segundos da primeira hora de Design de Produto para saber que eu deveria ter lido a descrição da matéria com muito mais cuidado. Design de Produto não tinha nada a ver com logos ou latas ou caixas de cereal. Tinha a ver com usar ferramentas como brocas, e tornos, e soldas. Era basicamente uma aula de metalurgia em que eu me encaixava tão bem quanto uma barra de chocolate no painel de um carro em um dia de trinta graus.

Para piorar a situação, o professor era do tipo estou-falando-para-o-seu-próprio-bem. Só que ele não estava só falando para o nosso bem — gostava de ser rude quando informava que éramos uma droga em soldar, perfurar ou qualquer outra tarefa que ele pedira.

Em retrospectiva, eu deveria ter saído dessa matéria na primeira semana. Mas não saí. Continuei esperando, pensando que ficaria melhor ou que eu ficaria milagrosamente mais apto em fazer coisas que nunca fizera antes. E também não saí por conta da média geral. Queria mantê-la alta e tinha certeza de que conseguiria pelo menos um B em Design de Produto.

Foi o semestre mais longo da minha vida. Cada um dos projetos foi um pesadelo. E tudo exigia o dobro de tempo que os meus colegas precisavam. De janeiro a maio, minha nota oscilou em um C, e só porque eu ficava quatro dos cinco dias da semana até mais tarde na escola para trabalhar em qual fosse o projeto do momento.

O estresse estava me afetando. À noite, eu sonhava com soldas. Acordava com a certeza de que soldaria os meus dedos ou ficaria cego com a chama da ferramenta. Sentia que ia vomitar toda vez que entrava na sala de Design de Produto. Eu só queria que o ano acabasse.

Mas eu não queria ser reprovado. O que um F faria com a minha média? Eu já tinha decidido que queria ir para faculdade em algum momento e tinha certeza de que precisaria de uma bolsa de estudos. E como conseguiria uma bolsa se tirasse F em Design de Produto?

E os meus pais? Eu nunca tinha reprovado em nada. Eles surtariam se eu levasse um boletim com um F. Parei de ter pesadelos com a solda porque parei de dormir. Eu só conseguia pensar em por que eu não tinha largado essa droga de aula quando podia.

Enfim, depois de estragar a última tarefa e de saber que eu não conseguiria subir a minha nota além de um D, contei para a minha mãe. Imaginei que seria melhor contar a ela o que estava acontecendo do que pegá-la de surpresa quando o boletim chegasse.

Ela escutou, acenou com a cabeça e deu de ombros.

— Não se preocupe — falou.

Eu a encarei. Ela não devia ter escutado com a atenção que eu esperava.

— Vou tirar D ou F em Design de Produto — repeti.

— Acontece. Não é o fim do mundo.

— Mas pode ser que eu não entre na faculdade!

Ela me encarou.

— Quem falou isso?

— Todo mundo fala isso. Os professores, o orientador... Todos eles dizem que você precisa tirar só A e B para entrar na faculdade.

Minha mãe me abraçou.

— Querido, você está no primeiro ano do ensino médio. Por que se preocupar com faculdade agora? Eu só comecei a pensar nisso no meu segundo ano.

— As coisas estão diferentes agora.

— Não nesta casa — avisou ela. — Você tem tempo mais que suficiente para subir sua média geral. Me diga uma coisa: você aprendeu algo em Design de Produto?

— Sim. Que o professor era um babaca.

— Aprendeu alguma coisa sobre soldas e metalurgia e todo o resto?

— Sim — admiti. — Mas eu sou horrível em todas elas.

— A questão é: você sabe mais do que quando começou. Não é isso que vale?

— Acho que sim.

— Então não esquente. E, ano que vem, quando se inscrever para as eletivas, talvez seja bom descobrir no que está entrando com antecedência.

— Acredite, eu saberei.

Mamãe me abraçou de novo. Eu me senti melhor. Não ótimo, mas melhor. E quanto mais eu pensava sobre aquilo, mais decidia que ela tinha razão. Eu tinha mais três anos de aulas para tirar notas decentes. Não ia esquentar.

E eu passei a pesquisar melhor antes de me inscrever nas matérias.

Hank Musolf

17 – Convite de festa

Um homem precisa viver consigo mesmo e
deve garantir que seja sempre uma boa companhia.
Charles Evans Hughes

Eu estava empolgada. Fora convidada para a festa de aniversário de uma amiga. Tori não era minha melhor amiga, mas estava em minha turma e fazíamos várias coisas juntas. E eu gostava de festas. Pedi para minha mãe e ela disse que eu poderia ir, então avisei a Tori que estaria lá.

Aí, dois dias depois, minha melhor amiga de todas me ligou. Ela e a família iam passar um dia inteiro na Disney. E ela me convidou para ir junto. Disney! Eu amava tanto aquele lugar! E queria muito ir... mais do que tudo. Corri para perguntar à minha mãe se podia. E foi então que ela me lembrou que a festa da Tori era no mesmo dia. Disse que eu não podia mudar de ideia só porque algo melhor surgiu.

Fiquei brava. Muito brava. A Disney era o meu lugar favorito do mundo e eu amava ir para lá... e gostava ainda mais de ir com minha melhor amiga. Meu entusiasmo pela festa sumira. O aniversário da Tori ia ser legal, mas não tão legal quanto um dia todo na Disney; e, além disso, Tori sequer era minha melhor amiga. Implorei à minha mãe. Ela disse não. Chorei. Reclamei. Fiz biquinho. Minha mãe continuou a dizer não. O que eu queria fazer não era bacana. Não era certo.

Eu não consegui fazê-la mudar de ideia. Experimentei toda desculpa em que consegui pensar. Minha mãe me explicou de novo: uma vez que você aceita um convite, não pode mudar de ideia e fazer outra coisa só porque quer mais. Não é gentil. Ela me pediu para pensar em como me sentiria caso alguém fizesse aquilo comigo. Se alguém dissesse que viria à minha festa e então, por ter aparecido algo melhor, mudasse de ideia e não viesse. Como eu me sentiria? Pensei naquilo. Embora eu não quisesse admitir, minha mãe estava certa. Eu ficaria magoada se alguém fizesse aquilo comigo. Mesmo contrariada, avisei à minha melhor amiga que não poderia ir à Disney com ela.

Assim, minha amiga e a família dela foram para a Disney e minha mãe me levou para a festa da Tori. Eu não queria estar lá. Mas algo interessante aconteceu depois que cheguei. Apesar do fato de não querer ir, me diverti muito! Fizemos coisas divertidas e diferentes. Assistimos a um filme que ainda não saíra nos cinemas — fomos as primeiras pessoas a vê-lo e foi incrível. Tinha um concurso de fazer a própria pizza. Cada um recebeu um pedaço de massa e tinha uma variedade de recheios para escolher. Ficamos todos cobertos de massa, queijo e outros ingredientes. É esperado que você leve um presente para a aniversariante, e foi o que fizemos. Mas a mãe e o pai de Tori também tinham um presente especial para cada um de nós! Foi tão legal.

Quando minha mãe veio me buscar, eu não quis ir embora. Ao chegarmos em casa, contei a ela tudo que havíamos feito de bom. Ela ficou bem feliz por eu ter me divertido e falou que estava orgulhosa de mim por entender que não se pode simplesmente largar uma pessoa quando algo melhor aparecer. Eu não apenas adorei a festa e me diverti como aprendi uma lição importante. Minha mãe estava certa... como sempre.

Barbara LoMonaco

18 – Um passo positivo

O primeiro passo leva ao segundo.
Provérbio francês

—Não quero que ela venha — sussurrei para o meu irmão. Com quatorze anos, ele tinha três a mais que eu e, da minha perspectiva dos onze anos, parecia muito mais corajoso. Eu não apenas o admirava, mas acreditava que ele me apoiaria e me defenderia quando eu estivesse assustada. E foi o que ele fez.

— Pai — disse ele ao nosso pai, que estava do outro lado do nosso diminuto apartamento. — A gente preferiria que fôssemos só nós três.

Era o final de semana do Quatro de Julho e estávamos indo ver os fogos de artifício. Meus planos eram: meu irmão, meu pai, uma manta para a gente se sentar, uma caixa térmica com refrigerante e os fogos de artifício iluminando o céu. A namorada do meu pai não estava incluída.

Ele ficou bravo. E magoado. Já estava saindo com Mary havia vários meses e queria que a aceitássemos. Nós a víamos como uma concorrente. Não queríamos dividir o pouco tempo que tínhamos com ele. Eu não apenas era apegada ao tempo que passava com o meu pai, mas também me preocupava com a minha mãe. Na minha cabeça, achava que, se eu me permitisse gostar da Mary, estaria magoando a minha mãe. O meu pai já tinha decidido que gostava mais da Mary do que da mamãe. E se minha mãe pensasse a mesma coisa de mim?

Papai se casou de novo alguns anos depois, mas levei muito mais do que isso para sequer dar uma chance para Mary. Ela era sempre gentil com o meu irmão e comigo. Mas acredito que eu não conseguia me abrir por conta de um falso senso de lealdade com a minha mãe.

Vinte anos depois, enquanto eu e meu marido estávamos nos divorciando, meus rapazes de nove e sete anos chegaram em casa de uma visita ao pai em prantos. Eles me confidenciaram que o pai se sentou com eles e lhes contou que tinha uma namorada. Patty, ele disse, começaria a passar bastante tempo com eles. Eu sabia que os meninos a tinham achado legal. Eu sabia que, se decidissem não gostar dela, seria porque era algo que sentiam que precisavam fazer para serem leais a mim. Eu não queria que meus filhos cometessem o mesmo erro que eu.

Sabe, Mary sempre foi como uma segunda mãe para mim. Ela não perde em nada para minha mãe, que é maravilhosa à própria maneira, mas Mary tem sido outra pessoa da minha vida em quem eu posso me apoiar. Tecnicamente, sou enteada dela. Mas, quando ela olha para mim, não se preocupa com laços sanguíneos — ela vê alguém que ama, por quem faria tudo, e por quem já fez tanto. Ela esteve comigo nos bons e nos maus momentos. E ela ama os meus filhos como os avós biológicos.

Assim, quando os meus filhos me contaram sobre Patty, pensei em todos os anos que desperdicei tendo rancor de Mary. Finalmente consegui ver algo de bom resultante dessa dificuldade.

— Meninos, escutem — pedi aos meus filhos. — Sei exatamente pelo que estão passando.

Os dois reviraram os olhos.

— Não, é sério. — Dobrei a perna sob a cadeira e me inclinei para frente. — Depois que minha mãe e meu pai se separaram, meu pai começou a namorar.

— O vovô tinha uma namorada? — perguntou Jack, o de sete anos. Agora os dois estavam interessados.

— Ele tinha. E eu não gostava nem um pouco dela. Tinha medo de ela tentar ser a minha nova mãe. E eu já tinha uma mãe que eu amava muito. Eu estava assustada. Pensava que, se eu gostasse dela, minha mãe ficaria triste. E ela já estava triste.

Os dois assentiram, reconhecendo as emoções que eu passara há tanto tempo, quando tinha onze anos.

— Bom, acho que eu gostaria que minha mãe tivesse me dito que estava tudo bem gostar da namorada do papai, porque no fim das contas ela era muito legal, e eu não fui legal com ela por um tempão, porque ninguém me avisou que não seria um problema.

A sala estava em silêncio. Meus meninos se entreolharam e então me encararam.

— Meninos... vocês sabem que era essa namorada?

Os dois balançaram a cabeça, negando.

— A vovó Mary.

Connor, de nove anos, me encarou com olhos arregalados.

— A vovó Mary? — exclamou Jack. — Uau!

— Pois é. Consegue imaginar a vida sem a vovó Mary?

— Não — responderam em uníssono.

— Então — continuei, segurando as mãozinhas deles —, quero avisar que está tudo bem vocês gostarem da Patty. Não vão me magoar. E não vão me deixar triste se vocês gostarem do tempo que passarem com ela e com o pai de vocês. Ela é uma pessoa legal e, enquanto ela for legal com vocês e com a irmãzinha de vocês, é o que importa. Combinado?

Ganhei abraços apertados naquela noite. Quando eu estava passando pela tristeza do divórcio dos meus pais durante a infância, nunca imaginei que algum dia estaria grata pela experiência. Mas, tanto anos depois, acabou possibilitando que eu desse um presente aos meus filhos. Tudo acontece por um motivo e hoje em dia entendo que o que passei na infância me deu as ferramentas para ajudar os meus filhos quando mais precisavam.

Beth M. Wood

19 – Feia

Há beleza em tudo, mas nem todos a veem.
Confúcio

Era o último dia de aula antes das férias de inverno. Nuvens cinzentas cruzavam o céu poente; ventos gélidos chicoteavam as janelas da minha aula de matemática do sexto ano e, apesar de eu normalmente prestar muita atenção, eu me vi deslizando para um sonho. Afinal, como focar quando o Natal e toda sua alegria chegariam em alguns dias?

O sinal tocou e os alunos zarparam das salas. Eu me juntei à multidão, atordoada com o impacto no corpo de uma mochila após a outra e vozes retumbando em meus ouvidos.

Consegui sair da escola e sorri ao ver minha irmã gêmea Meli e nosso amigo Peter conversando ao lado de uma árvore congelada. Corri até eles e notei que Meli estava com um sorriso estranho, quase descontraído. Os olhos de Peter brilhavam com a promessa de uma boa fofoca.

— Oi — falei, lançando um olhar para o nosso ônibus escolar temporariamente imóvel, aguardando a uma boa distância. Afinal, não queria perder a carona para casa.

— Aaron nos chamou de feias — disse minha irmã. — Peter senta com ele na aula de matemática e me contou. Sam falou que você faz umas coisas estranhas com a língua quando fala também.

Por um momento, fiquei chocada, confusa e triste. Em um instante, essas emoções se fundiram em humilhação e vergonha.

Meli parecia não perceber a minha chateação.

— Eu nem sei quem é Aaron — admitiu ela e Peter riu.

Pensei por um instante. Eram nossos primeiros meses na nova escola. Os dois meninos vieram da escola de ensino fundamental do outro lado da cidade, e eu conhecia Sam das muitas aulas que fazíamos juntos. Eu tinha uma lembrança vaga de Aaron. Era um esportista com uma namorada magrinha.

Meus olhos começaram a marejar.

— Muito obrigada, viu, Peter — consegui dizer antes de correr das pessoas com quem eu mal podia esperar para conversar alguns instantes antes.

Apressei-me para o ônibus, me enfiando no canto de um assento duplo. Minha respiração embaçava a janela gelada na qual apoiei a bochecha. Eu lutava contra o aperto na garganta, as lágrimas sob os olhos. Como se as coisas não pudessem piorar, uma menina com quem eu era ligeiramente amigável se sentou ao meu lado. Nós havíamos jogado *softball* juntas nos últimos anos pelo time recreativo e morávamos na mesma área. Virei o rosto quando a primeira lágrima quente começou a cair. Ela disse algumas coisas, nada que eu consiga lembrar. Creio que demorou um instante para que percebesse que eu estava chorando e ela parou de falar. Agradeci em silêncio.

Todas as minhas inseguranças se tornaram facas afiadas e cada uma estava me perfurando de novo e de novo, uma força incansável.

Meu cabelo tinha *frizz* demais. Meus olhos eram castanhos demais. Minhas roupas não eram descoladas. Eu era gorda. Eu era feia.

Feia.

Depois do que pareceu um milhão de anos, o ônibus parou em frente à minha casa. Curvando-me, desci do ônibus. Minha irmã caminhava rapidamente, vários passos adiante.

Eu estava ansiosa para contar à minha mãe como meu dia fora horrível, mas minha irmã correu escada acima primeiro e eu não conseguiria encarar as duas ao mesmo tempo.

Precisei de alguns minutos para lavar meu rosto inchado, tentando disfarçar as lágrimas que rolaram. Minha mãe faria tudo melhorar, eu sabia. Bom, eu esperava. A esse ponto, era a única coisa à qual me apegar.

Quando escutei minha irmã a caminho da cozinha, eu me arrastei para o primeiro andar. Minha mãe estava digitando no laptop, os óculos empoleirados na parte reta do nariz. Ela ergueu o rosto quando entrei.

— Um menino da escola me chamou de feia — contei, a voz drenada de qualquer orgulho, minha compostura ruindo.

Minha mãe assentiu.

— Ele também chamou Meli de feia.

Meus olhos ardiam enquanto aquele aperto horrível na garganta aumentava de novo.

— Tá, mas outro menino falou que eu faço uma coisa estranha com a língua também!

Minha mãe trocou do modo professora universitária para o modo mãe preocupada.

— Vem cá — sussurrou ela e eu me joguei na cama dela, as lágrimas reprimidas jorrando.

— Meli disse que não liga. Ela não conhece o menino — disse mamãe em tom de constatação.

— Ele está na minha turma.

Não estava sendo como eu esperava, minha mãe não entendia a dor que eu estava sentindo.

Ela me encarou com os olhos verdes arregalados.

— Você liga?

Eu saltei da cama, sequei os olhos e gritei:

— Você não entende!

Bati a porta e desci furiosa para o térreo, passei por Matt, meu irmão mais velho, e fui para a nossa lavanderia abafada, na qual eu e minha irmã compartilhávamos um computador.

Meu coração doía e a raiva invadia cada um dos meus membros.

"Como eles ousam destruir minhas férias?", pensei com amargor, amaldiçoando Sam e, especialmente, Aaron.

A fúria era tão esmagadora e ocupou tanto espaço na minha mente que afastou todo o resto: minhas ótimas notas, meus amigos fiéis, qualquer confiança que eu tivesse em mim mesma. Eu estava um caos, e tudo por conta de uma palavra. Alguns minutos depois, minha mãe entrou silenciosamente ali e sentou-se ao meu lado.

— Al — disse ela e a encarei. — Não quero que fique chateada. É só um menino. Um menino pode achar que lamber os lábios, ou qualquer outra coisa, é estranho, e outro pode achar lindo. Além do mais... e daí se uma pessoa achar você feia? Você não é feia. Nem todo mundo vai achar que sua aparência é ótima, mas ninguém vai pensar que você é feia, porque você não é. Até Matt falou que é só um menino idiota.

Eu olhei para ela e assenti. Minha raiva dela havia derretido com facilidade, como sempre. Nós nos abraçamos e me senti um pouquinho melhor. Tudo que ela disse fazia sentido. Considerando que era minha mãe, os elogios dela não eram o maior reforço de autoconfiança, mas eu senti meu ânimo aumentando.

Dois anos e meio depois, minha vida superara as palavras de dois meninos com quem eu mal conversava. Ainda assim, havia momentos em que eu voltava àquele momento horrível e me sentia encolher de volta ao sexto ano. Eu o usei como uma desculpa para chorar e sentir pena de mim mesma. Mas ao longo dos anos percebi que, se eu não der poder àquelas palavras, então o poder será meu, e eu escolho quando e por que não me sinto bem comigo mesma. Sou superior a isso.

Ninguém, eu acho, esquece a primeira pessoa que a chamou de feia. Mas tenho sorte de perceber que eu não preciso esquecer o que aconteceu para entender que as palavras de outras pessoas — não importa quão cruéis — são tão importantes quanto eu escolher que sejam. Nesse caso, elas não significavam nada.

Ali Lauro

20 – O dia mais importante da minha vida

Você nunca ganha o direito de fazer um pedido sem ganhar também o poder de conseguir realizá-lo.
Richard Bach

–Ele sofreu danos cerebrais — disse com seriedade o médico à minha mãe logo que nasci. — Não temos certeza da extensão deles, mas ele nunca vai conseguir andar ou falar. Ele provavelmente tem retardos mentais severos e eu sugiro que você encontre uma instituição adequada na qual hospedá-lo.

Era isso que as pessoas faziam com seus filhos mentalmente deficientes em 1960. Eram chamados de "retardados" e colocados para morar em instituições. A reação de minha mãe foi uma determinação feroz de provar que o médico estava errado.

Por causa de um incidente pré-natal, nasci com um hematoma subdural no lado superior direito da cabeça. Tinha o tamanho de uma laranja e o sangue pressionava o meu cérebro. Os médicos presumiram que o hematoma fosse severo o suficiente para limitar significativamente minhas funções musculares e cognitivas. Eles não haviam conhecido, entretanto, uma mãe tão devotada ao filho.

Meu irmão travesso de quatro anos teve o seu papel na saga. Ele perguntara por que o bebê não chegou no dia esperado. Mamãe deu de ombros e respondeu que eu ainda não estava pronto.

— O que o faria ficar pronto, mamãe? — perguntou ele.

— Não sei — respondeu ela. — Talvez se eu escorregasse e caísse...

Você pode supor o que aconteceu em seguida. Billy esparramou revistas no chão de taco. Então gritou:

— Mamãe, mamãe! Venha, rápido!

Minha mãe correu porta adentro, escorregou nas revistas e caiu. Eu nasci no dia seguinte.

O ano seguinte deveria ter sido recheado de primeiras vezes, mas as minhas vieram mais tarde do que a média. Eu não tinha tônus muscular. O inchaço diminuiu aos poucos e as fotos mostravam uma criança saudável. O que não dá para ver é minha mãe me apoiando por trás porque eu não conseguia me sentar. Embora as minhas habilidades motoras estivessem ausentes, as cognitivas convenceram minha mãe de que eu era normal.

Mamãe começou a exercitar os meus membros flácidos. Ela fazia repetições com o meu braço esquerdo e perna direita, invertia e repetia a cada troca de fralda. Desafiava-me a empurrar e puxar meu peso contra pressões, forçava meus músculos a trabalharem. O progresso era lento, mas ela perseverava.

Diversas visitas a hospitais de "crianças aleijadas" não convenceram os especialistas de que eu estava progredindo. Aos dezoito meses, eu me recusava a falar diante de médicos. Isso os convencia de que eu também era mentalmente deficiente. Durante uma visita, *depois* que o médico saiu da sala, eu perguntei:

— Vamos pra casa?

Acelerar os "exercícios" gerou dividendos. Aos dois anos, eu conseguia me sentar e me arrastar por aí com o bumbum, mas não engatinhava. Um dispositivo torturante foi então acrescentado: a "caixa de ficar em pé". Preso na posição ereta, eu berrava pela minha liberdade. Mamãe garantia aos vizinhos que eu não estava sofrendo violência alguma. Gradualmente, os músculos da perna se fortaleceram. Meu cérebro aprendeu a ter equilíbrio. Depois de cada sessão, ela me abraçava forte, dizendo-me que eu andaria um dia. Ela era gentil, mas firme em seu propósito.

Por seis meses, esse dispositivo foi o meu pesadelo diário, mas funcionou. Um dia, eu estava imitando personagens de um desenho da TV, levantei-me num salto e comecei a correr pela sala. Rindo e pulando de um lado para o outro, eu chamei minha mãe. Ela assistiu silenciosamente da porta da cozinha, assentindo por trás de um véu de lágrimas. Finalmente, seu pequeno Patrick desafiara os "especialistas".

Embora eu não me lembre desse momento específico, dizem que esse dia claro de março tornou-se o mais importante da minha vida.

Mamãe me levou de volta ao hospital, onde andei diante de especialistas embasbacados. A dedicação dela superara os conhecimentos deles. Eles seguiam convencidos de que eu era mentalmente deficiente porque ainda me recusava a falar com eles. Era evidente que eu pegara o desdém da mamãe por eles; demoraria um tanto antes que eu falasse com um médico.

Embora os médicos discordassem teimosamente, os meus pais me matricularam na pré-escola. Já conseguindo ler e escrever, eu superei expectativas. Fiz terapia para melhorar minha dicção. Tornei-me um rapaz feliz e saudável.

Quando cheguei ao terceiro ano, não me dava bem com a professora. Decidi que ela era um monstro com cara de minhoca. Ela era rude e desagradável. Perdi o interesse pela escola.

— Ele é retardado, sra. Coomer — disse a sra. Megera. — Ele não devia estar em uma sala de aula.

Minha mãe respondeu com ferocidade, na frente do diretor e do psicólogo da escola:

— Não, ele não é retardado. Você que é. Patrick só não gosta de você, e eu também não. Ele é mais do que inteligente o bastante, mas precisa de alguém que o inspire. Você tem razão em uma coisa: ele não devia estar na sua sala de aula.

Fui então transferido para a turma de uma jovem que era doce e paciente. Minhas notas dispararam.

Enquanto crescia e me tornava adolescente, minhas pernas ficaram mais fortes. Eu joguei basquete, mas a parte de cima do meu corpo continuava fraca. Eu corria trinta quilômetros por dia no time de corrida *cross-country* da escola, que ganhou dois campeonatos estaduais. Era aluno do quadro de honra, escrevia para o jornal escolar e participava de diversos clubes.

Durante meu primeiro ano de faculdade, fui editor do nosso premiado jornal estudantil. Mamãe insistiu para que eu continuasse escrevendo quando saí do jornalismo. Ela encorajava atitudes ousadas, recusava-se a aceitar desculpas e comemorava cada sucesso.

Geniosa, mas divertida, minha mãe era inteligente e cheia de opiniões. Seu amor por história e literatura me inspirou a ler os clássicos. Ela respeitava a diversidade e detestava intolerância. Conforme nossas opiniões políticas divergiam, nossos debates eram agitados, mas respeitosos. Viramos bons amigos, mesmo durante períodos tensos. Embora ela conseguisse me deixar bravo, eu sabia que o amor dela por mim era inabalável. Muitos que receberam um diagnóstico como o meu foram, de fato, esquecidos. Por causa dela, desafiei meus filhos a nunca dizerem "não consigo".

Mamãe faleceu há nove anos, mas não antes de eu dar aos meus pais muitos netos, incluindo minha primeira filha, Anna, que deu a eles um bisneto.

Sabendo que ela ficaria brava se eu ficasse de luto quando ela se foi, eu me tornei treinador do time de basquete do meu filho na mesma tarde. Depois, em minha caminhada noturna, cada passo foi uma homenagem à devoção dela. Lágrimas de gratidão misturaram-se à fria chuva do Óregon, e perdi a conta de quantas voltas dei. Pareceu adequado que eu andasse por horas. Era a melhor homenagem que eu poderia fazer.

No funeral dela, recitei o poema "A estrada não trilhada", de Robert Frost.

Obrigado, mãe… A estrada que você escolheu fez toda a diferença.

Patrick B. Coomer

21 – A última noite em casa

Como sou sortuda por ter algo que torna tão difícil dizer adeus.
Carol Sobieski e Thomas Meehan, Annie

Há muitas fotografias no painel de cortiça sobre a minha escrivaninha, no dormitório da universidade. Uma da minha família, uma dos meus gatos, algumas de músicos e shows favoritos e uma foto gigante de doze crianças empilhadas em um sofá, várias tiradas de surpresa durante uma risada e outras fazendo caretas com braços sobre ombros e membros enroscados em uma pilha adolescente.

Este momento, capturado na última noite em minha cidade natal com os amigos de escola, aconteceu poucas horas antes do final da noite em que me recolhi em lágrimas no quarto. Depois de um verão de entusiasmo e compras para a mudança, um verão de ansiedade pela liberdade universitária, meus pertences empacotados subitamente me fizeram perceber a realidade como um caminhão de dezoito rodas: eu estava indo embora.

Eu era uma daquelas crianças superprotegidas, a primogênita e a única menina, que nunca ia a acampamentos, nunca tinha viajado sozinha e nunca passara mais de duas ou três noites consecutivas longe dos pais. Nascida e criada nos subúrbios de Ohio, eu havia me convencido de que queria desesperadamente uma fuga dos campos de milho do Meio-Oeste. Então por que, às vésperas de partir para a capital da nossa nação, eu estava tão apavorada?

No meio do meu entusiasmo para começar a faculdade e tudo o que ela significa (liberdade, novidades, a vida adulta, independência), eu esquecera o sacrifício que fiz ao escolher Georgetown em vez de uma universidade mais perto de casa — eu escolhera deixar meus amigos e minha família para trás. Míope demais para lembrar que eu voltaria a tempo do feriado de Ação de Graças, naquela noite dei adeus aos meus amigos como se estivesse no leito de morte e comecei a soluçar incontrolavelmente quando fechei a porta e me despedi do último que foi embora. No meu quarto, chorei até não ter mais nada em mim e então vaguei como um zumbi sem rumo sob o pretexto de colocar na mala os últimos pertences.

Logo escutei minha mãe batendo suavemente em minha porta. Fiquei imóvel, esperando que ela fosse embora, pensando que abraçar a minha mãe e ver sua pena só tornaria a despedida mais difícil. De maneira previsível, ela não foi embora. Virei o rosto em uma tentativa (falha) de esconder as lágrimas quando minha mãe entrou no quarto e sentou-se na cama.

— O que houve? — perguntou com gentileza.

Em vez de tentar fornecer uma resposta compreensível e bem pensada, simplesmente voltei a soluçar e enterrei a cabeça no ombro dela. Em algum ponto entre as fungadas, consegui guinchar:

— Eu... não... estou pronta...

Minha mãe acariciou minha cabeça até eu me acalmar o bastante para ouvi-la, então segurou os meus ombros e me encarou:

— Eu sei que não, Michelle... Ninguém está até partir. Também não estou pronta para me despedir de você. Mas sabe de uma coisa? Eu vi como você é competente. E tenho certeza de que vai ficar bem. Sabe por quê?

Balancei a cabeça lentamente, espremendo os olhos ao máximo para evitar que as novas lágrimas que ardiam chegassem às bochechas.

— Porque eu vi quanto você já foi longe. Sei que vai conseguir. É difícil, não vou negar, mas você sabe que estou aqui e que estarei com você a cada passo do caminho. — Ela limpou algumas lágrimas do meu rosto e levantou-se. Então foi com pressa para o corredor, avisando: — Fique aqui... Eu já volto...

Esperei na cama, olhando para as caixas e malas que me cercavam naquele quarto vazio que mal reconhecia como meu. Finalmente, ela voltou com uma bolsa, que me entregou explicando:

— Pretendia entregar quando chegássemos lá, mas acho que você está precisando agora.

Abri a bolsa e encontrei um coelho de pelúcia esfarrapado ao qual me apeguei durante toda a infância. Ele sempre fora o meu brinquedo favorito e o mais sofrido, e pensei por anos que ele havia se perdido. Junto a ele, havia um DVD de um filme de *Meu pequeno pônei* que eu quase esquecera que existia. Nós o alugamos tantas vezes quando eu era pequena que me surpreende que não tenhamos comprado — devemos ter pagado mais de dez vezes o valor do filme.

Encarei aqueles presentes, duas peças simples, mas centrais, da minha infância, e as palavras me escaparam. Em vez disso, deixei novas lágrimas fluírem enquanto minha mãe passava novamente os braços ao meu redor, me balançando como devia fazer quando eu era bebê.

— Quis te entregar essas coisas só para você saber que, não importa a sua idade, você pode ser sempre uma garotinha.

Naquele momento eu soube que ela me entendia e percebi que o mundo não ia acabar quando eu me mudasse para o dormitório. Com um misto de tristeza e entusiasmo, eu me preparei para entrar naquele novo mundo, sabendo que finalmente estava pronta para partir.

Michelle Vanderwist

22 – Celebrando as lágrimas

*Hoje eu fecho a porta para o passado, abro a porta para o futuro, respiro
fundo, dou um passo adiante e inicio um novo capítulo da minha vida.*
Autor desconhecido

Encarei com pavor aquele quadrado do calendário. As palavras
"Dia da mudança" pareciam reluzir na página como se escritas
com luzes neon, em vez de tinta preta. Um aperto surgia em
minha garganta toda vez que eu pensava em sair do nosso apartamento
na Virgínia. Eu sabia quando me casei com John, oficial da marinha,
que precisaríamos nos mudar com frequência. Só não sabia quanto ia
ser difícil. Eu não havia crescido em uma família com um militar. Na
verdade, morei na mesma casa por 22 anos antes de me casar. Quanto
mais se aproximava o momento de abandonar a vida que construímos
juntos na Virgínia, mais deprimida eu ficava.

Quando vieram as pessoas que contratamos para empacotar a
casa, assisti com desespero enquanto eles rapidamente embalavam
cada pedaço do nosso lar em folhas de papel e os enfiavam em caixas.
Então, eles sacaram rolos de fita adesiva e selaram as caixas de papelão. Algumas palavras escritas na lateral, "quarto do bebê — brinquedos", "cozinha — talheres" e a vida confortável que tínhamos estava
fora de vista.

Naquela noite, sentei-me na mesa da cozinha e chamei minha sogra. Ela foi uma "nômade corporativa" declarada por boa parte de

sua vida de casada, nunca morando no mesmo lugar por mais de três anos. Imaginei que, se alguém pudesse entender minha ansiedade, seria ela.

— Segurando as pontas? — perguntou ela.

Meu olhar vagou pelas pilhas de caixas que enchiam a sala.

— Não sei como você conseguia.

— Conseguia o quê?

— Se mudar tantas vezes. Está acabando comigo.

— Fisicamente?

— Não. — Suspirei. — Mentalmente. Não quero ir embora. Eu amo este lugar.

— Que bom.

A resposta entusiasmada me surpreendeu.

— Você está feliz com a minha tristeza?

A risada cálida dela me fez sorrir, embora eu ainda estivesse confusa.

— Deixa eu contar uma coisa: morei em mais casas, e em mais estados, do que conseguiria contar, e ouvi muitas esposas de executivos gemerem e resmungarem a cada transferência. Decidi bem cedo que não seria uma delas.

— E como fez isso?

— Pensando em cada mudança como uma nova aventura. Eu prometi explorar cada lugar ao máximo com as crianças. Elas conheciam mais sobre cada novo estado do que as pessoas que moraram lá a vida toda, porque sabíamos que nossa presença lá não era garantida. Em todas as férias, fazíamos uma viagem de carro para um novo canto ou um local histórico.

Meu coração ficava mais leve conforme ela prosseguia:

— É o que sempre digo: "Se eu não chorar com a mudança, perdi meu tempo". Não sei como é para você, mas a vida é curta demais para desperdiçá-la, não acha?

O lema dela ficou comigo pelos vinte anos que passei como esposa de militar. Aproveitávamos ao máximo cada novo posto de trabalho. Eu caminhei por fortes da Guerra de Independência na Nova Inglaterra, garimpei ouro na Califórnia e dormi com tubarões em um aquário da

Flórida. Tentei incutir nos meus filhos a mesma perspectiva de vida. Cada mudança é uma oportunidade, uma chance de ver coisas novas e fazer novos amigos. E, mesmo que eu chorasse a cada vez que deixasse uma casa, celebrava o fato de não ter perdido tempo ali.

Kim Stokely

23 – A cinturinha da década de 1950

A vida é bem simples, mas insistimos em complicá-la.
Confúcio

Ela se parecia com June Cleaver, exceto pelo cabelo ruivo. Como muitas mães jovens nos anos 1950, a minha frequentemente fazia o trabalho doméstico no que ela chamava de "vestido de ficar em casa". Não era nada similar aos suéteres frouxos que eu usaria hoje para encarar a privada, o chão da cozinha ou as teias de aranha dos cantos da casa.

Os vestidos de ficar em casa que nossas mães usavam eram únicos. Feitos de algodão, precisavam ser passados. Tinham botões na frente, geralmente até quinze centímetros depois da cintura ou quase até a barra. A cintura desses vestidos me impressiona até hoje. A cintura da minha mãe não devia ter mais do que 55 centímetros. O vestido sempre tinha um cinto para acentuar ainda mais a diminuta cintura.

Aquele vestido, com sua pequena cintura coberta pelo cinto, representa uma era em que as pessoas não discutiam nem se preocupavam com o controle de peso. Era algo que acontecia devido ao estilo de vida. Programas e livros de dietas eram muito menos presentes.

Na maior parte da vida adulta, lutei para manter o meu peso sob controle. É uma batalha em que tive variados níveis de sucesso. Tentei dietas da moda e dietas saudáveis. A luta ocupava muito do meu tempo e energia, quase ao ponto de obsessão.

Cerca de três anos atrás, a imagem dos vestidos de ficar em casa com cinto que minha mãe usava começou a passar pela minha mente numa frequência que considerei importante. Decidi avaliar o estilo de vida dela, comparado ao meu. Certamente havia alguma coisa na maneira como a geração dela vivia que manteve a maioria daquelas mulheres magra mesmo em idade avançada.

Eis o que encontrei:

- Nunca comíamos mais do que uma costeleta de porco cada. Quando mamãe abria uma lata de legumes, era dividida por nós quatro. Nossos hambúrgueres provavelmente tinham menos de cem gramas. O café da manhã em dias de semana era uma torrada, leite e suco. Ainda assim, não me lembro de desmaiar de fome. Conclusão: comendo porções menores, sobrevivemos até a refeição seguinte.
- Comíamos uma variedade grande de frutas e vegetais. Vivendo em uma comunidade agrícola, tínhamos acesso a produtos frescos, com os quais minha mãe fazia conservas. Embora tivéssemos carne na maioria das refeições, os vegetais dominavam o nosso prato. Sempre tínhamos algum tipo de carboidrato nas refeições. Conclusão: carboidratos não são ruins. Carne não é ruim. A ideia é usá-los como acréscimos às refeições, em vez de como o centro.
- Comíamos o que estava perto da fonte. Não tínhamos comida industrializada até eu chegar no ensino médio. A essa altura, a infame torta congelada surgira. Era muito nojenta, então raramente comíamos. Conclusão: há algo na comida de verdade que promove uma boa saúde.
- Nenhum dos meus pais se preocupava muito com a comida. Se tivéssemos sorvete feito em casa, todos aproveitavam. Suspeito que o pote da mamãe fosse menor que o do papai, mas ela nunca mencionava. Aproveitávamos o sorvete sem culpa. Creio que o raciocínio dela era que, se comêssemos legumes o bastante na refeição, não sobraria muito espaço para a sobremesa. Além disso, a maior parte das sobremesas vinha do cesto de frutas. Conclusão:

não existe comida ruim. E pode ser que a causa do problema seja passar tempo demais analisando a alimentação alheia.

- Mamãe e papai faziam todas as tarefas. Mamãe cuidava das compras, da limpeza, das roupas, da cozinha, dos reparos nas roupas e das crianças. Papai cuidava do jardim e dos reparos da casa. Eles criavam galinhas e as colocavam no freezer para aproveitar ao longo do ano. Juntos, pintavam e colocavam papel nas paredes, enceravam o chão e limpavam os tapetes. Conclusão: não há necessidade de uma matrícula na academia quando há tanto a se fazer em casa.
- A televisão e o computador não dominavam nossa vida. Mesmo depois de comprarmos uma TV, escolhíamos ser ativos. Embora não estivéssemos correndo ou consertando uma máquina, estávamos nos movendo a maior parte do tempo. Até comer as balas puxa-puxas queimava mais calorias do que ficar sentada na frente de uma tela. Conclusão: um estilo de vida ativo leva a cinturas mais finas e uma boa saúde.
- Nós jantávamos às seis da tarde e não comíamos mais nada até o café da manhã. Isso gerava um jejum de doze horas a cada noite. Conclusão: o corpo fica bem mesmo sem um fluxo contínuo de comida.

Depois de analisar como vivia uma família dos anos 1950, ficou evidente que nosso estilo do século XXI era responsável pela diferença em nossas cinturas. Decidi mudar algumas coisas.

Eu sabia que toda modificação teria de ser gradual, para que eu conseguisse mantê-la. Mudanças drásticas costumam levar ao fracasso.

Estabeleci estas diretrizes, sabendo que demoraria até que eu conseguisse adotá-las por inteiro:

- Diminuir drasticamente o tamanho das porções. Imagine um quarto do conteúdo de uma lata, que eu comia na infância.
- Planejar uma refeição que fosse composta em dois terços por elementos vegetais e comer poucos carboidratos refinados.
- Parar de falar e pensar em comida e em dietas.

- Aumentar a quantidade de trabalho feita na casa e no jardim. Incluir exercícios típicos de academia, porque eu trabalho usando aparelhos que não estavam disponíveis cinquenta anos atrás.
- Diminuir o tempo de tela.
- Jantar cedo e jejuar até o café da manhã.

Funcionou? Faz três anos. Neste período, perdi gradualmente cerca de sete quilos. Não são os "sete quilos perdidos em duas semanas" que muitas dietas prometem. Mas ir devagar é bom, porque sei que estou mudando.

Mudei a maneira como penso em comida. Sei que não vou ter uma recaída se comer um prato leve. E que tudo bem deixar comida no prato. Aprendi que uma refeição com muita carne me deixa molenga, então procuro maneiras de ingerir mais vegetais. Eu como a maior refeição ao meio-dia e tento fazer um jantar leve bem cedo.

Mudei o que eu achava de exercícios. Agora, é como o ar que eu respiro: necessário para o meu bem-estar, em vez de algo que me forço a fazer. Faço um pouco de musculação e de ioga. Eu caminho na rua se o clima estiver bom ou assisto ao noticiário na esteira. Tenho uma prateleira diante da esteira para o meu computador, permitindo que eu assista a vídeos inspiradores ou educativos.

O que o futuro me guarda? Talvez eu nunca consiga aderir completamente às minhas diretrizes. Às vezes como demais. Há dias em que janto tarde. Não penso tanto em comida e dietas quanto pensava antes, mas cá estou eu, escrevendo sobre elas aqui.

Entretanto, acredito que não nunca terei um problema com peso novamente. Espero perder aos poucos mais alguns quilos até chegar onde deveria. Duvido que usarei um vestido de ficar em casa com a cintura marcada com cinto, caso voltem à moda. Basta ser forte e saudável, e ter em mente coisas mais agradáveis do que o número de calorias em um alimento ou se está ou não "na minha dieta".

Carole A. Bell

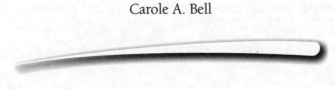

Obrigada por estar presente

Melhores amigos vêm e vão, namorados e namoradas amam e superam, chefes contratam e demitem, mas a única pessoa presente em todas as etapas é uma mãe. Obrigado por estar sempre por perto.

Autor desconhecido

24 – Uma filha como eu?

Não há crianças indesejadas, apenas famílias ainda não encontradas.
Centro Nacional de Adoção (EUA)

Com olhos tristes e cabeça baixa,
Sou vista como algo que se rompeu
Com passado sombrio e coração partido,
Quem quer uma filha como eu?

Eu a observo entrando.
Olhar de longe me ocorreu,
Mas ousaria dar um passo?
Quem quer uma filha como eu?

Seu olhar vem então para mim.
Um sorriso doce me deu.
Mas ousaria eu sonhar
Que quer uma filha como eu?

E como se eu tivesse pronunciado
Aproximar-se ela resolveu
Tento acreditar, num ímpeto,
Que vai querer uma filha como eu.

Mas ousaria baixar a guarda
E confiar que ela percebeu

Que sob esta camiseta manchada
Há uma filha linda como eu?

Meu sorriso, dizem, ilumina a sala
Vou ser boazinha, eu prometo
Ah, Deus, permita que queira ela
Uma filha especial como eu.

Sinto sua mão se aproximar
Nos olhos, vejo, pendeu
Uma única e reluzente lágrima
Será que ela queria uma filha como eu?

E quando me pega no colo
Com um calor tão novo e terno
Diz o que orei para ouvir:
"É você a filha que eu quero!"

Lisa J. Schlitt

25 – Minha mãe, meu pai, meu tudo

Ela nos criou com humor e nos criou para entender
que nem tudo será ótimo — e a rir nesses períodos.
Liza Minnelli

Era o dia mais feliz da minha vida. Eu estava com um vestido longo com uma cauda que enchia o quarto e sapatinhos de cristal nos pés, como Cinderela a caminho do baile. As pérolas da minha mãe flutuavam no pescoço e um velho lenço feito por minha avó repousava sobre meu coração. Um véu novo, com pérolas esparsas para combinar com meu vestido, estava preso entre os topetes e cachos do meu penteado; uma tiara emprestada era o complemento perfeito, e a liga azul estava escondida sob camadas de tecido, contas e crinolina.

Minha mãe ficou no lugar tradicional de um pai, brilhando de orgulho. Apesar de não ter um pai para me levar até o altar e me entregar ou participar da tradicional dança de filha e pai, eu não me sentia prejudicada. Minha mãe sempre fizera o papel de pai e mãe para meus irmãos e para mim. Ela nos abraçava e disciplinava. Ajudava com o dever de casa e compartilhava a alegria de passar numa prova. Ela nos ensinou a amar uns aos outros mesmo quando estávamos puxando cabelos ou brigando por um brinquedo. Ela nos ensinou a importância da família. Ela era, para nós, nosso tudo — e até hoje é.

Meu marido, Nick, me pediu em casamento quando eu tinha 25 anos. Minha mãe perguntou se eu gostaria que meu irmão mais velho ou meu tio me acompanhassem no altar. Eu respondi:

— Não, mãe. Você sempre foi minha mãe e meu pai e você é a única que pode me entregar no altar.

A manhã do meu casamento passou rapidamente. Minha mãe não saiu de perto de mim. Ela ficou comigo durante o penteado e a maquiagem, e me ajudou a colocar o vestido. Assim que fiquei pronta, nós duas ficamos sozinhas. Ela estava usando um vestido longo de alcinha, num tom pálido de azul, que a fazia parecer trinta anos mais nova e mais próxima de uma madrinha do que da mãe de uma noiva de 26 anos. Estava linda. Sabia exatamente quais palavras dizer para acalmar meus nervos e me convencer de que ia dar tudo certo. Ninguém poderia ter estado no lugar dela.

As lágrimas não haviam caído para nenhuma de nós até o pastor dizer que era hora de ela me entregar. Naquele momento, a realidade atingiu a nós duas; eu estava mesmo me casando. Trocamos promessas silenciosas. Não é um adeus, mamãe, não é o fim; é um novo começo e eu não vou deixar você para trás.

Já que eu e minha mãe quebramos as regras tradicionais, seguimos a toada com uma dança de mãe e filha. Preparamos um medley com algumas músicas que contam nossa história. Começava com "Shall We Dance", que sempre dançávamos na cozinha de casa, seguia com "Girls Just Want to Have Fun" e terminava com "Last Dance".

Meu casamento, como minha vida, não foi comum nem normal. Obrigada, mãe, por me ensinar a rir quando eu queria chorar, encorajando-me a escrever mesmo que eu tivesse vergonha, por me amar com a força de duas pessoas e, acima de tudo, por estar presente.

Natalie Scott

26 – Voltando para casa

Ter para onde voltar — é um lar. Ter alguém para amar — uma família.
Ter os dois — uma benção.
Donna Hedges

A paleta vibrante de cores outonais passava pela janela conforme avançávamos pela estrada. Meu avô, com as mãos firmes no volante, contava uma história de infância. Eu sorria, mas, por mais que tentasse prestar atenção, minha cabeça ia para outros lugares. Era meu primeiro retorno para casa como universitário. Meus avós fizeram a viagem de duas horas até a faculdade para que eu pudesse estar em casa nas férias de outono.

Eu deveria estar relaxado e me sentindo livre do fardo pesado das aulas. E se minha casa não parecesse mais o meu lar? Eu estava longe havia apenas alguns meses, mas o meu mundo inteiro havia mudado. Mudanças positivas, em sua maioria, mas eu precisava que minha casa parecesse familiar, uma base sólida na qual me ancorar. E se essa parte da minha vida tivesse mudado também?

— Você está bem, querido? — Minha avó deu batidinhas em meu braço. — Está quieto.

— Estou bem, só cansado de ter estudado até tarde ontem — respondi.

— Bom, logo vai ter tempo de sobra para descansar. Estamos bem perto da sua casa.

Dobramos a última esquina e pude ver nossa grande casa aparecendo atrás do bordo do jardim. Tudo tinha a aparência certa. A cerca que construí com meu pai ao redor do gramado. Pude ver a mesa gasta de piquenique e meu balanço da infância no quintal. As bicicletas dos meus irmãos estavam abandonadas na entrada de casa. Tudo parecia igual. Deveria passar a mesma sensação. Mas não passava.

Por algum motivo, eu sentia estar olhando para a casa de outra pessoa. Parecia que a vida que vivi naquela casa pertencia a outra pessoa. Tudo parecia tão diferente. Como tinha acontecido em tão pouco tempo?

Antes que estacionássemos a van, um amontoado de cabeças loiras correu pela entrada da casa. Abri a porta do carro e peguei meus irmãos mais novos no colo. Abraços e sorrisos foram distribuídos quando meus pais se juntaram a nós.

— É muito bom te ver — disse meu pai, colocando a mão em meu ombro.

Minha mãe tinha lágrimas nos olhos.

— Estamos tão felizes por você ter voltado — disse. — Vamos entrar. Fiz biscoitos com chocolate, acabaram de sair do forno.

Entrando em casa, tentei me desvencilhar do desconforto. Era besta que eu me sentisse dessa maneira. Não queria que aquelas dúvidas estragassem os momentos com minha família, então os empurrei ao máximo para o canto da consciência. Nós nos reunimos na mesa de jantar. Os meninos me atingiram com uma chuva de perguntas entusiasmadas:

— Que tipo de comida tem na faculdade?

— Como é seu dormitório?

— Você tem que arrumar a cama?

Distribuí respostas para cada pergunta, mas não pude deixar de me sentir estranho. Como se eu fosse um visitante contando da vida em outro lugar. Senti-me ainda mais desconectado quando ouvi sobre todas as coisas que havia perdido naqueles dois meses. Eles falaram de novos amigos da família e das novas atividades que estiveram fazendo. Coisas que não eram mencionadas nas ligações ou nos e-mails.

A tarde passou rapidamente conforme trocamos histórias. Quando a escuridão começou a se esgueirar pela janela, meus avós decidiram ir para casa. Fomos com eles para o carro.

— É uma benção ter você por aqui neste final de semana — sussurrou minha mãe.

— Estou feliz por estar aqui — respondi. Em silêncio, me perguntei se minha família me via como um convidado de final de semana. Eu só queria que aquela casa ainda fosse meu lar.

Minha mãe tinha feito meu prato favorito para o jantar. Comemos juntos e assistimos a um filme na sala. Então já era hora de dormir e as luzes se apagaram uma a uma enquanto eu ouvia tantos "boa-noite" quando John-Boy Walton.

Escovei os dentes e peguei um copo de água antes de ir para o quarto. Quando abri a porta, encontrei tudo no devido lugar. O que era estranho. Porque nada nunca estava onde devia no meu quarto. Nessa noite, ele estava muito limpo e organizado. Minha mãe o organizara e fiquei grato. Mas ainda parecia o quarto de outra pessoa. Fui até a cama. O lençol estava estendido com perfeição e o edredom estava macio. Uma maciez que pertencia a filmes ou revistas. Alguma outra coisa se destacava. Um envelope marrom simples contra meu travesseiro. Quebrei o selo com cuidado e puxei um bilhete que dizia:

Logan,
Fico muito feliz pelos lugares em que esteve, mas estou exultante por você estar em casa.

Com amor,
Mamãe

E, subitamente, minhas dúvidas sumiram. Eu soube que estava em casa. Não importava quando tempo passasse ali. Não importava quais acontecimentos eu perdesse. Enquanto eu fosse parte da família, sabia que aquela casa seria meu lar. Não importava o que havia mudado ou ainda mudaria em minha vida, essa era uma constante. Algo em que eu sempre poderia confiar. Então, parado no meu quarto, segurando aquele bilhete manuscrito, abri mão do medo e da confusão. Então amarrotei os lençóis, por precaução.

Logan Eliasen

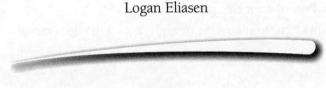

27 – Sempre mãe

Mãe é um verbo, não um substantivo.
Provérbio

E u acabara de ouvir duas das palavras mais temidas:
— É câncer.

Meu marido apertou minha mão e lutei para não me desfazer em lágrimas. "Quero minha mãe", minha criança interior choramingou. Eu desejava o conforto, o apoio que só uma mãe pode dar.

Mas ela era a única pessoa para quem eu não poderia pedir ajuda. A casa dela ficava a centenas de quilômetros e ela vivia na bruma do Alzheimer.

Por mais de cinco anos, a demência a perseguiu, arrancando lembranças e prejudicando a lógica, deixando um rastro de confusão e medo. Durante esses anos, ela se tornou uma criança. Eu a acolhi durante ataques de pânico, nos quais ela não lembrava onde morava. Eu a reconfortei quando chorou ao reviver a morte da própria mãe. Eu a tranquilizei quando um medo induzido pela demência se transformou em um ataque de raiva. Eu a colocava, metaforicamente, na cama toda noite, mandando beijos pelo telefone enquanto meu coração se partia.

Agora que a demência roía a mente dela e o câncer comia meu corpo, fui tomada por uma dormência desesperançada. Não permiti que a palavra "câncer" se esgueirasse nas conversas diárias com minha mãe.

Porém, ela sabia que havia algo errado e o muro protetor que construí ao redor dela começou a ruir. No começo era uma pequena fissura, trazida pela insistência dela de que havia algo errado comigo. A fissura rachou e aumentou até o muro cair por completo. Ela exigiu que eu contasse tudo. Parei de esconder o jogo e contei sobre a cirurgia — ainda cuidadosamente evitando a palavra com C, mas admitindo os demais medos.

Ela perguntou se eu ficaria com uma cicatriz.

Sim, eu ficaria.

— Bom, acho que um colar de diamantes vai cobrir direitinho.

Sorri.

Acompanhada do meu padrasto, ela viajou os oitocentos quilômetros até a minha casa para "ajudar" durante o tratamento. Na véspera da cirurgia, eu estava rodeada pela família.

No hospital, enquanto a equipe preparava para me levar na maca, minha mãe empurrou meu marido para o lado e pegou minha mão.

— Eu te amo — sussurrou ela, e se inclinou para me dar um beijo na bochecha. Naquele momento, as lágrimas que eu segurara por meses começaram a rolar e o medo soltou seu aperto.

Por algum milagre, minha mãe superara a demência, lutando contra a névoa para estar a meu lado. Ela voltava para mim quando eu mais precisava. O espírito dela era mais forte que a doença.

Aquele momento bendito durou pelas horas da cirurgia e além. Ao longo da noite, meu marido ficou ao lado do meu leito enquanto minha mãe e meu padrasto se viraram em casa, sem o benefício da rotina deles. Eles ficaram conosco durante minha recuperação, até que eu estivesse segura e em casa.

Então, a névoa voltou. A demência levou minha mãe para longe e eu voltei a cuidar dela. Mas com uma diferença.

Ela me ensinou algo. Esta, sua última e mais importante lição, é que a mente talvez falhe. O corpo pode deteriorar. Mas o espírito seguirá forte.

Conforme ela começou a se distanciar mais de nós em mente e corpo, comecei a vislumbrar aquele espírito indomável. Às vezes, ele aparecia em espasmos de humor. Uma vez, durante uma visita, perdi o fio da meada.

— Sinto muito, querida — disse ela com um sorriso, dando uma batidinha em minha mão. — Eu não sabia que era contagioso.

Em outros momentos, ela batia o pé com uma declaração teimosa.

— Você não manda em mim! — gritou quando a encorajei a tomar um remédio odiado.

Mas, principalmente, aparecia em sua constante determinação de viver nos próprios termos. Ela lutou para ficar com a família, rendendo-se à morte nos próprios termos e no próprio tempo. Partiu cercada pelos filhos, marido e amigos — com o espírito ainda intacto.

Ainda hoje, o espírito dela sussurra que nada — nem mesmo a morte ou a demência — pode ficar no caminho do amor.

Kelle Z. Riley

28 – Feliz aniversário, raio de sol

As coincidências são o jeito de Deus permanecer anônimo.
Albert Einstein

Era o meu aniversário de cinquenta anos. Cinquenta! E todo mundo parecia pensar que não era nada demais, exceto eu mesma. "Bom, mamãe acharia importante", falei para mim. E ela ia agir de acordo, com certeza.

Em se tratando de aniversários, o lema da minha mãe sempre foi "maior é melhor". A primeira vez em que meu irmão pediu uma festa, ela insistiu em convidar cada colega da escola, com direito a acompanhante, para uma festança de aniversário que entrou para a história do bairro. Quando completei quinze anos, uma idade muito especial na cultura latina, uma festa em casa não bastaria, segundo mamãe. Celebramos com uma visita à cidade natal dela, na América do Sul, para que eu tivesse a experiência autêntica. Mesmo quando as vacas estavam magras, o que acontecia com frequência, eu sempre recebia um presentinho que meus pais pudessem pagar, como meu bolo favorito, um cartão especial e um imenso buquê com todas as flores silvestres que mamãe conseguiu colher do jardim.

Não foi surpresa para minha família que, depois que mamãe faleceu, muitos anos atrás, eu tenha continuado a tradição de fazer grandes festas. Comecei a fazer os aniversários do meu pai e do meu irmão em casa, também estendendo a tradição à minha própria família. Devo admitir, porém, que, a princípio, essas reuniões não foram tão divertidas quanto antes. Essas ocasiões pareciam tão vazias sem minha mãe — a força que compelia nossa família, a líder de torcida sempre de prontidão com seu rosto redondo e sorridente, piadas cafonas e uma apresentação desafinada do "Parabéns a você". Demorou um pouco para que nós recapturássemos seu espírito depois da morte dela, mas em algum momento, com ajuda de tempo e determinação, conseguimos. Então por que, agora, eu sentia novamente a intensidade do vazio da ausência dela?

Sentei-me ao piano em busca de distração. Talvez estivesse tão melancólica porque eu via aquela idade como um marco. Mamãe estivera comigo em todos os outros marcos da minha vida, os grandes passos, pequenos passos, lágrimas e triunfos, e era o primeiro evento do tipo que eu não compartilhava com ela. Ergui as mãos das teclas e busquei entre as partituras uma seleção mais animada. Ali, entre minha coleção de clássicos e trilhas sonoras, encontrei minha pasta de documentos. "Que estranho", pensei, "o que isso está fazendo aqui?". Abri a pasta e não vi nada demais — alguns recortes de jornal amarelados, receitas antigas e cupons vencidos de supermercado.

Fiquei ali, com a pasta na mão, então fui para a lata de lixo da cozinha. Bem quando eu estava prestes a soltar, um cartão escorregou. Na frente, havia uma ilustração de um buquê parecido com os que mamãe fazia com flores do jardim e costumava me dar. Dentro, com os garranchos familiares dela, havia seus parabéns para o meu aniversário de quarenta anos.

Naquela noite, quando eu e Bill, meu marido, estávamos sentados em meu restaurante favorito para um jantar comemorativo, a conversa inevitavelmente se voltou para o cartão perdido. Eu queria muito acreditar que aquele cartão era mais do que uma mera coincidência e esperava que Bill concordasse comigo.

— Sabe, quais eram as chances de encontrar esse cartão justo hoje?

Ele deu de ombros, sem se comprometer.

Ainda assim, a pergunta me assombrava.

Mais tarde, depois que voltamos para casa, sentei-me no computador para conferir os últimos e-mails. Havia vários me parabenizando pelo aniversário, além dos anúncios e outros tipos de spam. Eu os abri e li um por um, finalmente chegando à newsletter que recebo do *Canja de galinha para alma*. A história do dia era "Qual é sua pluma?", minha contribuição para um dos livros, o *Canja de galinha para alma: um livro de milagres*. Era uma história que escrevi sobre lidar com o luto inicial da morte da minha mãe. O conto que escrevi sobre minha mãe aparecendo na newsletter no dia do meu aniversário? Agora, sim, as coisas haviam ficado intrigantes.

Bill com certeza teria que admitir que era mais do que uma coincidência. Com o coração acelerado, imprimi a newsletter e corri escada abaixo para o primeiro andar, onde Bill se ajeitava para se deitar.

— Olha isso — falei, empurrando os papéis para ele. — Não pode ser outra coincidência — insisti.

Observei Bill se manter indiferente. *Humph!* Agora, eu tinha certeza de que minha mãe estava se comunicando comigo. O que precisaria fazer para convencer meu marido?

Frustrada, fui para o quarto e liguei o rádio para escutar a previsão do tempo, como fazia toda noite. Estática. Girei o botão banda acima e banda abaixo. Nada além de estática. Finalmente, sintonizei na única estação que dava para escutar Willie Nelson em alto e bom som, cantando um country em seu estilo inigualável. Olha, eu não sou bem a maior fã de música country. Mas minha mente estava tão distraída pelo que acontecera no dia que me sentei na cama, fechei os olhos, escutei e tentei encontrar sentido naquilo tudo. Ainda com um resquício de dúvida, perguntei a mim mesma: o cartão que encontrei e a publicação do conto na newsletter poderiam mesmo ser sinais da minha mãe? Poderiam aqueles que passaram para o próximo reino de existência se comunicar com pessoas da Terra? Não importava quanto eu quisesse acreditar que minha mãe ainda poderia me mandar saudações do além, algo assim era mesmo possível?

Então, recebi minha resposta.

Notas do rico barítono de Johnny Cash vieram pelas ondas de ar, com a antiga canção folk "You Are My Sunshine" [Você é meu raio de sol], a música que minha mãe usava de canção de ninar comigo. Foi quando comecei a chorar. Solucei intensa e profundamente, mas não de tristeza; de gratidão pela minha mãe e pelo amor que compartilhamos, tão poderoso que podia viajar através dos reinos. Quando abri os olhos, vi meu marido curvado sobre mim, as mãos nas minhas.

— Parece que sua mãe se lembrou mesmo do seu aniversário — disse.

Sim, minha mãe de fato se lembrou do meu aniversário. E ela o fez no estilo de sempre. Afinal, não me mandou apenas um sinal, mas três. Óbvio. Minha mãe sempre comemorou aniversários em grande estilo.

Monica A. Andermann

29 – Noite da pizza

Uma avó é um pouco mãe, um pouco professora e um pouco melhor amiga.
Autor desconhecido

Minha primeira semana de faculdade foi difícil. Eu já precisava estudar para duas provas, começar um trabalho e uma pilha de fichamentos para reler. Meu auxílio financeiro estava um caos e meu colega de quarto não falava comigo. Tudo era estranho e eu não conhecia ninguém. Não era isso que eu planejara.

Embora fossem apenas três horas para chegar em casa, parecia muito mais longe. Eu mal podia esperar pelo final de semana.

Finalmente, era sexta-feira. Avisei meu colega de quarto que eu estava indo para casa. Ele só demonstrou me escutar com um único aceno de cabeça. Se a Western tivesse uma aula sobre videogames, aquele cara tiraria A. Dirigindo para casa, rezei e pedi para o Senhor cuidar do caos da minha vida.

Cheguei em casa e não tinha ninguém. "Ótimo", pensei. "Bem quanto eu mais precisava deles." Então, do nada, lembrei que fazia semanas desde que vira minha avó, apesar de ela morar a apenas dez minutos de casa.

Como se estivesse esperando por alguém, a luz da varanda da vovó estava acesa. Dava para ver a luz da TV oscilando pela janela. Bati na porta e escutei vovó vindo atender. De repente, a porta se abriu.

— Ora, oi pra você! Não esperava te ver — exclamou ela.

Fotos de todos os netos se amontoavam sobre a lareira e em cada espaço disponível de todas as estantes da sala. O porco de cerâmica que dei ao vovô, o último sorriso dele que vi, estava numa prateleira à minha frente. Eu ainda me lembrava de tê-lo dado num Natal havia mais de quinze anos. O pato de madeira que o pastor entalhara para a vovó e o vovô estava em outra prateleira. De onde eu estava, era possível ver dentro da cozinha e reparei na porta para a escada, que levou para um paraíso de aventuras dos netos por tantos anos.

Eu já estava feliz por ter vindo visitar a vovó. Conversamos sobre a minha semana. Eu tinha tanto para contar. Estava lá há mais de uma hora quando minha avó me perguntou algo que eu jamais esperaria dela:

— Eu tenho pizza no freezer. Você está no clima de pizza?

— Você gosta de pizza, vovó?

— Eu adoro pizza, especialmente depois que eu dou uma tunada!

A fama de cozinheira de vovó a precede. Não pude imaginar o que tunar uma pizza poderia significar para ela.

Conforme acrescentávamos mais queijo, pepperoni e pimentões à pizza, percebi que nunca tivera uma conversa com a vovó até aquela noite. Meu avô morrera quase quinze anos antes, e eu sempre me arrependera de nunca ter conseguido conversar de verdade com ele. Senti-me subitamente abençoado por ter esta noite com ela. A pizza ficou maravilhosa. A melhor pizza que já comi, na verdade.

Uma coisa que notei é que minha avó realmente me escutava. Com frequência, eu percebia que interrompia outra pessoa para dar um conselho. Entendi que, às vezes, precisamos só escutar. A vovó dizia apenas de vez em quando:

— Ore pela resposta.

Então rezei pensando na minha situação durante o final de semana todo. A semana seguinte foi muito melhor. Eu sequer voltei para casa no final de semana seguinte. Nunca havia notado que a Western tinha um campus tão bonito. Eu fora cegado por meus problemas, mas Jesus os tirou de mim. Agora eu enxergava.

Comecei a fazer questão de ir para a casa da vovó pelo menos uma vez por mês, para comer pizza. Ainda tínhamos noites de pizza quatro anos depois. Sou muito grato ao Senhor por me levar a ela quando eu precisei de um ouvido. Como costumam ser os caminhos de Deus, eu ganhei muito mais.

William Mark Baldwin

30 – Uma verdadeira mãe

*A gratidão dá sentido ao nosso ontem, traz paz para o hoje
e cria uma visão para o amanhã.*
Melody Beattie

Lembro-me bem do dia em que percebi que tinha uma verdadeira mãe aqui nos Estados Unidos, tão distante da minha casa na Alemanha. Eu tinha encaixotado os últimos pratos para a mudança quando ela ligou. "Ah, não", pensei. "Não posso falar com ela agora." Meu coração estava partido e eu não tinha ideia de como começaria uma nova vida com meus seis filhos — sem marido. Eu tinha certeza de que a vovó Towne me daria um sermão. Afinal, eu estava abandonando seu único filho. Talvez eu devesse não falar nada. Não queria perder seu apoio e sua amizade. Eu já havia perdido tanto. Mas contei a ela.

— Gary e eu nos separamos. Estou dando entrada no divórcio.

Silêncio.

— Você está aí, mãe?

— Sim. Não sei o que dizer. Você tem certeza de que é a coisa certa?

— Eu pensei sobre o assunto e rezei. Não posso criar as crianças deixando-as saber os detalhes do nosso casamento turbulento. — Minha voz oscilou.

— Está tudo bem, Sonja, eu entendo — disse vovó Towne. — Precisa de alguma ajuda?

A oferta me pegou de surpresa. Mamãe Towne não estava brava ou chateada. Em vez disso, ofereceu ajuda.

— Sonja? Não pense que está se divorciando também de mim. Se tiver algo que eu possa fazer para ajudar, eu gostaria de fazer.

De repente, o céu não estava mais tão escuro. Respirei profundamente para estabilizar a voz, mas lágrimas rolaram pela minha bochecha.

— Ah, mamãe... — falei, e não consegui dizer nada mais.

— Por que você não traz as crianças? Posso ficar com elas até que você organize tudo.

Sequei os olhos com as costas da mão.

— Isso facilitaria as coisas. E... obrigada.

— Tudo vai dar certo. O divórcio não deveria fazer diferença no nosso relacionamento. É como se você fosse minha filha. Seus filhos são meus netos e isso nunca poderá ser tirado de nós. Fique à vontade e traga as crianças. Ficarei com elas até suas aulas de verão acabarem.

E foi o que fizemos.

A vovó ficou com elas, na casa dela no Colorado, enquanto eu terminava as matérias de verão na universidade.

Conforme o tempo passou, a vovó Towne continuou a estar presente para mim. Quando o motor do meu carro explodiu, ela dirigiu três horas para buscar a mim e às crianças, e nos ajudou a encontrar um carro novo. Ela compareceu a minha cerimônia de graduação e me ajudou a encontrar um bom trabalho de professora na região. Quando me casei novamente, ela abraçou meu novo marido e o chamou de "filho", exatamente como havia me acolhido como filha tantos anos antes, quando eu havia me casado com o único filho dela.

Sonja Herbert

31 – Mamãe ao resgate

O coração de uma mãe é um mosaico de amor.
Autor desconhecido

A cho que minhas amigas e eu começamos a planejar nossa formatura quando estávamos no primeiro ano. Sério. Falávamos por horas sobre o que iríamos vestir, como arrumaríamos o cabelo, como posaríamos para as fotos — como casais, depois em grupo, só as meninas, então só os meninos —, onde iríamos jantar e até ensaiamos os assuntos para abordar no restaurante. Eu sei. Falta do que fazer. Mas era importante para a gente. Coreografamos minuciosamente cada instante e, com todo esse planejamento, não esperávamos nada além de uma experiência idílica de formatura.

O grande dia chegou, e começamos a nos arrumar antes do almoço. Entre telefonemas que fazíamos umas às outras, trabalhamos nos penteados, unhas, maquiagem, sapatos, vestidos e bolsas. O restaurante onde fizemos a reserva — com três meses de antecedência — ficava a quarenta minutos de distância. Nós dez nos encontraríamos lá, três horas antes da formatura, comeríamos juntas e seguiríamos para o baile.

Chegou o momento de meu namorado, Rusty, me buscar em casa. Nada de Rusty. Dez minutos se passaram. Ainda sem sinais dele. Vinte minutos. Isso era antes dos celulares, então eu só podia esperar — esperar e ter uma grande síncope. Trinta minutos. Quarenta. Como ele podia fazer aquilo comigo? Era minha única formatura do ensino médio. "É bom que ele esteja morto", pensei, "ou seriamente machucado". Enquanto minhas amigas se reuniam no restaurante, eu andava para lá e para cá no tapete da sala, abrindo um buraco no relógio com os olhos. Como isso podia acontecer? Eu planejara tudo tão perfeitamente.

Quando Rusty apareceu na frente de casa — com uma hora de atraso —, estava com o smoking amarrotado e manchado de graxa. A camisa de babados estava grudada ao peito de tanto suor. O rosto estava vermelho e o cabelo, bagunçado. Um pneu dele furara na interestadual e ele teve sua primeira experiência de troca de pneu a centímetros do fluxo acelerado de carros. Tentei reunir alguma empatia por ele, mas só conseguia ver a minha formatura perfeita indo para o ralo.

Mal sabia eu que, enquanto eu estava andando de um lado para o outro na sala da frente, minha mãe estivera com a mão na massa. Ela descongelou dois bifes e convenceu meu pai a ligar a churrasqueira do quintal. Pegou as melhores porcelanas, taças e toalhas rendadas da minha avó, preparando um jantar elegante e mandando minha irmãzinha e meu sobrinho colocarem as melhores roupas de domingo para serem nossos garçons.

Quando Rusty chegou, ela tinha transformado nossa sala de estar em um salão privado de jantar, com velas e música. Enquanto nossos amigos estavam voltando de sua experiência de jantar formal, nós começamos a nossa. Eu nem vi mamãe naquela noite. Ela mandou minha irmã e meu sobrinho pela porta prato após prato, da salada até a sobremesa. E, enquanto comíamos, ela lavou, secou e passou o smoking de Rusty.

Chegamos na formatura com tempo de sobra e uma história para contar. Olhando em retrospecto, não consigo lembrar se sequer agradeci minha mãe. Eu devia estar mais preocupada com derrubar algo no vestido e garantir que chegássemos a tempo no baile. Ela estava feliz em ficar nas sombras, remediando mais um pequeno trauma da minha vida. Aliás: obrigada, mamãe.

Mimi Greenwood Knight

32 – Um vestido rosa e uma promessa

Sinto saudades, ó, Mãe! Tua imagem ainda está profundamente impressa em meu coração.

Eliza Cook

Eu tinha dezesseis anos e, mais do que qualquer outra coisa na vida, queria que minha mãe comparecesse à minha formatura do ensino médio, no ano seguinte. Ela estava com câncer no ovário e, embora a expressão no rosto de outros membros da família não oferecesse muita esperança, eu acreditava que ela se recuperaria e conseguiria ir.

Minha mãe e eu sempre tivemos uma relação muito especial, talvez por eu ter sido sua única filha nos primeiros trezes anos de casada. Partilhávamos um grande amor pelos livros e pela leitura. Ela leu para mim todos os dias até que eu aprendesse a habilidade com primor. Depois, ela continuou a partilhar meu amor por histórias ao estimular as minhas tentativas como escritora. Como atriz amadora, ela aparecera em inúmeras produções locais. Eu cresci comparecendo a ensaios e, nas estreias, era capaz de sussurrar cada uma das falas dela.

Lembro-me especialmente de uma pequena festa do elenco e da equipe que aconteceu depois de uma apresentação noturna. Minha mãe havia comprado um vestido rosa para a ocasião. Aos meus olhos de seis anos, ela parecia um anjo.

Quando eu tinha quatorze anos, meu irmão nasceu. Dez meses depois, minha mãe foi diagnosticada com câncer. No começo, não me preocupei. Afinal, ela era minha mãe. Nunca morreria e me abandonaria. Mas quando um ano virou dois e ela foi ficando mais magra e, muitas vezes, desanimada por conta da medicação pesada, comecei a me preocupar.

Duas semanas antes do meu Natal de dezesseis anos, a doença piorou. Tentei negar o desespero que via no rosto do meu pai, ao lado do leito do hospital. Para fortalecer a hipótese da recuperação, eu conversava com ela sobre o futuro, um futuro compartilhado.

— E, quando você for para a minha formatura, vai usar o vestido rosa? — perguntei enquanto ela estava deitada, fraca e magra no dia 9 de dezembro.

— Ah, querida, não sei. — Ela forçou um sorriso estreito. — Aquela coisa velha? Mesmo?

— Sim, sim, por favor, prometa.

— Tá bom, se é isso que você quer mesmo... Eu prometo. — As palavras mal passavam de um sussurro.

Uma hora depois, ela faleceu.

De alguma maneira, eu me forcei a lidar com o ano e meio de escola que faltava. Meu pai havia flutuado para longe no próprio mundo de luto, e a tia que viera cuidar do meu irmão de dois anos não tinha tempo para mim. Quando a formatura chegou, os dois recusaram o convite.

Enquanto eu estava no palanque com os outros formandos, senti-me vazia e absolutamente solitária. Eu acreditara que minha mãe ficaria bem; acreditara que ela estaria ali para aquele marco da minha vida. Ninguém poderia se sentir mais desprovido de felicidade que eu.

E então o diretor anunciou o prêmio de literatura, por extraordinário trabalho em escrita criativa e a estudante à minha direita começou a me cutucar.

— Você ganhou, você ganhou! — sussurrou ela.

Chocada, continuei sentada. Então, eu a vi. No canto direito do fundo do auditório, minha mãe estava aplaudindo com mais veemência do que ela mesma diria que seria elegante. E ela estava com o vestido rosa.

Levantei-me e fui até o pódio pegar meu prêmio, estarrecida com a sensação caudalosa de alegria. Ela tinha vindo. Ela prometera e tinha vindo. E estava com o vestido rosa. Os momentos saltitavam intensamente em meu coração, uma linda borboleta de alegria. Em uma nuvem tão intensa de felicidade que mal podia controlar os movimentos, voltei para minha cadeira. Mas, quando olhei para o canto direito dos fundos, ela não estava mais lá.

Depois, quando estava voltando para casa sozinha na escuridão quente da noite de primavera, com o prêmio e o diploma apertados na mão, minha postura mudou e a raiva me inundou. Por que ela viera por apenas um instante? Por que não pudera ficar?

Sentei-me no banco de um parque, à beira do rio, e observei a água; aos poucos, veio a compreensão. Ela não poderia estar sempre comigo, não mais; mas poderia vir quando eu mais precisasse dela. Manteve a promessa. Ela viera à formatura e usara o vestido rosa.

Gail MacMillan

33 – A matriarca

Uma mulher é o ciclo completo.
Nela reside o poder de criar, nutrir e transformar.
Diane Mariechild

Jovens que queriam namorar uma das minhas três lindas filhas precisavam antes passar pela minha mãe. Nós a chamávamos de A Matriarca.

À primeira vista, ela não parece tão intimidadora. Ela é baixa e pálida, e os cabelos vermelhos nunca ficam no mesmo tom por dois meses seguidos. A despeito disso, ela interrogava o novato trêmulo estreitando os olhos azuis e com um sorriso impiedoso que mal curvava seus lábios.

— Então, Daniel... o que te faz digno da Rachel? Como pretende ganhar a vida? O que mais ama nela? O que te faz pensar que a merece?

Se ela estivesse generosa, às vezes deixava o azarado sair com meros 45 minutos de inquérito.

A assustadora força feminina da minha mãe aparentemente foi transmitida às filhas e netas, se acreditarmos nos homens da família. Recentemente, escutamos um jovem marido sussurrando conselhos a um novato, cujos olhos se arregalavam como se ele tivesse trombado com uma tribo de guerreiras amazonas indo à caça.

— Concentre-se na mãe. O poder flui dela.

Deixe-me explicar que minha mãe tem um propósito mais nobre do que brincar com os frágeis egos de jovens pretendentes, por mais divertido que seja. Ela leva a sério seu papel de líder tribal. Ao longo de seus setenta anos, ela aprendeu o valor da prudência, geralmente por cometer erros. Considera seu dever sagrado transmitir a sabedoria para os entes queridos, esperando salvá-los de más caminhos que possam tomar. Então ela fica de guarda nas encruzilhadas da vida, fazendo perguntas difíceis para que paremos e pensemos antes de prosseguir.

Minha mãe não é sempre uma esfinge envolta em trajes reluzentes e esvoaçantes. Na década de 1960, ela era uma adolescente "encrenqueira" do interior. Os amigos deram as costas para ela, e sua nova madrasta fez tudo que podia para garantir que a garota apavorada nunca esquecesse a vergonha.

A vida de uma mãe de dezoito anos nunca é fácil. Mas minha mãe teve que encarar a situação sem ajuda nem compaixão. Não percebi até crescer que mamãe sofrera de depressão por boa parte da minha infância, embora não tenha me surpreendido quando ela admitiu. Tendo eu mesma criado quatro filhos como mãe solo, com a minha própria mãe por perto para ajudar e dar apoio, admiro ainda mais a força que ela exerceu para simplesmente atravessar cada dia sozinha com quatro filhos pequenos.

— A única coisa que me impediu de me matar — confessou ela uma vez — era saber que vocês iam ser criados pela sua avó se eu não estivesse aqui.

— Você gostaria que sua vida tivesse sido diferente naquela época? — perguntei. — Queria ter ido para Paris como sempre quis, em vez de se casar e ter filhos tão nova?

Ela respondeu sem hesitação:

— Nunca. Eu poderia ter tomado várias decisões diferentes a qualquer momento. Vocês são a melhor coisa que já fiz. Qualquer outra coisa que eu faça é só a cobertura do bolo.

Eu costumava achar que mamãe se distraía facilmente. Logo que conseguia um diploma ou um novo trabalho, ela já conferia os requisitos para o próximo. Além dos seus estudos ecléticos e muitos trabalhos, ela tinha e gerenciava inúmeros negócios, fazia artes lindas, escreveu alguns livros, tirou licença como corretora de imóveis e preencheu sua casa com uma galeria de achados interessantes de leilões do estado e da natureza. Seu cabelo ficou mais vermelho, as roupas, mais brilhantes, e ela continuou a desabrochar em direções mais surpreendentes.

— É que o mundo é um lugar tão interessante! — exclamou ela. — Há tanto para aprender e para ver, como poderia me contentar com uma vida? Estou determinada a aproveitar esta ao máximo.

A recusa teimosa de mamãe a se curvar às circunstâncias era o exemplo de que eu precisava. Meu próprio casamento foi particularmente infeliz. A habilidade do meu marido de se esgueirar da responsabilidade com nossos filhos e simultaneamente nos fazer viver com medo e na pobreza era impressionante... para muitas pessoas. Minha mãe não ficava impressionada.

Tarde da noite, em uma ocasião em que eu pegara as crianças e malas e correra para a casa dela em busca de refúgio, meu marido apareceu. Ele começou a me intimidar, dizendo que todos os nossos problemas eram culpa minha e que eu devia voltar para minha casa, onde era meu lugar. Na época eu estava emocionalmente confusa, fisicamente enfraquecida e não conseguia me defender. Minha mãe escutou a briga do quarto e desceu a escada como uma valquíria de penhoar, os cabelos vermelhos saindo da cabeça como as chamas da justiça. Ela o colocou para fora da casa e bateu a porta na cara dele, dizendo que não voltasse. Ele deu bem menos problemas depois disso.

Entendo melhor a ferocidade dela, tendo meus próprios filhos adultos. Mal posso imaginar a dor que ela deve ter sentido vendo-me sofrer por decisões ruins sem poder consertá-las como fazia quando eu era criança. O que ela podia fazer, entretanto, era estar presente e ser uma avó de verdade e jovial, mesmo que tivesse uma vida própria e um trabalho interessante dos quais cuidar. Como todo o resto, minha mãe fez seu trabalho de avó com talento.

Por anos, meus filhos passaram as sextas-feiras com a vovó Cindy enquanto eu trabalhava. Eu os buscava no final do dia, invariavelmente encontrando-os com as bochechas rosadas e com pingos de tinta por terem decorado moletons com lindos desenhos ou com manchas de massinha de modelar feita em casa. Um dia, encontrei-os no quintal, pintando com as mãos cadeiras brancas de plástico. Mas o mais comum era encontrá-los todos aconchegados no grande e confortável sofá, devorando biscoitos, soltando bolhas e vendo desenhos — incluindo mamãe.

Com a vovó por perto, meus filhos aprenderam que estavam seguros e eram amados, e talvez o mundo não fosse um lugar tão assustador. De seu jeito único e imprevisível, ela segue os ensinando. Recentemente, cheguei em casa do trabalho e encontrei minhas três filhas adultas e minha mãe usando vestidos floridos, botas e chapéus enormes, fazendo um chá da tarde. Minha mãe apertou um cajado de feiticeira.

— Ah, que bom! Chegou a tempo do chá!

A maneira como minha mãe viveu a vida é um grande exemplo para nós.

— Nunca pare de aprender; nunca deixe de se reinventar; não tenha medo de tentar algo novo; nunca desista, seja fiel a quem você ama; pelo amor de deus, pinte fora das linhas; e sempre... sempre faça tudo com paixão.

Rhonda Brunea

34 – Maternidade: não é exatamente um passeio no parque

Mães e filhas se aproximam ao máximo quando filhas se tornam mães.
Autor desconhecido

Quando jovem, eu trabalhava em uma farmácia no meio de um influente bairro de Londres chamado Holland Park. No mesmo horário, toda manhã, eu olhava para fora da loja e via uma mãe específica passeando com seu bebê aconchegado no que devia ser um carrinho da última moda. Às vezes, ela agraciava a farmácia com sua presença. Em alguns dias, ela deslizava em um vestido feminino e leve. Em outros, estava trajada em um terno de grife. O cabelo dela sempre estava imaculadamente aparado. Invariavelmente, ela estava elegante. Ela dava uma olhada na farmácia e examinava as prateleiras em busca dos mais novos produtos de beleza. Não parecia ter uma única preocupação. O mais impressionante é que ela manobrava o bebê no carrinho sem esforço, como se fossem meros acessórios.

Avancemos para quatro anos depois, em outro continente. Nesta realidade, eu mesma me tornara mãe. Não tinha como eu contrastar mais com aquela mãe tranquila e bem-composta de Holland Park que eu imaginava ter um exército de babás e outros membros de uma equipe para cuidar do bebê, da casa e do guarda-roupa. Para começar, eu nunca usava nada além que uma camiseta que não amassasse e a calça jeans mais confortável. Eu me vestia apenas para garantir que a principal fonte de alimento do meu bebê — meus peitos — ficasse em fácil acesso. Os acessórios para meus trajes geralmente eram alguma mancha ou resquício de cheiro de algo que meu bebê regurgitava. Meu cabelo estava sempre preso de forma caótica para trás com grampos, sem um penteado específico, apenas para manter mechas soltas longe do rosto do meu filho quando eu me curvava pela milésima vez para beijá-lo.

Eu não poderia amar mais o meu recém-nascido e queria passar todo o meu tempo, dormindo ou acordada, com ele. Naqueles primeiros dias, quando eu saía por aí com olhos cansados e desarrumada por sobreviver com talvez três ou quatro horas de sono por noite, não me preocupava com nada além do bem-estar do bebê. Quando eu não estava dando colo, trocando fraldas, alimentando ou fazendo-o arrotar, estava debruçada por cima de livros e revistas sobre ter filhos em uma busca frenética pelas respostas para questões que estavam tumultuando minha cabeça já fragilizada. Por que meu bebê precisava mamar constantemente, quase sem respiros entre as sessões? Era natural que cada mamada acabasse direto em outra? E se o desenvolvimento cognitivo e físico dele não demonstrasse claramente os marcos descritos naqueles livros? Eu também havia me tornado uma presença constante no consultório do pediatra, expondo fraldas usadas com fezes de cores ou consistências questionáveis e o cercando com uma pergunta atrás da outra sobre todo tipo de coisa do bebê e seus cuidados. Deus abençoe aquele homem, pois nunca me julgou nem deu a entender que eu estava me encaminhando para o hospício.

Entretanto, apesar de eu estar totalmente imersa no mundo da maternidade, sentia uma fenda se abrindo entre mim e meu marido. Logo depois que o bebê nasceu, ele começou a receber responsabilidades maiores no trabalho, o que exigia que ele viajasse para fora do país com frequência. Se ele chegasse em casa à noite, eu já estaria longe na terra do sono, geralmente com o bebê nos braços. Em algumas ocasiões, eu apenas fingia estar dormindo. Tinha começado a desenvolver um pequeno ressentimento por como a vida dele não mudara em nada com a chegada do bebê. As conversas cada vez menos frequentes que tínhamos inevitavelmente acabavam comigo fazendo um discurso sobre como estava exausta e como mais um parente dele havia nos visitado. O problema com essas visitas era que elas nunca conseguiam resistir a lançar conselhos não solicitados sobre criação, o que, conforme o esperado, colocava em questão a maneira como eu cuidava do meu bebê. Eles também gostavam de fazer comparações entre o meu anjinho e uma ou outra criança da mesma idade. De todo modo, não eram visitas pelas quais eu ansiava.

Então, um dia, ao telefone com minha mãe, tive um surto e comecei a dizer como eu ficava frustrada por não conseguir lidar com ser mãe. Ela escutou com muita atenção e então disse:

— É natural estar sentindo tudo isso. Eu, na minha idade, ainda estou descobrindo coisas novas da maternidade. Eu agora tenho que aprender a ser mãe de alguém que virou mãe.

Eu tive que rir daquilo. Ela então acrescentou:

— Eu sei que o bebê ocupa muito do seu tempo, mas você precisa encontrar tempo para fazer as coisas de que gostava antes de ele chegar. E precisa se esforçar para manter a chama do casamento acesa.

Fiquei pensando no que minha mãe disse. Alguns dias depois, minha antiga chefe me ligou e perguntou se eu estaria interessada em ajudar com miniprojetos em que ela estava trabalhando. Não hesitei para ligar em seguida para minha mãe e pedir para ela cuidar do bebê alguns dias por semana. No final, não foi apenas por aqueles dias que pedi ajuda para minha mãe.

Ela insistira para que eu mantivesse um conjunto de roupinhas de bebê, um pacote de fraldas, artigos de higiene, pratos de papinho e um esterilizador na casa dela. Assim, eu podia simplesmente colocar o bebê na cadeirinha do carro depois do café da manhã e literalmente depositá-lo na porta quando eu estivesse atrasada para as aulas que concordei em dar. Minha mãe caíra do céu. Quando meu bebê demonstrava pouco interesse em comer seu purê de vegetais, minha mãe me ensinou a colocar um pouquinho de fruta amassada junto para fazê-lo comer até a última colherada. Quando meu neném começou a balbuciar, minha mãe cantou e leu livros maravilhosos para incentivar o desenvolvimento da fala dele. Foi ela que comprou seu primeiro Thomas, o Trenzinho, que levou a uma grande coleção de trens, trilhos e livros. Era muito evidente que a vovó e o bebê adoravam passar tempo juntos e que floresciam na companhia um do outro. Embora ir e voltar da casa da minha mãe fosse um pouco cansativo, estávamos todos infinitamente mais felizes.

Com mamãe se voluntariando para ficar de babá, consegui encontrar tempo para uma hidratação ocasional do cabelo, massagens para me mimar e, o mais importante de tudo, as noites românticas com meu marido das quais eu sentia falta e que tanto precisava. Eu nunca consegui me organizar o suficiente para me vestir e me portar com a compostura admirável da mãe de Holland Park que encontrei na juventude. Mas havia alguns dias em que eu passava pelo meu reflexo e sorria com o que enxergava ali. Percebi que a maternidade dificilmente é um passeio no parque. Não é algo em que se fica mestre de um dia para o outro. Entretanto, se você puder aceitar esse fato e pedir ajuda para alguém de confiança, fica bem mais gerenciável e gostoso. Envolver minha mãe nos cuidados do meu primeiro filho foi a melhor coisa que fiz por mim mesma, meu bebê e meu casamento.

Inclusive, meu marido se tornou um pai presente e maravilhoso desde aqueles dias iniciais. Agora, temos dois filhos e os dois o colocam em um pedestal muito merecido. Minha mãe continua sendo a melhor avó que uma criança poderia querer.

Maizura Abas

35 – Rivalidade de guirlanda

Não há nada no mundo igual ao amor de uma mãe por seu filho.
Desafia todas as coisas e esmaga sem remorso tudo que fica em seu caminho.
Agatha Christie

Era uma guirlanda que só uma mãe poderia amar. O programa prometera "cem ideias para as festas por cem dólares". Como acontecia com praticamente todos as séries de design da TV, eu fui absolutamente convencida pelo primeiro aceno leve da apresentadora. Usando roupas lindas, designers de interior saltitavam demonstrando ideias, muitas das quais exigiam um diploma de mestrado em pistolas de cola quente e acesso a ceras esotéricas da Índia. Mas então um lindo e delicado homem vestido uma gola alta preta com um ar de superioridade entediada mostrou como qualquer um poderia fazer uma guirlanda com sacos de lavanderia. Ao amarrar tiras das sacolas plásticas com um cabide desmontado, você poderia criar uma guirlanda brilhante e ecologicamente correta.

Nós raramente íamos à lavandeira, mas nossa pilha de sacolas de mercado não recicladas parecia uma substituta decente. Então comecei a cortar e amarrar tiras de plástico em um círculo de arame feito de um cabide velho. Algumas horas depois, eu estava impactada. Ficou bem bom.

É isso que a TV faz com você. Você começa a acreditar que sacolas plásticas amarradas num cabide ficaram bem boas.

Acrescentei algumas fitas e ornamentos e decidir dar a guirlanda para a minha mãe, para contribuir para a abundante decoração da casa dela. Ela adorava decorar e montava uma mesa linda nos feriados, então pensei que seria um acréscimo divertido para alguma janela.

Quando a entreguei em uma de nossas visitas no começo de dezembro, era a quarta série se repetindo. Ela adorou a guirlanda e imediatamente a colocou sobre a lareira. Fiquei com um pouco de vergonha, mas também ridiculamente orgulhosa.

No ápice dos feriados, voltamos para a casa dela, para um grandioso jantar. Todo mundo estava lá e chegamos um pouco atrasados por conta de alguns chiliques das crianças no caminho. Depois de terminarmos os abraços e nos livrarmos dos casacos e sapatos, entrei na sala formal de jantar.

No aparador, havia uma imensa guirlanda, praticamente cobrindo a lareira, cheia de fitas brilhantes, sinos e outros ornamentos. Era linda, verdejando à perfeição, as cores fluindo em uma harmonia que teria silenciado qualquer coral decente. Eu estava admirada.

E ali, numa pequena estante de partitura, estava minha guirlanda de sacolas.

— Ah! Você viu a guirlanda que Christy mandou? — disse minha mãe, entrando na sala atrás de mim.

Claro. Minha irmã. Do outro lado do Meio-Oeste, ela participara da nossa partida permanente de 21, uma rivalidade entre irmãs, jogando um ás enorme ali, na casa da minha mãe. Como uma típica irmã mais nova, eu nem esperava por aquilo.

— Uau, é incrível — disse, esperando que houvesse o mínimo possível de animosidade em minha voz, considerando as circunstâncias.

— E você viu? Coloquei a sua bem aqui. Queria que todos vissem as guirlandas que minhas filhas me deram.

Tinha que ter uma adaga em algum lugar. Algo pontudo com que arrancar meus olhos antes de ver a expressão de todo mundo. Eu estava mortificada.

Virei-me para minha mãe para me desculpar pela minha guirlanda triste feita em casa. Mas um olhar para ela me interrompeu. Ela não fazia ideia. Não fazia ideia do abismo que havia entre minha guirlanda com as sacolas de mercado rasgadas e a saudação épica aos espíritos anciãos do Natal na lareira. Aos olhos dela, de alguma forma, eram IGUAIS.

Fiquei estupefata. Primeiro e mais importante: percebi que não tinha chance de enfiar meu aro plástico do Natal num armário, poupando-me as inevitáveis comparações que transpareceriam no rosto de todos os parentes à mesa. Então, eu me dei conta.

Minha mãe é incrível.

Para ela, não havia diferença. Esqueça o plástico branco rasgado versus o esplendor verdejante e as fitas sedosas. Esqueça os ornamentos baratos contra a porcelana da Europa pintada à mão. E daí que uma fosse pequena e insignificante e a outra, grande o bastante para rivalizar com a árvore de Natal? Nada disso importava. No coração dela, aos olhos dela, tinham sido dadas pelas filhas. Eram o nosso amor moldado em círculos e ela adorava as duas.

Olhei para minhas filhas, que estavam ocupadas correndo de cômodo em cômodo na casa da minha mãe, estrilando de energia. Meus olhos arderam com amor e torci para, quando chegasse o dia, elas vissem a mesma linda cegueira em mim.

Como filha, ainda estou completamente envergonhada pela memória da rivalidade de guirlandas, na qual eu comi poeira. Ainda assim, me conforto bastante sabendo que, para minha mãe, não havia competição — e nunca houve.

Winter Prosapio

Obrigada por sua força

*Você desistiu das coisas mais importantes da sua vida
para que eu pudesse viver as mais importantes da minha.
Mãe, obrigada por todos os sacrifícios que fez.*

Autor desconhecido

36 – Vale mais que dinheiro

Tudo que eu sou ou que torço para ser, devo ao anjo que é minha mãe.
Abraham Lincoln

Passei os braços pelo meu casaco cinza velho e o abotoei, olhando o caimento das mangas. Eu detestava aquele casaco. Detestava receber doações dos vizinhos, que não as consideravam boas o bastante para eles mesmos.

Mordendo a língua, forcei um sorriso quando mamãe me entregou o almoço para levar à escola.

— Você bem que está precisando de um casaco novo — disse ela.
— Vamos ver o que dá para fazer. — Ela deu tapinhas no meu ombro quando me apressei para sair, torcendo para que não visse minhas lágrimas.

Ver o que dava para fazer significava que ela arranjaria outro casaco velho e usado para mim. Sequei as lágrimas e respirei fundo. O ar outonal estava ficando mais gelado. Em breve, o inverno chegaria. Tremi, puxando o casaco para mais perto. Não adiantava nada desejar que meus pais tivessem dinheiro como os pais dos meus amigos. Com seis filhos para alimentar, havia pouco dinheiro sobrando para gastar em roupas e eu não lembrava se minha mãe já tinha me dado um casaco novo. Falei a mim mesma que devia me acostumar a vestir roupas usadas. Pelo menos eu tinha um casaco, mesmo que não fosse um casaco chique.

— Olha o que os vizinhos mandaram — disse minha mãe, alguns dias depois. Ela brilhava enquanto passava a mão em um suéter delicado de mangas curtas. — Vai ficar lindo em você. A gola é tão macia!

Passei os dedos pela gola de pelos brancos. Era a coisa mais macia que eu já tocara e dava um toque de beleza ao vermelho vivo do suéter.

— E olhe para isso — continuou ela, colocando duas saias uma ao lado da outra no sofá.

Meu queixo caiu. Uma saia era rosa e a outra, azul-claro. Eu e minha irmã mais velha poderíamos ficar com uma cada.

Havia outras coisas também, mas essas eram as minhas preferidas. Fiquei acordada na cama naquela noite, subitamente grata pelos vizinhos terem se cansado daquelas roupas.

Na manhã seguinte, coloquei meu casaco cinza velho. Fechei os botões, dei um beijo na minha mãe e fui para a porta. Ela estava sorrindo.

— Sim — comentou ela, quase que para si mesma —, você precisa mesmo de um casaco novo.

Mamãe ficou com um brilho nos olhos e uma melodia nos lábios nos dias seguintes. Ela estava aprontando algo, mas o quê?

O clima esfriou de repente. Coloquei um suéter a mais sob meu velho casaco e um lenço no pescoço, mas o vento me gelou até os ossos muito antes de eu chegar à escola. Eu ainda estava tremendo quando me deitei naquela noite, e mamãe parecia preocupada.

Tive um sono agitado. Meu quarto ficava no andar de cima, portanto atipicamente silencioso. Mas naquela noite tive a impressão de ouvir uma máquina de costura zunindo a noite toda. Puxei as cobertas até o pescoço e coloquei o travesseiro sobre a cabeça. Finalmente adormeci.

O vento soprava, trazendo correntes de neve. Resmunguei ao olhar pela janela na manhã seguinte. Tinha que ir para a escola e estremeci ao pensar em outra caminhada gélida em meu casaco esfarrapado.

Mamãe parecia cansada enquanto fazia nosso café da manhã. Mas havia um brilho nos olhos e ela voltou a cantarolar.

Como de costume, fui a última a sair para a escola. Quando entrei taciturnamente no meu casaco cinza e comecei a abotoá-lo, mamãe disse:

— Por que você não deixa essa coisa velha em casa? — Então, antes que eu pudesse responder, ela foi para a sala, voltando com um lindo casaco verde que tinha uma gola de pele de verdade. — Experimente.

Servia perfeitamente. Fiquei maravilhada com a maciez da lã verde, a grossura do forro e o tom claro de marrom da gola.

— Onde o conseguiu? — Eu estava maravilhada.

Ela sorriu.

— Estava na caixa de roupas que ganhamos. Eu o ajustei para você.

— Você quer dizer que era para uma mulher e caberia em você, mãe?

— Imagino que sim — concordou, aproximando-se para me ajudar a fechar os botões. — Mas você precisa mais do que eu de um casaco. E olha como ficou lindo em você. Agora vá andando, atrasadinha, para não chegar tarde na escola.

Abracei a minha mãe. Meu coração estava tão cheio de amor por essa mulher, que sempre colocava as necessidades da família acima das própria. Quem poderia pedir por mais que isso? A família dos meus amigos talvez estivesse financeiramente melhor que nós. Mas eu tinha a mamãe, e ela valia muito mais que qualquer dinheiro.

Chris Mikalson

37 – Volte à montanha do coração

Não permitirei que homem algum estreite e degrade minha alma ao fazer-me odiá-lo.
Booker T. Washington

omo uma criancinha que fica empolgada demais na fila da montanha-russa, sinto que talvez vomite. Eu estive ansiosa por este momento e, mesmo assim, minhas emoções se alternam entre euforia total e um desejo esmagador de dar meia-volta com o carro. Estou assustada, mas não posso voltar. Há muito em jogo, então continuo dirigindo para o desconhecido a cem quilômetros por hora.

Parece que meu marido, Mike, e eu estamos nesta estrada do Wyoming rural há horas, quando na verdade mal faz vinte minutos que saímos do hotelzinho em Cody. A paisagem diante de mim é linda, mas não consigo apreciá-la porque estou preocupada demais com o que vai acontecer. Minhas mãos criam vida própria, mexendo no cinto de segurança, na janela, nos óculos de sol. Meus olhos procuram por qualquer placa que indique nosso destino. Na mão, as instruções dadas pela minha avó. As bordas gastas estavam ficando úmidas com o suor da minha mão.

— O que é isso? — pergunta Mike. Sigo o olhar dele e quase perco uma pequena placa marrom com letras brancas gastas no acostamento.

Este é o Campo de Realocação Heart Mountain. Era o nosso ponto final e o motivo da viagem. Tínhamos vindo visitar o lugar em que minha avó passou três anos isolada como prisioneira durante a Segunda Guerra Mundial, simplesmente por ser da "raça errada".

— É aqui! — grito, mas já tínhamos perdido a entrada.

— Não se preocupe, vou fazer um retorno — avisa Mike. Ele dá tapinhas na minha perna, tanto para me acalmar como para me fazer encostar no assento. — Aqui estamos — diz ele entrando em uma pequena estrada de terra.

Encaro o solo, desprovido de quaisquer indícios de sua importância, enquanto nos aproximamos do campo.

O retumbar de cascalhos sob os pneus tem um efeito tranquilizador, mas eu não consigo afogar o som do meu coração nos meus ouvidos ou aliviar o aperto na garganta. Eu me percebo inclinada, urgindo em silêncio que o carro acelere. O que restou do campo entra em minha visão e quero estar lá agora. Preciso estar lá.

Entramos no que deve ter sido uma estrada de terra, mas agora é apenas um caminho com ervas daninhas. Não há outros carros por perto e até os pássaros que cantavam sem parar quando chegamos em Cody pareciam ter sumido. Ao estacionarmos, afundei no banco, incapaz de me mover.

Três construções se assomavam diante de mim, o que restava da antiga prisão da minha avó, cercadas por alambrado. Um fino arame farpado finaliza a cerca e essa visão me enjoa.

"Eles ficavam cercados como gado", pensei. "E vigiados como criminosos, no próprio país."

Os prédios estão decadentes, conforme o esperado, mas depois de anos encarando fotografias do campo nos livros didáticos, os reconheço. Reconheço a manta asfáltica que mal segura o vento e a neve. Reconheço as janelinhas nas paredes.

A distância, consigo ver uma torre de tijolos. Sei, pelas histórias da minha avó, que costumava ser parte do hospital de lá. É infame em minha família porque foi naquele hospital que a primeira filha da minha avó morreu quando tinha menos de um dia de vida, um bebê cujo único dia de vida aconteceu atrás de uma cerca com arame farpado.

Já não tenho medo. Em vez dele, sinto o ressentimento que minha avó aguentou por meio século se acumular em minha garganta. A realidade do que aconteceu com ela há tantos anos me atingiu intensamente. Encarei a paisagem que ela encarou por três longos anos. Estou brava. Imensas lágrimas salgadas nublam minha visão e perco os arredores de vista.

— Está pronta? — pergunta Mike baixinho depois de passarmos minutos no carro estacionado.

Aceno com a cabeça, mas ainda não me mexo. Mike sai do carro e mal reparo enquanto mexe nas coisas do porta-malas. Meus olhos estão grudados na torre. Mike abre a minha porta e eu salto de susto.

— Vamos — diz ele e empurra a câmera para minha mão.

Subitamente, estou fora do carro, ultrapassando Mike e correndo para as construções. Lembro-me do motivo de estar ali. Este lugar, tão desolado e gasto, faz parte da minha história. Estou aqui para lembrar aqueles que perderam as vidas e os que perderam anos neste lugar. Estou aqui para documentar o que restou da prisão deles. Trouxe anos de rancor e raiva comigo e pretendo deixá-los aqui. Vim no lugar da minha avó para ficarmos em paz com o passado que aprisionou nossa família por tempo demais. Vim para uma resolução.

A terra parece vazia e assustadora, mas de um jeito estranho que também parece acolhedor, como se estivesse me esperando. Caminho de forma reverente entre os prédios, tirando fotos e roçando os dedos nas paredes. Tento entender o que estou sentindo, mas as palavras me escapam. Sinto dor. Sinto conexão. Sinto paz.

Olhando pelas lentes da minha câmera, sinto-me disposta a escutar as histórias dos prédios. Por uma hora, vago em silêncio para frente e para trás, tirando fotos e absorvendo tudo. Ao caminhar, posso literalmente sentir que estou mudando. Solto os punhos e a raiva que vovó sentira, a raiva que ela passou para mim, e que agora parece cair no chão como seixos.

Fecho os olhos e respiro fundo.

— Nós os perdoamos — sussurro e, conforme minhas palavras são levadas pela brisa, as raízes do ressentimento que mantiveram minha família atada a Heart Mountain começam a se desenroscar do solo. Curvo-me e pego uma pequena pedra do chão. Estou levando uma parte deste lugar para casa: uma pedra para mim e uma para minha avó.

Ao partirmos lentamente de lá, viro-me em meu banco e coloco a cabeça para fora da janela, desesperada para olhar o lugar até ele sumir completamente. O vento faz meu cabelo chicotear em uma dança frenética. Anos atrás, minha avó vivera ali como prisioneira no próprio país, forçada a abrir mão de tudo que possuía. Hoje, caminhei naquele solo, oferecendo perdão pelo passado e ganhando uma resolução. Foi por mim mesma. Foi pela minha família. Foi pela vovó.

Jessie Miyeko Santala

38 – Para minha outra mãe

Eu diria que sentir-se grato é a forma mais sofisticada de pensamento e que a gratidão é a felicidade duplicada pela admiração.
G.K. Chesterton

Quando você se casou com meu pai, eu tinha doze anos. Não nos conhecíamos naquela época, você e eu, porque eu morava com a minha mãe. Meu pai emergia ocasionalmente, uma sombra do passado — um rosto sorridente numa foto no baú de cedro da mamãe.

Você não fez diferença na minha vida. Você e meu pai moravam em um canto do mundo, mamãe e nós, crianças, em outro. Ainda comíamos sanduíches de manteiga de amendoim no almoço todos os dias e esburacávamos a sola dos sapatos.

No primeiro ano, a sombra que eu conhecia como papai nos visitou; você esperou no carro. Por um longo tempo, eu estimei a memória do abraço do papai no sofá. Pouco depois da visita, sapatos de couro lustroso apareceram no meu armário. Logo me perguntei de onde poderiam ter vindo... até que mamãe falou que papai os havia mandado. Como aqueles sapatos eram especiais! Não tinham cadarços; em vez disso, eram fechados com pequenos botões de pérola em casas de fita estreitas. Eu pensava no papai sempre que os usava.

Seis meses depois, quando papai visitou de novo, ele pegou meu rosto, estudou meu sorriso e concluiu que eu precisava usar aparelho. Fiquei envergonhada, meu sorriso murchou. Então papai fez cosquinhas nos meus lábios e eu ri. E, mais uma vez, você esperou no carro. Mamãe quase me arrastou até lá.

— Você não consegue dar oi? — provocou.

Abaixei os olhos em meio à vergonha adolescente e guinchei:

— Oi.

Naquele dia, você virou um sorriso com um nome, não mais a moça no carro. Enquanto você e mamãe tagarelavam como velhas amigas, eu sofria com a questão de como deveria chamar você.

Várias semanas depois, mamãe marcou uma consulta com o dentista. Aquela temida consulta, uma preocupação de uma semana, tornou-se um tormento de dois meses; pelo menos, não precisei usar aparelho.

E aí teve o casaco. Papai nunca tinha me dado um presente de Páscoa, mas, logo depois de eu conhecer você, uma imensa caixa embrulhada em sacolas de papel marrons e barbante chegou bem a tempo da data. Quando mamãe levantou a tampa, eu guinchei em deleite. Vi o casaco mais lindo, mais macio e mais rosa que eu já vira — e era meu. Com o forro macio de cetim acariciando minha pele, enterrei as mãos nos bolsos fundos e girei pela sala. Como se não fosse o bastante, naquela mesma tarde a florista entregou um ramalhete de flores rosa e lilás, que também eram presente do papai. É engraçado que ele nunca tenha pensado nessas coisas antes de se casar com você.

Mamãe disse que isso pedia uma comemoração e fomos às compras juntas. Agora que ela não tinha mais que comprar o casaco de que eu precisava, usou o dinheiro para comprar o meu primeiro visual de Páscoa — um vestido azul-escuro com uma gola branca de renda.

O tempo passou. Eu me formei na escola, consegui o primeiro emprego, tive filhos e, um tempo depois, fiz carreira. O contato com você foi esporádico durante esses anos. Embora você não soubesse, aproveitei os momentos esporádicos que passamos juntas. Não tenho certeza do motivo — talvez tivesse curiosidade sobre você naquela época. É claro, mamãe era sempre a primeira na minha vida, mas você nunca pareceu se incomodar.

Você era paciente. Por entender que mamãe precisava ser minha única mãe, você aguardava atrás da cortina e sussurrava as deixas para o papai. Muitas vezes, no meio de problemas e turbulências na minha casa, meu pai entrava em cena no momento certo para ajudar. Eu me lembro de uma crise financeira urgente que surgiu quando meu marido foi preso e da ajuda que meu pai deu. Nessa época, Deus surgiu na minha vida, trazendo paz para diminuir a tempestade. Quando chegou uma carta especial do meu pai com um cheque generoso, minha fé aumentou. Conhecendo você como conheço agora, não posso deixar de imaginar o papel que exerceu em cada intervenção.

Minha fé foi abalada quando meu irmão faleceu, mas tive que ser forte pela minha mãe. Quando nos juntamos ao redor do caixão no velório, você ficou atrás de nós. Entretanto, estávamos no mesmo nível. O luto apenas rasteja; ele não escala. Você ficou no pano de fundo com meus amigos naquele dia, esperando para ajudar onde fosse necessário.

Sete anos depois, minha mãe faleceu. Ficamos juntas no enterro para lamentar minha perda. Desta vez, você estava do meu lado.

Em algum ponto, meu próprio ninho se esvaziou e fiquei sozinha. Por causa da minha relação cada vez mais forte com Deus, não me incomodei tanto com a solidão. Mas você e papai demonstraram apoio. Eu a assisti enquanto fazia chover presentes sobre os netos; se eu tentasse recusar a nota dobrada que meu pai esgueirava para minha mão, você reclamava. Não demorou muito para descobrir que as caixas de mimos que chegavam com comida fresca, porcarias e biscoitos para meu cachorro foram ideia sua e não do papai. Eu sempre podia contar com você para obter alcaçuz e biscoitos de cheddar quando ia para um congresso em outra cidade.

Meu pai e eu ficamos mais próximos nos últimos anos graças a você, que o compelia a ligar para mim se passássemos muito tempo sem contato; você planejava suas férias para coincidirem com as minhas. De certa maneira, você sempre sussurrou as deixas, até o momento da morte dele, quando eu e você novamente estivemos juntas em um enterro. Eu já não tropeço na palavra "madrasta". Você é minha amiga e fez uma grande diferença em minha vida.

Penny Smith

39 – As meninas do ônibus

Há muitas coisas maravilhosas que não serão feitas se você não as fizer.
Charles D. Gill.

Enquanto eu dava ré para sair da casa da mamãe, perguntei a ela:

— Você já pegou o ônibus de idosos?

Segurei a respiração enquanto esperava pela resposta.

Mamãe ajustou o cinto de segurança, o olhar diretamente para frente. Enfatizando cada sílaba, ela disse:

— Pe-guei-sim.

E seguiu-se um silêncio desconfortável.

Perguntei, enfim:

— Como ele é? — falei com tanto entusiasmo quanto pude, embora eu pressentisse que a resposta não seria positiva.

— Bom — disse ela, novamente com uma ênfase —, eu liguei para o Centro de Idosos e providenciei o ônibus para ir até o mercado. Quando vieram me buscar em casa na manhã seguinte, subi no ônibus e olhei o corredor. E o que acha que vi? Vou dizer o que vi. — Ela fechou os punhos. — Vi cerca de treze senhorinhas deprimentes e um velho deprimente.

Senti um aperto na barriga e não sabia se era solidariedade pela situação dela, medo que ela se recusasse a usar esse meio de transporte tão útil ou raiva por ela falar mal de algo de que precisava tanto.

Mais silêncio. Não era necessário ser um gênio para deduzir que, na cabeça dela, ela era uma pessoa deprimente também. Meu pai falecera recentemente depois de passar seis semanas no hospital. Ele ficou em coma após operar um aneurisma aórtico que estourou durante uma ressonância magnética. As longas horas de espera e de esperança nessas semanas pesaram sobre minha mãe e também sobre o resto da família.

Minha mãe parecera se desgastar mais um pouco a cada dia esperando e observando no hospital, mas ela passava de uma decisão a outra a cada vez que uma crise surgia e, por fim, concordou com o desligamento dos aparelhos. Então, cercada por seus filhos, os respectivos cônjuges e os netos, ela reinou graciosa durante o velório e enterro.

Quando cada um da família voltou para a própria vida, ela se viu subitamente sozinha e assustada. Por 57 anos, meu pai caminhara ao lado dela. Ele sempre dizia:

— Não se preocupe. Eu cuido disso.

Meu pai antecipou a aposentadoria vinte anos antes de falecer. Foram anos em que os dois ficaram todo o tempo juntos. Minha mãe nunca aprendeu a dirigir, então meu pai a levava para todos os lugares, para compras no mercado, um corte de cabelo ou qualquer outra coisa de que ela precisasse. Agora, ela não tinha mais as rodinhas na bicicleta, como uma neta tão precisamente descreveu.

Passei a semana seguinte ao funeral a ajudando com a burocracia e outras tarefas, e contatei o Centro de Idosos para verificar opções de transporte. Brinquei com ela, dizendo que agora ela poderia ver os impostos em ação e extrair benefícios concretos. Ela concordou, embora de maneira relutante, que precisaria usar o ônibus para idosos, já que eu morava a uma hora e meia de distância.

Agora, a caminho do shopping, pensei na coragem necessária para que ela fizesse a primeira ligação e usasse o ônibus com outros idosos. Enquanto eu costurava pelo trânsito, mamãe mudou de assunto. Não falamos mais do ônibus naquele dia.

Nas semanas seguintes, quando fui visitá-la, ela falava do ônibus e, ao finalizar, dizia:

— Ninguém nunca conversa naquele ônibus. Eles só ficam sentados encarando o nada com uma cara triste. — A boca dela se curvou para baixo e emitiu um longo suspiro.

Pensei que isso não duraria muito, não com a minha mãe a bordo. Ela cresceu em uma cidade pequena em Iowa, de mineração de carvão, onde conhecia todo mundo. Com frequência, esperava nas minas pelo final do turno do pai e tagarelava durante toda a longa caminhada para casa. Mesmo adulta, morando em uma grande área metropolitana, ela conversava com vendedores nas lojas ou com um carteiro passando pela rua como se já se conhecessem há anos. Eu não conseguia imaginá-la em silêncio no ônibus, mas a vida dela mudara muito drasticamente e ela já não era a mesma pessoa. Então eu esperava captar uma centelha de vida nas minhas visitas, mas não sabia como intensificá-la.

Preocupei-me à toa, pois, muitas semanas depois, notei que várias frases da mamãe começavam com: "As meninas do ônibus falaram...". Depois de ouvir a mesma frase em tantas visitas, ousei ter esperança.

Um dia, enquanto ela preparava chá para nós, perguntei:

— Então elas falam com você agora?

Ela sorriu e lá estava o brilho no olhar, o primeiro sinal de vida verdadeiro que via nela em muitos meses. Ela serviu o chá quente em minha xícara e pegou um biscoito antes de responder.

— Um dia decidi que era uma bobagem todos nós ficarmos sentados ali sem dizer nada. Então em uma manhã eu entrei no ônibus e cumprimentei todos eles. Comentei que o dia estava lindo. Acho que os assustei no começo. Levou algumas tentativas, mas pouco a pouco começaram a me responder. E agora temos algumas conversas muito boas, o que deixa a vida de todo mundo um pouco melhor.

Ela empurrou a travessa de biscoitos caseiros para meu lado da mesa e, sentindo imenso alívio, comi vários.

Minha mãe tinha pouca escolaridade formal e fizera poucas coisas sozinha enquanto meu pai estava vivo. Apesar disso, ela tinha a chave para abrir os corações das outras pessoas solitárias daquele ônibus. Só eram necessários um sorriso e uma palavra amiga. Ela semeou pequenas sementes de felicidade para ela e para as meninas do ônibus.

Nancy Julien Kopp

40 – A vez dela

A gentileza, como um bumerangue, sempre volta.
Autor desconhecido

A primeira vez que os vi, estava nervosa. Não sabia o que esperar, mas queria a aprovação deles. A ideia de conhecer os meus futuros sogros era o bastante para que eu duvidasse seriamente das minhas qualificações. Será que gostariam de mim? Será que me comparariam a opções melhores para o futuro neto? Será que desejariam secretamente que eu fosse uma pessoa diferente ou me aceitariam de verdade na família? Em vez de me olhar de cima a baixo, Jack me puxou para um abraço apertado e Joan me deu uma linda manta — feita por ela, com cores e a estampa especialmente escolhidas para mim.

Preciso admitir: a princípio os gestos deles me eram um pouco estranhos. Como nunca passei muito tempo com meus avós na infância, não sabia muito bem como responder à generosidade deles. O tempo e a energia que Joan dispendera naquela manta tanto me deixou honrada como me inspirou. Ninguém nunca me dera um presente como aquele, e eu ficava entregue ao calor que provia. Cada ponto simbolizava um momento que ela passara pensando em mim e cada desenho intrincado representava outra gentileza inesperada.

Não era a primeira vez que Jack e Joan recebiam pessoas de fora na própria família. Depois de criar seus cinco filhos, eles adotaram um menininho — o neto deles, meu futuro marido. Altruistamente deixando de lado os planos de aposentadoria, eles encararam mais uma geração de reunião de pais e mestres, festas do pijama, escotismo e mensalidades escolares.

A mesa da cozinha tornou-se um ponto de encontro da vizinhança, e o fogão raramente esfriava entre os generosos banquetes caseiros. O amor viajava pelo ar na forma de cheiros de frango frito, biscoitos e molho, bem como os famosos donuts com cobertura de café de Joan. Escutei inúmeras histórias de fornadas de donuts grandes o bastante para alimentar um país de pequeno porte.

Embora eles sempre respondessem "não foi nada", tenho uma dívida eterna por todos os anos de serviço e sacrifício deles. Suas lições de amor tornaram meu marido o homem que é hoje. Juntos, os dois mostraram a ele como é um lar construído com bondade e aceitação. Eles o ensinaram a ter integridade e o ajudaram a criar inúmeras memórias de diversão e aventura. A fé deles foi uma âncora de esperança e a paciência deles criou uma base para a liderança gentil que hoje guia nosso casamento.

Há mais de trinta anos, eles se envolveram em uma situação difícil e mudaram uma história. Sem se preocupar consigo, criaram um potencial que alcançará as próximas gerações. Quando escolheram acolher o neto, escolheram adotar também a mim. Quando mudaram a vida dele, transformaram a minha vida para sempre. Não poderia ser mais grata ao exemplo que nos deram. Mostraram como é ter firmeza nas próprias convicções, perseverar com paciência e se comprometer a despeito de incertezas. Sempre me comovo com a compreensão gentil e o apoio constante, e nossos filhos e netos são abençoados por uma decisão que Joan e Jack tomaram décadas antes de eles existirem.

No ano passado, Jack perdeu a batalha contra uma doença cardíaca e complicações médicas, o que deixou Joan sozinha. A casa agora está vazia e Joan está sozinha pela primeira vez na vida — sem a responsabilidade de cuidar de filhos, netos ou um marido doente. As lágrimas dela são abundantes e a dor é crua e, por vezes, insuportável. Ainda assim, ela continua com uma fé imperturbável e uma esperança confiante. De alguma maneira, seu cuidado e sua preocupação pela família prosseguem e ela ora por bênçãos e orientação para todos nós. Diariamente, ela tenta nos envolver com gentileza e atenção e nunca deixa de oferecer encorajamento e apoio quando mais precisamos.

Embora nunca possamos chegar perto de retribuir a imensidão de seu amor e carinho, é a vez dela de ser adotada. É a vez dela de ser aconchegada e reconfortada; e, como as mantas que ela tricotou meticulosamente para outras pessoas, é a vez dela de ser envolvida em segurança e tranquilidade por aqueles que a amam. Agora que o arrepio do amor perdido aperta o coração dela, é a vez dela de ser acolhida e consolada. A partida de Jack é uma experiência que não pode ser reparada do lado de cá do Paraíso, mas minhas preces fervorosas são para que os anos de amor incondicional e os momentos de dor imensuráveis encontrem um manto de paz que envolva a alma dela e comece gentilmente a curar seu coração.

Obrigada, Joan, por adotar seu neto, por me acolher em sua família e por lealmente ficar ao nosso lado. Mas, agora, é nossa vez de retribuir o favor.

Kara Johnson

41 – Vaqueira urbana

Não se pode destruir o parentesco:
nossos laços podem se distender um pouco, mas nunca se partirão.
Marquesa de Sévigné

Não lembro de me contarem que sou adotada. Sinto que a informação sempre esteve disponível. O céu é azul, a grama é verde e eu sou adotada. Quando criança, não entendia por que, quando contava para alguém, a resposta era: "Deve ser tão difícil para você". Eu me perguntava por quê. Meus pais me abraçavam, me beijavam, liam livros e cuidavam de mim quando eu ficava doente. Eles me amavam. O que seria tão difícil nisso? Eu não conseguia enxergar a diferença entre o jeito que meus pais me tratavam e o jeito que os pais dos meus amigos que não eram adotados os tratavam. Família é família.

Minha mãe me contava a história de como eles souberam que eu estava chegando e juntaram todo mundo num avião para me buscar, como voaram até o Texas por mim e como ela começou a chorar quando me pegou no colo pela primeira vez. Meus pais tentaram muito ter filhos, mas sem sucesso, e tinham acabado de entrar na casa dos quarenta anos quando decidiram adotar outra criança e eu ganhei um irmão. Não acho que poderia amá-lo mais se tivéssemos laços de sangue.

Meus pais se divorciaram quando eu tinha cinco anos. Foi horrível. Ainda me lembro do meu pai entrando no meu quarto para se despedir. Eu estava deitada e ele se sentou e colocou a mão ao redor do meu tornozelo. Disse que estava indo embora, mas que me amava e que viria visitar em breve. A memória que mais permaneceu é a imagem de uma longa fileira de caixas no corredor, cheias com os pertences dele. Eu era uma criança que queria os pais juntos e meu mundo tinha se partido. Mas em nenhum momento desejei que não tivessem me adotado, em nenhum momento senti necessidade da minha mãe biológica. Meus pais eram meus pais e era isso.

Assim como eu sempre soube que era adotada, sempre soube o nome da minha mãe biológica. Sempre soube que tinha dois irmãos mais velhos e que tinha nascido no Texas. Quando eu tinha quatro anos e montei em um pônei pela primeira vez, falei para minha mãe que queria ser vaqueira, porque vaqueiras vinham do Texas. Morávamos em Chelsea, na parte oeste de Manhattan, um território sem vaqueiras.

Eu tinha cerca de dez anos quando falei ao telefone com minha mãe biológica pela primeira vez. Minha mãe fez a ligação do escritório. Eu estava tão empolgada! Sentei-me no colo dela, embora eu fosse grande demais para ficar confortável ali, e conversei com minha mãe biológica. Contei tudo do acampamento de verão e dos cavalos em que montara. Não me lembro das respostas dela nem de como a ligação terminou, mas me lembro de gostar da voz dela. Ela parecia gentil e dera risadas.

Minha mãe ficou muito doente pouco depois disso. Câncer. De alguma maneira, em meio ao inferno de tratamentos e hospitais e cirurgias e mais tratamentos, falar com minha mãe biológica não pareceu tão importante e, entre uma coisa e outra, minha conexão com ela se enfraqueceu. Eu ainda sabia quem ela era, claro, o nome e a região em que morava. Sempre pensei que a veria quando completasse dezoito anos. Eu pegaria um avião para o Texas com meu pai para conhecê-la. Sempre ouvi pessoas dizerem que se pareciam com os pais e queria saber se eu me parecia com ela, se me parecia com meus irmãos mais velhos. Mas aí comecei a pensar: e se eu não atender às expectativas dela? E se não fosse feminina o bastante ou bonita o bastante? E se eu fosse excêntrica demais? Deixei os dezoito anos virem e passarem sem comentários, sem tentar contato. Entre começar a faculdade, minha nova madrasta e irmã bebê, tudo era um pouco demais — havia coisas demais no ar.

Passei o final de semana antes de fazer 21 anos obcecada, fazendo pesquisas on-line. Eu tinha o nome da minha mãe biológica, o nome do hospital em que nasci e o nome dos meus irmãos — usando essas informações, consegui encontrá-la. Eu tinha o endereço e um número de telefone. Poderia ligar, mas o que eu diria? "Oi, aqui é a filha que você entregou para adoção. Lembra que a gente conversou quando eu tinha dez anos? Desculpe por não ter entrado em contato quando completei dezoito"?

Deixei minhas inseguranças tomarem as decisões e a única coisa que fiz foi colocar o pedaço de papel com as informações em um painel no meu quarto, meio escondido por uma pintura feita pela minha mãe. Passei algum tempo depois consultando vários sites sobre ancestralidade e fiquei curiosa, queria descobrir minhas raízes. As famílias dos meus dois pais tinham emigrado da Rússia no final da década de 1890, mas, mesmo que eles fossem meus pais e avós, eu não me sentia conectada à história da família. Queria minha própria história. E a descobri, embora saber que eles lutaram pelos Confederados tenha me deixado desconfortável.

Mas deixei para lá, agarrando-me apenas àquele papel e à árvore genealógica que eu esboçara. Eu não queria ser uma decepção e não queria que fosse esquisito.

Até que, dois anos atrás, minha mãe biológica me encontrou nas redes sociais. Ela disse que eu podia escolher se responderia ou não; não havia pressão alguma.

Tive um ataque de pânico. E se ela não gostasse de mim? Eu agora tinha 26 anos e perdera minha mãe para o câncer há apenas dois anos. Sentei-me no chão, tentando respirar. E se eu fosse gorda demais, ou não fosse bonita o suficiente, ou não atendesse às expectativas dela? E se eu não fosse o bastante? Mas então pensei em como ela foi corajosa de entrar em contato. Levei vinte minutos para me recuperar e respondê-la.

Não me arrependi.

Desenvolvi uma relação com um dos meus irmãos mais velhos. No fim das contas, ele tem muitos dos mesmos interesses que eu e vários dos meus trejeitos. É um caso peculiar de natureza versus criação. Criei uma conexão com minha mãe biológica, e trocamos presentes de aniversário. Ela não substituiu minha mãe de maneira alguma, mas ter o apoio dela me ajudou a lidar com o luto. Ela postou uma foto recente dela e eu quis rir. Nós nos parecemos bastante.

Agora meus dois pais se foram, minha mãe em 2009 e meu pai no outono de 2013. Eu não acho que poderia ficar mais triste. Não acho que teria um luto mais intenso se eu tivesse sido filha biológica deles. Não acho que poderia ter sido mais amada se eles tivessem sido meus pais biológicos. Eu sou filha dos meus pais. Eu os amei e eles me amaram. Levarei comigo as lições que me ensinaram e eles estarão comigo pelo resto da vida.

Isabel Harris

42 – Corrida com o coração

A coisa mais importante na doença é não perder o coração.
Nikolai Lenin

— Só quero saber onde fica o desfibrilador, caso algo aconteça comigo. — Minha mãe apontou para a caixa na parede.

Revirei os olhos. Não achava que ela ia precisar de ressuscitação ou de um desfibrilador no triatlo.

Aos 57 anos, minha mãe estava participando pela primeira vez. Aquele era o meu terceiro triatlo.

Devo ter feito parecer divertido na primeira vez em que ela veio torcer por mim, porque desde então ela começou a falar de se inscrever. Então ela escolheu um triatlo *indoor* da minha academia.

Conversamos por telefone durante os preparativos. Nós duas participaríamos da categoria de curta distância. Eu estava muito empolgada de estar na mesma corrida que minha mãe.

Começamos o treinamento enquanto ainda estávamos na lista de espera. Sequer tínhamos certeza de que haveria vagas para nós, mas treinamos mesmo assim. Duas semanas antes, cada uma de nós recebeu um telefonema avisando que haveria vagas. Estaríamos no mesmo desafio.

Minha mãe sempre fora uma inspiração de exercícios para mim. Ela os tornou uma parte da vida e tentou transmitir isso para nós. Todo ano, fazíamos uma matrícula familiar na academia. Minha irmã e eu estávamos no time de natação e minha mãe dava voltas na piscina ou corria durante os nossos treinos.

Quando minha mãe decidiu correr, íamos às corridas e torcíamos por ela, e participávamos da corrida infantil. Eu estava empolgada para participar em um evento com ela.

Quando fui visitá-la, treinamos juntas na academia dela.

— Estou tão orgulhosa de você — comentou ela quando estávamos dando voltas na piscina.

Minha mãe é uma excelente nadadora. Ela estava preocupada com a parte da bicicleta ergonômica e decidiu caminhar, porque não corria há muito tempo.

No dia da corrida, ela sentia-se pronta, mas nervosa.

— Não quero que espere por mim. Vai me deixar nervosa, porque aí vou sentir que preciso te acompanhar — explicou minha mãe. — Faça a sua corrida e a gente se encontra na linha de chegada.

Eu terminei antes dela e pude vê-la cruzar a chegada. Ela estava com um grande sorriso no rosto e tinha até corrido em algumas das voltas.

Eu estava tão orgulhosa por ela estar participando do evento. Estava orgulhosa de nós duas.

No final da corrida, nós descansamos e esperamos os resultados.

No dia seguinte, minha mãe partiu para dirigir as seis horas de distância até a casa dela e eu fui trabalhar. Mais tarde, no mesmo dia, recebi um telefonema dela.

— Estou no hospital. Tive um ataque cardíaco. Não quero que se preocupe comigo.

Na estrada, voltando para casa, minha mãe sentira náusea e decidira parar num hospital. O trabalho dela como enfermeira cardíaca deu a ela o conhecimento de que os sintomas dela poderiam ser mais do que um problema digestivo.

Fiquei em choque. Não entendi como aquilo tinha acontecido. Minha mãe é uma pessoa em forma. Ela come bem e se exercita. Não fuma nem bebe. Tinha acabado de completar um triatlo e, ainda assim, estava no hospital com um infarto.

— O médico disse que não foi causado pelo triatlo — falou minha irmã quando ligou para me tranquilizar. Foi reconfortante saber que o evento no qual encorajei minha mãe a participar não foi a causa do ataque cardíaco.

Ela passou a semana seguinte no hospital, recuperando-se e investigando a causa do infarto. O que ela descobriu é que a doença cardíaca é hereditária. Ela tem baixo HDL, que é o colesterol bom. Isso significa que, mesmo que os índices gerais de colesterol pareçam bons, o LDL estará alto em relação ao HDL. É uma pré-disposição que ela tem mesmo se exercitando, comendo bem e fazendo tudo que deveria fazer.

— Acho que minha carreira de triatlo está suspensa.

Minha mãe investiu tempo na recuperação e usou a experiência para educar as filhas quanto ao risco. O exercício era importante no processo, mas ela teve que ir devagar.

Ela garantiu que soubéssemos que era hereditário, precisaríamos ficar de olho nos nossos exames e entender a importância dos exercícios e de uma boa alimentação.

Eu pude me informar e aprender que doenças cardíacas são a causa número um de mortes de mulheres mundo. Participo de corridas que arrecadam dinheiro para essa causa.

Eu continuo correndo em triatlos e em maratonas. Para mim é mais importante que nunca manter um estilo de vida saudável.

Já a carreira de triatlo da minha mãe não acabou. Ela voltou a participar depois de um ano. Descobriu um evento chamado Triatlo Lazyman na academia dela. Ao longo de seis semanas, minha mãe nada, pedala e caminha a distância de um Triatlo Ironman.

Carrie Monroe

43 – Encontrando o Natal

Porque gentileza é isso. Não é fazer algo para alguém porque essa pessoa não pode fazê-lo, mas porque você pode.
Andrew Iskander

O som da minha filha pequena chorando explodiu na babá eletrônica.

— Ela não pode já estar acordada — suspirei, olhando o relógio.

Haviam se passado apenas quinze minutos desde que eu a deitara para uma soneca. Cuidar dela e do meu filho de seis anos, junto com um caso grave de *baby blues*, transformou os meus dias em lampejos de fraldas, mamadeiras, choros e manhas. Para piorar tudo, o Natal estava chegando. Eu não tinha ideia de como ia terminar de fazer as compras e embrulhar os presentes, além de assar as três dúzias de biscoitos que prometi para o professor do meu filho servir na festa da turma.

Se eu tivesse sorte, conseguia tomar um banho no dia. Com minha mãe morando a apenas dez minutos de distância, eu queria desesperadamente usá-la como rede de apoio. Mas ela estava em outro estado, cuidando da minha avó, que estava se recuperando de um infarto. Eu lutava contra as lágrimas enquanto gentilmente pegava minha filha do berço, com o rosto vermelho de tanto chorar. Caía com força na cadeira de balanço e a ninava. E, balançando-a até dormir, deixava minhas lágrimas fluírem. Sem minha mãe, eu não sabia como acalmar a apreensão e a preocupação que eu sentia.

A estadia da minha mãe na casa da minha avó estava durando mais do que eu esperava.

— Não vou chegar em casa a tempo de montar minha árvore de Natal — contou ela num telefonema. — O seu pai ainda está em uma viagem de trabalho, então ele também não estará por aí.

— Não se preocupe, mãe — respondi, esperando soar tranquilizadora. — Faça o que der e o resto não importa esse ano.

Mas eu sabia que não era assim. Minha mãe sempre tornava o Natal mágico na casa dela. Todo ano, os aromas de canela, açúcar e chocolate pairavam enquanto ela cozinhava biscoitos especiais e *fudge*. Os ramos frescos de balsamina que ela pendurava em todas as portas geravam um cheiro doce e amadeirado em cada entrada da casa dela. Ela também garantia que os Papais Noéis de feltro e os bonecos de neve de espuma antigos se misturassem perfeitamente aos ornamentos mais novos da árvore. Ela passava horas buscando o presente perfeito para cada pessoa na lista e planejando o menu para o jantar de Natal.

Parecia que este ano seria diferente. Enquanto desligava o telefone, pensei: "Eu devia montar a árvore este ano". Rapidamente dispensei a ideia. Quem eu estava enganando? Mal conseguia me arrastar para a cafeteira a cada manhã. Eu duvidava que terminaria de decorar a minha própria árvore de Natal. Mas não conseguia tirar a ideia da cabeça. Não conseguia parar de pensar no cansaço que percebi na voz da minha mãe. Fiquei envergonhada por ser tão autocentrada. Percebi que não era a única pessoa cansada e sobrecarregada nesse ano. Minha mãe sempre tornou o Natal especial para mim e agora era a minha vez de torná-lo especial para ela.

Alguns dias antes do Natal, meu marido e eu colocamos as crianças no carro e fomos para a casa dos meus pais. Incrivelmente, minha filha dormiu no caminho. Quando chegamos, coloquei-a — ainda segura e presa na cadeirinha do carro — no sofá. Começamos o trabalho. Meu marido trouxe a muito amada árvore artificial do porão, junto com caixas e mais caixas de ornamentos e decorações. Enquanto ele colocava as luzinhas na árvore, meu filho e eu começamos a investigar as caixas. Senti como se a manhã de Natal tivesse chegado mais cedo. Cada decoração que eu encontrava me transportava para uma lembrança maravilhosa de infância.

— Eu me lembro disso! Fiz quando era escoteira — exclamei, pegando um ornamento redondo coberto de purpurina e retalhos. — E olha só este — continuei, erguendo uma grande bola azul de vidro feita à mão. — Isso era da minha avó. Lembro de pendurar na árvore dela quando era pequena.

— Mãe, estes são legais — comentou meu filho. Os olhos azuis brilhavam enquanto ele analisava várias bengalas doces gastas, vermelhas e brancas, feitas de limpadores de cano torcidos.

— Fiz esses quando eu tinha a sua idade.

— Podemos fazer alguns pra nossa árvore também?

— Sim, vai ser divertido — respondi, sorrindo. Minha alegria ao ver o entusiasmo dele cancelou quaisquer pensamentos sobre minha exaustão.

Miraculosamente, nada deu errado. Não havia nenhum nó nos fios das luzinhas e cada bulbo estava brilhando intensamente. Nenhum ornamento foi derrubado ou quebrado, e minha filha aproveitou uma rara e longa soneca enquanto trabalhávamos. Esqueci a minha fadiga e depressão porque estava focada em como minha mãe reagiria quando visse o resultado do nosso trabalho.

Trabalhamos por várias horas, pendurando ornamentos e colocando outras decorações festivas pela casa. Então, chegou a hora do toque final. Meu filho deu risadinhas quando foi colocado nos ombros do pai. Meu marido o levantou acima dos galhos da árvore para colocar a estrela na ponta. Olhei para minha filha, ainda adormecida, e sorri por conta da sua expressão doce de contentamento. Tive que piscar para afastar as lágrimas de gratidão que repentinamente encheram meus olhos.

No dia seguinte, fizemos a viagem de três horas para buscar minha mãe. Pude ver os círculos escuros sob os olhos dela e as rugas de preocupação em sua testa enquanto olhava pela janela do carro.

— Não acredito que o Natal é daqui a poucos dias. — Ela suspirou. — Nunca vou conseguir montar minha árvore. Ainda tenho que fazer compras, embrulhar presentes e cozinhar.

Eu sorri e concordei com um aceno. Meu filho quicou no banco o caminho inteiro, falando sem parar, mas de alguma maneira conseguindo segurar nosso segredo. Quando chegamos à casa dela, ele e eu corremos para a porta antes de todo mundo para ligar as luzes de Natal.

Minha mãe entrou e ele gritou:

— Olha, vovó!

O olhar dela foi atraído para a árvore soberana no canto da sala. Os olhos dela se arregalaram e ela arfou, cobrindo a boca com a mão. Começou a chorar e então correu até mim e me deu um abraço apertado. Rimos e choramos ao mesmo tempo.

— Obrigada. Não consigo acreditar que você fez isso — sussurrou ela, segurando as lágrimas.

Foi um dos melhores momentos da minha vida. O que fizemos pela minha mãe mudou completamente a minha atitude no Natal. Mudei o foco dos meus problemas para minhas bênçãos e para o sentimento de pura alegria que senti ao me doar para outra pessoa. Eu encontrei de verdade o Natal.

Annette McDermott

44 – Cabelo é superestimado

Uma filha é uma menininha que cresce e vira uma amiga.
Autora desconhecida

—Uma coisa que posso dizer com certeza é que você perderá o cabelo antes do segundo tratamento. E meu conselho é raspá-lo curtinho antes que comece a cair. Se esperar, ele vai cair na sua cama, na sua comida, nos seus sapatos. Olha nos meus olhos. Raspe o cabelo enquanto ainda pode. Você ganha controle.

Essas palavras saíram direto da boca de uma enfermeira veterana no setor de quimioterapia e foram ditas diretamente nos ouvidos da minha mãe, uma paciente de câncer de mama com sessenta anos. E o que fizemos? Fizemos o que todas as meninas obedientes do Sul fazem: nos preparamos para cortar o cabelo.

Mamãe pegou a tesoura, a de cortar cabelo, não papel. Mamãe é bem chata com as tesouras dela. Então ela pegou a maquininha que usava para cortar o cabelo do papai. Ela também é bem chatinha com o papai. Estendi um lençol floral velho no chão da cozinha e coloquei uma cadeira no meio. Ela tirou a camiseta branca, expondo um seio caído e uma cicatriz irregular e brava.

— Você está bem com isso? Consegue cortar? — perguntou ela.

— Estou e consigo. Mas não posso prometer que não vou chorar.

— Não tem motivo para chorar. Você sabe que nunca gostei do meu cabelo.

Respirei fundo e comecei a usar a tesoura. Uma presilha aqui, um corte ali e pedaços de cabelo loiro-acinzentado caiu numa cama de flores roxas desbotadas. Eu trabalhei com diligência, como uma estudante de cosmetologia empolgada. Então liguei a maquininha, e o zumbido alto foi intenso demais para mamãe. Ela insistiu para ficar com protetores de ouvido enquanto eu terminava a minha obra-prima. Então ficou lá, nua da cintura para cima, com protetores auriculares rosa e amarelos. Nós nos encaramos e rimos. Passei a mão pelo meio da cabeça dela. Raspei o cabelo metodicamente em fileiras perfeitas, como se tivesse feito aquilo milhões de vezes. Falei para mamãe como a cabeça dela era linda, mas ela não podia me escutar. Falei que raspar a cabeça era mamão com açúcar, mas ela não podia me escutar. Falei que eu estava bem e não chorei, mas ela não podia me escutar.

E, rápido como começamos, acabamos. Estava feito. Passei a mão na cabeça careca dela. Mamãe tirou os protetores auriculares.

Olhos azuis interrogativos me encararam.

— Como estou?

— Está linda, igual à minha mãe. Veja.

Então ali estávamos, lado a lado como estivemos em tantas outras ocasiões. O espelho refletia duas mulheres muito mais resistentes do que imaginavam. Duas mulheres fortes. Uma com cabelo e uma sem. Uma era filha, a outra, mãe. E as duas com grandes sorrisos — e nenhuma lágrima à vista.

Janet H. Taylor

45 – Mãe-Maravilha

Inconscientemente, canadenses sentem que qualquer um consegue viver onde o clima for gentil. É preciso ser especial para prosperar onde a natureza traz dificuldades.
Robert MacNeil

Era uma manhã de sexta em janeiro de 1977. Flocos de neve gigantes flutuavam nas correntes de ar sobre a varanda, do outro lado da janela da cozinha. Eu mastigava a minha vitamina dos Flintstones e escutava o locutor da rádio listar todos os ônibus cancelados em Prince Edward County, no sul de Ohio, com os dedos cruzados. Por fim, ele disse:
— 6G.

Parei de escutar. Craig e eu pulamos para cima e para baixo, fazendo o leite de nossas tigelas transbordar na mesa. Papai declarou que estava saindo para o trabalho e depois para o Encontro de Homens no Clube Iate em Picton. Mamãe franziu a testa.

Sem dúvidas, haveria um monte de homens barulhentos, muita comida e um suprimento inesgotável de cerveja canadense no lugar em que papai estava indo. Imaginei Fred Flintstone com um chapéu alto e peludo a caminho da Loja da Ordem Leal dos Búfalos-D'água, enquanto mamãe batia a porta de casa com força. Ela mandou Craig e eu para o porão. De pijama. Sem nem escovar os dentes!

A manhã prosseguiu com uma série de programas de auditórios com jogos, desenhos animados e hóquei no chão do porão. Almoçamos sanduíches de mortadela com mostarda na frente da TV. Eu estava felicíssima. Só faltou estar passando *A Mulher-Maravilha* em vez de *Os Flintstones*.

Querendo conferir como estava a neve, subi a escada. Mamãe estava sentada à mesa da cozinha, onde eu acho que ficara desde a saída de papai, com uma caneca de café colada na mão. As janelas tremiam. O vento soprava forte, como acontecia com frequência, vindo do outro lado do lago Ontario e por sobre os bancos de areia, mas dessa vez estava mais alto do que eu jamais tinha ouvido. Era a melhor nevasca de todas!

Mamãe terminou de fumar um cigarro e acendeu outro. Eu me apoiei no ombro dela.

— Achei que tinha parado de fumar.

Ela esmagou a ponta recém-acesa, pegou minha mão e me puxou para perto.

— Mamãe, está tudo bem?

Ela falou com o rosto apoiado no topo da minha cabeça.

— Claro que sim. Como poderia não estar em um dia como esse?

A casa rangia e minha mãe se levantou e me levou para o quarto. Eu peguei *Alligator Pie* [Torta de Jacaré] da estante de livros e minha mãe me entregou a srta. Beasley como se a boneca fosse uma criança de verdade. Eu a apertei contra o peito. Uma grande sensação de conforto me envolveu como um cobertor e mamãe voltou para a cozinha.

Comer cachorros-quentes de janta sem o papai pareceu errado. Enquanto mamãe me colocava na cama naquela noite, ela enrugou os lábios e disse:

— Seu pai está preso na cidade. No Encontro de Homens. — Ela beijou minha testa. — Bons sonhos.

Apertei a srta. Beasley com mais força.

Na manhã de sábado, papai ainda não tinha chegado. Eu sabia que ele voltaria. Nada poderia impedi-lo.

Do posto dela, mamãe disse para mim e meu irmão:

— Vocês dois podem comer o que quiserem de café da manhã, lá embaixo.

Olhei para Craig. Dissemos em uníssono:

— Froot Loops!

Mamãe concordou e pegou as tigelas sem hesitação. Fiz uma careta, e ela sorriu.

— Um presentinho.

A vida não poderia ficar melhor.

Naquela tarde, vesti a capa de enfermeira da mamãe, sentei-me no chão em uma pilha de roupas do closet dela. O telefone tocou e logo mamãe nos chamou:

— Crianças, vocês podem subir, por favor?

Nos apressamos escada acima.

— Mamãe, o que foi? — perguntei.

Ela arrastou os esquis *cross country* do armário do hall até a porta.

— Tenho que sair. Os vizinhos não conseguem chegar em casa e querem que eu vá lá ver se as luzes ainda estão acesas. Estão com medo de os canos congelarem.

Ansiosa, eu disse:

— Posso ir com você!

A expressão franzida dela disse "não" antes que ela abrisse a boca.

Mamãe se enfiou na calça e jaqueta de esqui verde-limão com marrom. Então, colocou a balaclava do papai até os óculos de proteção. Eu ri. Ela estava ridícula! Quando abriu a porta mais externa, que protegia a porta de casa da tempestade, um monte de neve da altura da maçaneta desmoronou sobre os azulejos até a beira do carpete. Escalando esse monte, ela abriu caminho até a tempestade.

Não havia nada na janela além de uma parede inconstante de branco. Nós esperamos. E esperamos. Finalmente, a porta de casa abriu de uma vez e mamãe ressurgiu, soterrada. A neve transbordou do piso até o carpete. Mamãe deixou os esquis no canto perto da porta e bateu as mãos nos quadris, com os olhos focados e uma expressão séria. Como a Mulher-Maravilha.

Mãe-Maravilha ao resgate!

— Você conferiu as luzes? — perguntei.

Ela esfregou as têmporas.

— Não. Eu me perdi. Não cheguei a sair do nosso jardim. — Ela esticou os lábios lentamente.

O domingo chegou e nada do papai. Os telefonemas dele não eram o suficiente. Mamãe parecia esgotada. A neve bloqueara todas as janelas e portas da casa. Craig tinha ficado irritante e eu estava entediada. A programação da TV nas tardes de domingo era péssima e o sinal não chegava direito em nenhuma das direções em que eu girava a antena. Papai precisava chegar em casa antes da hora de dormir.

Naquela tarde, o som de motos de neve gemia lá fora. Os motores paravam. Eu corria para o hall de entrada e esperava com mamãe e Craig. Abríamos a porta interna, de madeira, e ouvíamos o barulho de esmagar e arrastar de pás. Enfim vi a ponta de uma pá, depois uma bota e então o nariz do papai se amassou contra o vidro, como o de uma criança. Papai tinha chegado!

Uma semana depois que a tempestade começara, mamãe segurou com força minha mão enluvada enquanto a família toda seguia para o fim do caminho que levava à entrada da casa. Junto a todos os vizinhos, assistimos a imensos sopradores de neve e arados da CBF Trenton abrirem a West Lake Road. Enquanto os soldados trabalhavam e acenavam, uma onda de aplausos para os heróis se sobressaiu ao rosnado dos maquinários.

Apenas muitos anos depois, percebi quanto minha mãe tinha sido protetora. Para ela, a tempestade de 1977 fora um momento de ansiedade e medo imensuráveis. Ficaríamos sem energia? Sem telefones? Teríamos óleo suficiente para o aquecedor? E comida? Conseguiríamos nos manter aquecidos? Ela nunca estivera tão sobrecarregada enquanto mãe ou tão sozinha.

Desde então, mamãe faz questão de sempre ter pelo menos o equivalente a um mês de suprimentos em casa, independentemente da estação do ano. Estocar para o caso de uma emergência se tornou a norma. Ainda é. Mas o verdadeiro aprendizado — o verdadeiro presente que ela me deu — veio do amor de mãe: durante a tempestade, e por décadas depois dela, mamãe preservou a inocência da minha experiência, como uma heroína.

É essa a memória que guardo com carinho no coração.

Acho que a Mãe-Maravilha merece uma nova capa e talvez umas botas vermelhas e brilhantes.

Susan Blakeney

46 – Chá da tarde

Eu recebi tanta coisa que não tive tempo
de refletir sobre o que me foi negado.
Helen Keller

Eu nasci fria, pequena e abaixo do peso em um país da América do Sul, em uma época em que incubadoras eram desconhecidas e a taxa de mortalidade para bebês prematuros era devastadoramente alta. Faltando força para engolir mesmo pequenas quantidades de alimento, eu não deveria ter sobrevivido sequer por 24 horas. Todos estavam resignados a deixar a natureza seguir seu caminho... todos exceto minha avó. Ela tinha uma grande fé, uma determinação feroz e uma criatividade ousada, uma mistura incrível de virtudes para uma mulher simples que não lia nem escrevia.

Com amor, ela me levou para casa, aninhou-me em uma caixa de sapato, que cercou com lâmpadas acesas para me aquecer. Ela me deu leite com lentidão e constância com um conta-gotas.

Sob os cuidados dela, eu não apenas sobrevivi como floresci física, mental e espiritualmente.

Por anos, pensei que ela fosse minha mãe; ainda hoje, quando se fala em "mãe", é ela que me vem à mente. Ela, entretanto, sempre me lembrava:

— Não, eu sou sua avó. Sua mãe é a moça que vem aos domingos trazer comida. Fale com ela; ela está solitária. Algum dia, você vai ter que morar com ela.

Para mim, era inconcebível que uma moça de aparência tão severa pudesse ser minha mãe. Eu tinha a sensação de ser vítima de uma fraude. Quando ela visitava, eu me escondia atrás de um sofá. Na minha cabeça de criança, se ela não me visse, eu não existiria e então não teria que ir com ela. Queria que minha vida com a vovó não acabasse nunca.

Mesmo sob aquela nuvem, eu vivia uma vida feliz. Nossa pequena família tinha três membros: minha avó, nosso cachorro e eu. Minha avó era uma mulher pequena, frágil, vigorosa e esperta, com mãos calejadas, um sorriso doce, risada solta, pés de galinha profundamente inscritos no rosto e olhos castanhos que lembravam os meus. Seu cabelo branco estava afinando e ficava preso em um coque apertado. Ela vestia, na maior parte do tempo, uma camiseta branca ou um suéter com uma saia marrom e sapatos fechados. Meu companheiro de brincadeiras era nosso cachorro. Paciente e quase cego, ele me deixava puxar o rabo dele. Eu completava nossa família, uma menina magrela de quatro ou cinco anos, que gostava de bonecas de papel, livros ilustrados, roupas bonitas e que tinha um monte de perguntas simples que exigiam respostas complexas. Ficávamos os três confortavelmente em nossa humilde casa perto dos Andes. Não tínhamos muitas facilidades materiais, mas sempre tínhamos comida suficiente e um lugar para morar. Nossa vida era pacífica, silenciosa e previsível.

O chá da tarde era a nossa rotina favorita. Minha avó, perfeccionista, gostava de preparar o melhor palco possível para nosso chá. Não era só o chá, mas a posição da mesa no qual ele estava. Era preciso pegar a luz que vinha da única janela do cômodo. Juntas, colocávamos a mesinha redonda na melhor posição. Em dias ensolarados, colocávamos a mesa no sul e aproveitávamos a luz e o calor enquanto nossas sombras eram projetadas nas xícaras. Em dias nublados, abríamos a janela gasta para maximizar a luz que entrava. O sol nos fazia sentir especiais, chiques e marotas. Então, e apenas depois de tudo estar perfeito, começávamos nossa própria cerimônia do chá.

Minha avó fazia o chá de um jeito todo especial. Meia xícara de chá, meia xícara de leite morno e duas colheres de açúcar. Ela o chamava de *tecito*, espanhol para "cházinho". Nosso cachorro se sentava aos nossos pés, abanando o rabo em uma aprovação silenciosa. Vovó se sentava na minha frente com um brilho nos olhos, sorvendo o chá bem vagarosamente.

Eu preferia fazer durar ainda mais, pegando pequenas colheres de chá, uma do lado mais claro da xícara, outra do mais escuro. Eu saboreava a companhia dela e a sensação de proximidade, segurança e amor. Eu ansiava todos os dias por aquele momento de conexão e afeto. Como uma mulher muito religiosa, vovó me falava da bondade de Deus e do anjo designado para me proteger por toda vida. Com graça e sabedoria, ela estava me preparando para o caminho acidentado à frente.

Não tínhamos um aquecedor e, durante o inverno, nossa casa era terrivelmente gelada. Sempre preocupada com minha saúde, ela me colocava cedo na cama para evitar um resfriado ou algo pior. Então me trazia *tecito* com as mãos pequenas e trêmulas. O calor e a suavidade do chá em minha garganta, bem como a presença e devoção dela, aqueciam meu corpo e minha alma.

Um dia, quando eu tinha nove anos, sem aviso nenhum, vovó faleceu pacificamente. Meu mundo ruiu e minha vida ficou para sempre partida em duas: antes e depois da vovó.

Eu nunca percebera quanto fiquei forte sob a orientação dela; os ensinamentos que me deu agiram e continuei acreditando em Deus, meu anjo da guarda e no sol.

Anos se passaram. Os lugares mudaram. Pessoas partiram. Memórias doloridas desbotaram. Mas as memórias felizes ainda vivem em mim.

Agora eu moro em um lugar diferente e distante. Honro a memória dela ao viver segundo os valores que ela me transmitiu. Em troca, fui abençoada com filhos, netos, saúde e vida. E já não sinto frio.

Às vezes, quando preciso falar com vovó, espero pela tarde e então deliberada, recreativa, divertida e amorosamente preparo uma mesinha para mim perto de uma janela ensolarada e me sirvo uma xícara de chá. Assim, sinto o amor dela reconfortando suavemente a minha alma. Somos eu e ela de novo e, em segredo, sussurro:

— Obrigada, mãe.

Nancy Bravo Creager

47 – Aulas de dança

Existem atalhos para a felicidade e dançar é um deles.
Vicki Baum

A sensação de deslizar graciosamente pela pista em uma valsa ou mover-se romanticamente em um samba é um dos meus maiores prazeres. Na verdade, a dança sempre foi uma parte significativa da minha vida e investi tempo, dinheiro, energia, frustração e glorioso sucesso consideráveis para dominar todos os tipos possíveis de dança.

Teria essa paixão se acendido se não fosse pelo sacrifício da minha mãe? Duvido. Cresci para além dos trilhos em uma cidade muito próspera. Isso significa que, enquanto meus colegas pegavam voos para esquiar em Vail, meus irmãos, minha irmã e eu pegávamos bandejas de refeitórios para usar como trenós em campos de golfe locais. Entretanto, em nossa comunidade, que é o subúrbio de uma grande área metropolitana, havia muitos benefícios que mesmo caipiras como nós conseguiam aproveitar. Frequentávamos escolas excelentes e os parques e as ruas, que eram intensamente vigiados, além de participarmos das atividades de verão extravagantes disponíveis para a cidade toda.

Mas uma atividade a que não tínhamos acesso só por morar na cidade eram aulas de dança. No início da década de 1960, minha mãe achou que aulas de dança, bons modos à mesa, bom comportamento e etiqueta eram habilidades importantes para que seus filhos se preparassem para o futuro.

A tentativa de nos ensinar por conta própria a deixou com pés machucados e nos deixaram frustrados e desencorajados. Então, uma tarde, depois do jantar, ela nos apontou nossas roupas "de domingo" recém-passadas e informou que íamos ter aulas na escola de dança. Havia tanta alegria no rosto dela que ninguém resmungou por vestir as melhores roupas no meio da semana.

Por várias semanas, toda quinta à noite, suportávamos o desdém dos nossos parceiros de dança pelo fato de usarmos sempre as mesmas roupas. Os comentários não me afetavam porque, em uma semana, eu estava envolvidíssima. As luzes, a música e os intrincados passos de dança me cativaram. Por aquela breve hora, eu era transportada para uma vida de alegria que meus vizinhos tinham como certa.

No final da aula, minha mãe, que ficava lendo no carro, nos levava para casa. Lá, ela limpava a casa, preparava o almoço do dia seguinte para cada um de nós, dobrava a roupa lavada e conferia nossa lição de casa. Depois que estávamos na cama, ela dizia:

— Volto daqui a pouco. Não esqueçam as orações e saibam que amo vocês.

Essa rotina seguiu por semanas até que, uma noite, percebi que havia esquecido meu tênis na escola de dança. Como eu tinha aula de educação física no dia seguinte, precisava pegá-los de volta. Meu pai me levou com relutância até lá e, quando eu estava prestes a bater na porta, vi minha mãe com as mãos e joelhos no chão de madeira, polindo-o. Fiquei arrasada. Bati com força na porta e minha mãe se aproximou com um sorriso.

— Mamãe, mas o quê... — gaguejei, mas, antes que eu pudesse terminar a frase, ela riu.

— Não se preocupe, minha preciosa. Eu vi seu tênis e ia levá-lo para casa.

— Mas, mamãe, não é isso que está me preocupando. O que me preocupa é que você esteja trabalhando tanto até tão tarde — lamentei.

Ela me puxou para seus braços macios e, me abraçando, explicou que a professora de dança estava fazendo uma troca das nossas aulas pela limpeza do espaço.

— É uma solução maravilhosa, minha menina — afirmou com firmeza, segurando-me perto. Encarando-me no fundo dos meus olhos, continuou: — Não deixe que nada tire sua alegria de dançar. Na verdade, minha filha querida, não deixe que ninguém tire nenhuma das suas alegrias.

Enquanto voltávamos para o carro, de braços dados, jurei que honraria minha mãe, que honraria minha alegria e que continuaria dançando — e foi o que fiz.

Judith Fitzsimmons

Obrigada pelas memórias

A memória é uma fotografia tirada com o coração para fazer um momento especial durar para sempre.

Autor desconhecido

48 – Um passeio glorioso

*Se as rugas se inscrevem em nosso cenho, não deixemos que se inscrevam
também no coração. O espírito não deve envelhecer nunca.*
James A. Garfield

Corajosa, rebelde, aventureira — palavras que eu não usaria para descrever minha sogra. Eu ouvia histórias sobre a juventude da vó, ousando montar em um bezerro do riacho até a fazenda dos pais e sendo sacudida. Mas ela cresceu e se acalmou. Casou-se tarde e perdeu o marido depois de apenas três anos. Então, fez a única coisa que sabia: voltou a trabalhar como cabeleireira e criou discretamente seu único filho, meu marido. Depois de trabalhar por mais de quarenta anos, ela se aposentou com mais de setenta e passou a viver uma vida quase reclusa. Sossegada, solitária, solene — era essa a vó que eu conhecia.

Então, foi uma surpresa para todos nós quando ela falou para meu filho mais novo, Jeremy, que queria ser levada para um passeio no Jeep Wrangler dele — sem a capota. A vó preocupada? A cabeleireira meticulosa?

Por três anos, Jeremy pretendeu realizar o pedido da avó, mas algo sempre impedia. Enfim, ligou para ela um dia antes do aniversário de 85 anos dela.

— Estamos indo aí amanhã. Vou levar você para aquele passeio de Jeep.

A vó quase não conteve a empolgação.

— Mal posso esperar!

Na manhã seguinte, Jeremy e o pai dele subiram no Jeep e fizeram a viagem de três horas para as planícies onduladas do interior do Tennessee.

Fazendo uma breve parada na casa da vó, eles abriram as janelas e tiraram a capota do Jeep. Então, colocaram a vó com cinto de segurança no assento do passageiro e foram para o terreno de sete acres que ela tinha perto do lago Sycamore.

Vi as fotos que tiraram dela, empoleirada no banco de couro com o sol no rosto e o vento nos cabelos. Bom, quase isso. Na verdade, ela cobriu a cabeça com um lenço e colocou a boina de golfe do Jeremy por precaução. A vó tem questões específicas com o cabelo, afinal. Mas o vento não cortou a euforia dela. O passeio pela estrada de terra acidentada até o terreno dela não podia estragar o entusiasmo. Nem a lama espirrando pela porta sem janelas quando ficaram atolados diminuiu a alegria.

Depois do passeio, ela me ligou, cansada, mas ansiosa para falar da aventura.

— Demorou muito para acontecer, mas valeu a espera. Foi um passeio glorioso!

Encaminhando-me para a minha terceira idade, quero manter o exemplo dela na memória. Criando minha família, eu muitas vezes ficava tão ocupada com o trabalho e a igreja, com a casa e outras atividades, que me esquecia de apreciar os momentos. Às vezes eu deixava a vida passar por mim, como o vento passando por um Jeep, ou deixava o caminho esburacado ou os respingos de lama roubarem minha alegria. Mas Jeremy e a vó não deixaram. Eles aproveitaram a oportunidade para viver uma aventura e, naquele final de semana, criaram lembranças, doces lembranças, que atravessarão os anos.

Obrigada, vó. Estou aprendendo a fazer da vida um passeio glorioso.

Tracy Crump

49 – Os biscoitos de Natal da mamãe

*O que é silencioso no pai fala no filho e com frequência
encontro no filho o segredo desvelado do pai.*
Friedrich Nietzsche

Por ser o homem mais esperto do mundo, morei no porão dos meus pais até meus 26 anos. Enquanto eu ainda estava na faculdade, meu pai e eu passávamos várias horas juntos no porão, aproveitando a companhia um do outro. Eu geralmente ficava estudando ou lendo alguma coisa enquanto ele ficava jogando ou verificando e-mails no computador.

Um dia, nos feriados de final do ano, minha mãe avisou que estava fazendo uma fornada de biscoitos para o trabalho. Ela queria saber se queríamos ser os provadores dela. Claro que sim! Quem não ia querer? Entretanto, meu pai, Tim, e eu ficamos bem decepcionados quando ela desceu com apenas um biscoito para nós dois. Depois de implorarmos e explicarmos com seriedade que meio biscoito não tinha o tamanho adequado para que pudéssemos determinar se um biscoito poderia ou não entrar em uma competição, minha mãe nos informou que fizera apenas doze unidades. Aquele biscoito significava que ela iria para o trabalho com onze biscoitos. Tudo bem! Então dividiríamos.

Dizer que o biscoito-apimentado-de-chiclete-e-gengibre era a pior coisa que eu já tinha comido seria um elogio. Era horroroso. Depois de me forçar a engolir, vi meu pai igualmente devastado pelo sabor terrível que o biscoito tinha.

— Temos que contar para ela — falou ele.

— Credo, não! Não vou contar.

— Filho, é preciso. Ela vai ficar superchateada se ouvir no trabalho.

— Ela é sua esposa; conta você.

— Ela é sua mãe; conta você.

— Mas não foi escolha minha!

Há! Esse era o meu xeque-mate. Eu sempre recorria a ele — eu não escolhi minha mãe, mas meu pai a escolhera como esposa. E eu ganhei!

Se ao menos a cachorra pudesse contar... Ela nunca ficava brava com a cachorra.

Naquela noite, meus queridos pais foram jantar sem mim. Era normal, já que meu pai acreditava que colocar um teto sobre minha cabeça era o suficiente para cumprir com seu dever paterno. Enquanto eles estavam fora, decidi dar uma pausa nos estudos para jogar videogame.

Enquanto jogava, ouvi um barulho alto lá de cima. Parecia que uma pedra refratária de forno tinha caído no chão. Não pensei muito naquilo — pelo menos não até eu chegar num bom ponto para interromper o jogo. Então subi para investigar.

Naquela época, só tínhamos uma cachorra, uma mistura de Border Collie com Labrador, chamada Laci. Nós a resgatamos em 2004. Laci é uma ótima cachorra! Mas, como todo cão, ela não recusa uma oportunidade de aproveitar comida humana. Ou ao menos era o que eu pensava.

Olhei para o chão da cozinha e encontrei a forma justamente como eu esperava. Mas também vi dez biscoitos-apimentados-de-chiclete-e--gengibre. Lembre que fazia pelo menos quinze minutos desde que eu ouvira o barulho, então Laci teve tempo mais do que suficiente para encher a cara de biscoitos.

— Caramba — disse em voz alta —, nem a cachorra quer comer.

A potencial humilhação da minha mãe foi do nível fornada de biscoitos e que algumas pessoas podem não gostar para fornada de biscoitos que nem a cachorra quer comer. Mas o fato de a cachorra não querer comer a colocava em um grupo de elite. Quero dizer: quantas pessoas você conhece que fizeram algo que até um cachorro se recusou a comer? Eu conhecia uma — a minha mãe — e mal podia esperar para contar para ela.

Kevin J. Kraemer

50 – Do jeitinho que eu gosto

O que importa não é tanto o que está na mesa, mas o que está nas cadeiras.
W.S. Gilbert

Eu estava empolgada! Estava voltando para minha cidade natal para visitar a tia Marge. Ela morava no Kansas e eu, em Seattle, então, embora nos falássemos no telefone toda semana, eu não a visitava havia anos.

Fui uma criança negligenciada por pais separados, e as melhores memórias de infância que tive foram as breves visitas que fiz a Marge. Passar algumas semanas com Marge no verão era um oásis na minha vida, e eu sempre pensei nela como minha mãe "de verdade". Ela era alegre, gentil, paciente e divertida, e uma cozinheira maravilhosa. Toda refeição era deliciosa e, mesmo depois de todo mundo comer, ninguém ficava ansioso para sair da mesa, então com frequência ficávamos sentadas conversando enquanto a comida secava nos pratos e o gelo derretia no nosso chá adoçado.

Quando bati na porta, gritei:

— Mãe, cheguei!

Foi um reencontro feliz e cheio de lágrimas.

— Fiz todas as suas comidas favoritas — falou Marge.

Ela fizera um bolo de carne que estava queimado e crocante nas bordas, e um purê de batata pedaçudo e espigas de milho parcialmente cozidas. Havia chá gelado doce, e ela tinha picado tomates e pepinos, e colocado em conserva de vinagre. De sobremesa, ela tinha feito um bolo de chocolate que afundara no meio e fora aplainado com cobertura extra.

Era exatamente a mesma refeição que ela fizera para mim tantas vezes quando eu era criança. Era perfeita e ela estava certa — era minha comida favorita porque Marge era minha pessoa favorita.

Na mesa dela, bolo de carne tostado e purê de batata pedaçudo eram um banquete, porque ela me amava. Eu disse que tudo estava delicioso e perfeito porque eu a amava. Ficamos sentadas à mesa e falamos dos velhos tempos, da família, de amigos e de mil outras coisas, porque, quando você fazia uma refeição com Marge, nunca tinha pressa para sair da mesa.

Na manhã seguinte, ela preparou meu café da manhã favorito: café com creme e açúcar extra, e torrada queimada. Ela raspou a maior parte da casca queimada e a cobriu com mais manteiga e geleia para esconder as partes queimadas.

Ficamos na mesa da cozinha observando os pássaros irem e virem no comedouro que ficava na janela.

— Eu gosto... — comecei.

— Dos pedros-ceroulos — completou ela. — Quando você tinha oito anos, gostava dos pedros-ceroulos.

— Ainda gosto — respondi.

Não havia outra pessoa no mundo que soubesse ou se importasse com o fato de eu gostar de pedros-ceroulos. Marge me conhecia melhor do que qualquer outra pessoa e era a única além de mim que lembrava da minha infância.

Naquela tarde, ficamos sentadas na varanda que dá para a rua, escutando os gafanhotos. Senti que tinha oito anos e, embora os cabelos de Marge estivessem brancos, eu me lembrava de quando eram castanhos--acobreados.

— Você ainda tem a Suzie?

— Não, ela se perdeu há muito tempo — respondi.

Suzie era uma boneca com a cabeça rachada e um olho faltando. A faixa emborrachada que segurava os braços no lugar apodreceu e os braços caíram, mas ela era minha boneca favorita desde os cinco anos.

— Que pena — comentou Marge. — Eu estava com muita saudade. Queria que você não morasse tão longe.

— Eu estava com saudade também — respondi. Não tinha percebido quanto até aquele momento. — Vou visitar com mais frequência, prometo.

O sol se pôs e fomos para dentro, para ver televisão.

— Devíamos comer alguma coisinha antes de dormir — propôs ela.

Ela foi para a cozinha e voltou depois de alguns minutos com uma tigela de sorvete para cada uma. Quando eu era criança, sempre comíamos uma tigela de sorvete antes de dormir. Essa noite tínhamos sorvete de morango finalizado com pedacinhos de batata chips porque era como eu gostava no verão dos meus sete anos.

Eu sabia que o dia seguinte, e todos os dias das duas semanas de visita, seria igual. As refeições só iriam variar entre quais alimentos estariam queimados e quais estariam parcialmente cozidos. Nós rasparíamos as cascas pretas da carne, das batatas, dos bolinhos ou da torrada. Aqueceríamos de novo os vegetais malcozidos. Riríamos e faríamos o que fosse necessário para que as coisas ficassem comestíveis, fosse raspar o meio e deixar as partes pretas na frigideira ou cobrir com molho algo que estivesse denso de menos ou grosso o bastante para cortar com faca. Quando ela derrubou por acidente uma bolsa de água quente em uma panela de frango cozido, pescou-a com uma colher e perguntou:

— Acha que vai afetar o sabor?

Falei que achava que não e que não importava — teria o gosto de um banquete para mim.

Porque, com Marge, o importante não era a comida, era o amor.

April Knight

51 – O poder curativo do papel higiênico

Com a terrível pressão sobre mim noite e dia, se eu não rir, morrerei.
Abraham Lincoln

Uma carta ao editor do nosso jornal local reclamava sobre pegadinhas noturnas de jogar papel higiênico nas árvores de casas da região. A carta contava com uma enxurrada de respostas que defendiam o ato como um tributo inofensivo a amigos: "É uma honra ser atingido por papel higiênico", disse um correspondente "e é uma diversão limpa para os adolescentes!".

Ler essas cartas me trouxe risadas e depois lágrimas, por reavivarem antigas memórias dos 92 anos da minha mãe — um ano que Charles Dickens descreveria como "a melhor época, a pior época". Ela estava com uma doença terminal naquele outono. E eu assisti, impotente, ao vigor e à garra dela se tornando fragilidade e desespero.

Os 92 anos da minha mãe também foram o marco de dez anos em que cuidei dela. Uma década antes, ajudei-a a, nos termos dela, "escapar" da casa de repouso onde morava. Era um lugar bom com uma equipe dedicada. Mas mamãe não queria nem precisava de cuidados especializados; ela queria viver sozinha e só precisava de um pouco de ajuda. Estar em um ambiente mais restritivo que o necessário a deixou clinicamente deprimida — ela saía da cama apenas para as refeições e passava o resto do dia encarando o teto, desconectada.

Então dei um salto no escuro. Com a bênção dos médicos e minha determinação de ajudá-la a viver independentemente, encontrei um apartamento para ela e o decorei, além de contratar cuidadoras de meio-período para nos ajudar.

O risco compensou e fui abundantemente recompensada ao ver minha mãe aproveitando a vida de novo. A cereja do bolo era a ansiedade dela para retomar nossos finais de semana cheios de diversão — nós os chamávamos de "aventuras" —, explorando estradas do interior para descobrir o que havia depois de cada curva: um campo de flores, um velho celeiro ou talvez uma cafeteria típica para fazer uma pausa com torta e café.

Foi ao longo desses anos com as necessidades da mamãe e minha ajuda que nos tornamos mais próximas do que nunca.

Embora eu ainda olhe para trás e me pergunte como encontrei tempo e energia para gerenciar a casa e os ajudantes da minha mãe, além da minha própria casa, das minhas responsabilidades familiares e do meu trabalho, eu consegui — um dia por vez. Minha mãe estava feliz e animada, e isso me manteve forte e decidida.

Então, dez anos depois, mamãe foi diagnosticada com câncer. Como resultado da quimioterapia, ela sofreu uma série de derrames que afetaram sua habilidade de andar.

Conforme a saúde dela piorou, os cuidados aumentaram e fiquei com pouco tempo para outras coisas, como aventuras. Naquela época, as únicas estradas novas que pegávamos eram as que levavam aos novos sintomas da minha mãe e meus deveres correspondentes. Quem tinha tempo de sequer pensar em diversão e passeios?

Então, em uma tarde agradável de setembro, por alguma razão inexplicável, convidei minha mãe para fazer algo que nenhuma das duas tinha feito:

— Vamos atirar papel higiênico!

Eu a busquei perto do pôr do sol e fomos comprar munição de folha dupla numa loja. Fizemos um plano para atacar os quintais dos outros dois filhos dela, meu irmão e minha irmã, e, havendo tempo e energia, atacar também as casas de alguns netos.

Essa saída ultrapassaria os limites físicos da minha mãe. Estaria eu cometendo um erro? Ela geralmente se deitava por volta das nove da noite e já eram 20h30. Sempre usávamos as vagas para deficientes, mas nesta noite, para evitar dar bandeira, estacionei a uma quadra da nossa primeira parada.

Daquela distância, nos esgueiramos de braços dados pelo caminho que levava à porta do meu irmão. Os passos de mamãe eram pesados, mas a atenção dela estava focada no céu limpo, cheio de estrelas e na brisa gentil do outono.

Uma vez no quintal do meu irmão, guiei minha mãe até uma árvore pequena e dei a ela um rolo de papel higiênico da nossa sacola. Sem hesitação, ela o jogou para cima. Observamos a fita branca navegar sobre a copa e deslizar para o outro lado, deixando um rastro bem-posicionado de papel.

Eu recuperei o rolo e o devolvi para mamãe; ela estava com as duas mãos na boca, para segurar uma risada. Abraçando-nos, demos uma olhada nas portas dos fundos e vimos meu irmão relaxando numa cadeira reclinável. A visão dele tão ignorante da nossa presença nos encorajou a continuar com a nossa bobagem.

Curvada e apoiando-se em mim, mamãe foi de árvore em árvore, alegremente lançando rolos como uma profissional. Estávamos em um casulo fora do tempo, no qual dor e fardos não existiam. Terminando de atacar a última árvore, paramos para avaliar nosso trabalho manual; o quintal iluminado pela lua parecia uma terra das maravilhas reluzindo com fitas brancas. Missão cumprida, voltamos para o carro, dando risadinhas como duas meninas. Mamãe atacaria uma dúzia de árvores em quatro quintais da família naquela noite inesquecível.

Nós duas sabíamos que seria um dos nossos últimos passeios, mas a lição que aprendemos ali nos ajudou a passar pelos dias duros que viriam em seguida. Mamãe e eu decidimos, naquela noite, arranjar tempo para brincar todos os dias, da maneira que fosse possível; eu acrescentava giz de cera e livros de colorir à lista de compras.

No dia seguinte à nossa grande aventura, mamãe mandou um cartão anônimo para cada uma de nossas vítimas, assinando como "Suas decoradoras de EXTERIORES". Rimos o caminho todo até o correio. Nas semanas seguintes, minha mãe e eu partilhamos muitas risadas depois de cada uma de nós receber telefonemas de parentes confusos se perguntando quem teria feito tais estranhezas.

Naquele ano, o Dia de Ação de Graças foi na minha casa. Para acomodar os cerca de trinta convidados, montei mesas de jantar na minha sala de recreação do porão. Meu irmão, minha irmã e suas famílias fizeram muitas viagens subindo e descendo a escada para ajudar a pegar comida e louças, bem como para usar os banheiros do primeiro e do segundo andar.

Naquela tarde, minha irmã foi a última a ir embora. Na porta, ela pegou um envelope da bolsa, entregou-o para mamãe e nos deu beijos. Perplexa, mamãe leu o bilhete: "Dos seus decoradores de INTERIORES".

Pela primeira vez no dia, tive a oportunidade de ir lá em cima; o segundo andar inteiro estava coberto, do teto ao chão, com papel higiênico!

O último ano da minha mãe foi marcado pelo declínio físico. Entretanto, continuamos determinadas a desfrutar de alguma diversão simples todos os dias. Aqueles momentos leves eram um bálsamo para o nosso estresse e são os que lembrarei sempre. Atacar com papel higiênico nos provou que brincar é, de fato, um remédio poderoso!

Toni Becker

52 – Mamãe não jogava limpo

O amor de um homem por sua namorada é o maior,
por sua esposa é o melhor e por sua mãe é o mais duradouro.
Provérbio irlandês

Conferi meu relógio. É, eu tinha tempo para tomar café da manhã no IHOP. Então saí do carro, fechei a porta com força e subi na calçada. Assim que abri a porta, percebi.

Voltei 42 anos no passado. Nos invernos frios da Ohio da minha juventude, a última coisa que eu queria era me arrastar para fora do meu casulo quentinho e ir para a escola. Lembro-me de estar confortável em posição fetal sob um amontoado de cobertas. Se por acaso eu acordasse, virava o travesseiro de propósito para me deitar sobre o lado mais gelado e me enrolava de novo. Hummmm... Sem chance de sair da cama!

Mas minha mãe não jogava limpo. Ela sabia como nos fazer levantar sem precisar de um despertador.

E com o esforço mínimo. Ela não ficava gritando na porta do quarto. Ela não acendia a luz e saía andando. Ela não cutucava os calombos adormecidos sob os cobertores.

Não. Ela saía em silêncio da cozinha e caminhava pelo longo corredor de nossa casa de um andar e estilo rústico. Ao chegar a meu quarto, ela abria a porta. Então dava meia-volta e se esgueirava pelo mesmo corredor até a cozinha.

Em poucos minutos, eu começava a farejar. Eu rolava e ficava de frente para a porta aberta do quarto. Colocava o travesseiro sobre o rosto. Não adiantava.

Meus irmãos e eu chutávamos os cobertores e rolávamos para fora da cama. Então corríamos pelo corredor e encontrávamos a arma primária da mamãe: bacon frito — não ficava borrachudo demais nem crocante demais.

Daquele esforço, mamãe sempre guardava a gordura do bacon em uma lata vazia de café Maxwell House. Deixando-a na geladeira, ela sempre usava para fritar os ovos do dia seguinte. Ou para fazer panquecas em uma chapa gigante. Mais do que massa de fubá frita, as fatias laranja eram besuntadas em manteiga e então mergulhadas em calda quente.

É isso mesmo: mamãe esquentava até a calda. Pois é... Mamãe não jogava limpo. E eu a amo por isso.

John M. Scanlan

53 – A alegria de uma amizade inesperada

É uma questão da natureza que frequentemente nos sintamos mais próximos de gerações distantes do que das gerações que nos precedem.
Igor Stravinski

Toda a nossa família estava na casa dos meus pais para o Dia de Ação de Graças — a cena era a mesma todo ano. Os oito netos estavam correndo e brincando, brigando e brincando um pouco mais. Os adultos tinham acabado de comer e estavam estendidos nos sofás bons da sala de estar, que sempre ficavam cobertos com uma manta quando a família vinha visitar. Sentávamo-nos ali para assistir aos Cowboys jogarem, conversando e tentando evitar que meu pai levasse a conversa para a política.

Sempre achei fascinantes as similaridades entre minha avó e minha filha Lizzie, que tem autismo. Lizzie tinha cerca de quatro anos e não interagia muito com ninguém; nem minha avó. O senso de realidade da minha avó fora lentamente tirado conforme o Alzheimer piorava. De maneira similar, Lizzie parecia não compreender nada de nossa vida cotidiana.

Tanto Lizzie quanto minha avó estavam em mundos próprios. Lizzie batia os braços e recitava em voz bem alta todas as falas de *Dora, a exploradora*. Minha avó esfregava um pedaço de tecido entre os dedos e lia um roteiro de uma época da vida quando ela ainda tinha crianças pequenas em casa. As duas pareciam vagar pela casa sem propósito algum.

Enquanto os adultos conversavam, percebi que as coisas ficaram muito quietas. Estranhamente quietas. Quietas demais. Lizzie ou tinha se envolvido com algo que não deveria ou saíra da casa.

Eu me levantei num salto e iniciei minha busca.

Cozinha? Não.

Recuo? Ninguém ali.

Banheiro? Ops, pessoa errada. Perdão.

Então escutei... o doce som de uma risada nova e uma velha juntas. Dei uma olhada pelo corredor e o que vi? Lizzie e vovó tinham encontrado o controle remoto da luminária do quarto. Uma coisa tão simples — como poderia trazer tanta alegria às duas? Elas andavam pelo quarto, apertavam o botão, viam a luz acender e se acabavam de rir.

Depois da emoção de um ciclo imediato de causa e efeito, elas apagavam a luz, saíam e então Lizzie pegava a mão da vovó e a puxava de volta para o quarto. Elas repetiam esse ato simples de novo e de novo, repetidas vezes. Cada vez que a luz acendia, elas riam histericamente, como se nunca tivessem visto esse fenômeno antes.

A repetição da luz fazia sentido para Lizzie, que havia encontrado uma parceira perfeita para brincar — minha avó, uma senhora doce sem memória de curto prazo! Era uma amizade verdadeiramente inesperada que trouxe alegria a ambas.

Julie Hornok

54 – Casa de sol e lágrimas

A juventude é uma coroa de rosas, a velhice é uma coroa de salgueiros.
Provérbio judaico

Coloquei meu Plymouth de 1959 na entrada da casa, com certeza de que estava no endereço correto. A placa de "aluga-se" ainda estava na janela do térreo com a indicação de 125 dólares por mês. Para um segundanista que já havia gastado uma fortuna em mensalidade e livros, era muito dinheiro, especialmente nos anos 1960. Além disso, era uma parte decadente de San Jose, Califórnia. Fileira após fileira de casas vitorianas envelhecidas e dilapidadas enchiam as ruas paralelas à universidade. Saindo do carro, olhei para a casa que um dia fora elegante, supondo que devia ter sido construída antes da virada do século XX.

Eu estava prestes a bater quando a porta se abriu, revelando uma mulher de cabelos grisalhos com cerca de setenta anos. Ela usava calça jeans e galochas, além de um avental que cobria todo o torso. Ela sorriu e perguntou:

— Você está aqui por causa do aluguel? — O sotaque dela era forte, mas agradável.

— Sim, senhora — respondi.

Ela deve ter notado que eu estava olhando as roupas dela, porque deu uma risadinha e disse:

— Ah, eu estava prestes a cuidar do jardim. Depois da chuva de ontem, as coisas podem ficar bem sujas.

— Entendo. Minha mãe faz a mesma coisa.

Ela sorriu, os olhos apertados contra o sol da manhã.

— Meu nome é Ester Levinski e estou tendo o prazer de conhecer a quem?

— Ah... desculpe, sou Jody Chaney. Ahn... Eu estudo aqui na San Jose State.

— Que maravilha! Sem educação, o mundo pode ser bem duro. — Houve uma breve pausa e ela acrescentou: — Bom, por que não damos uma olhada no quarto, hein?

Assenti e, juntos, entramos na casa e subimos a escadaria polida. Meus olhos iam de um lado para o outro, das fotos amareladas nas paredes para a parede com duas cristaleiras ladeando um corredor, cheia de taças de cristal e vasos de tamanhos variados. Apesar da luz intensa da manhã, a casa estava escura, mesmo com as cortinas floridas abertas e amarradas com laços. Tudo parecia extremamente arrumado.

Enquanto avançávamos pelo corredor estreito, não pude deixar de notar um grande retrato de um homem e uma mulher jovens no que parecia ser um casamento.

— Foi tirada quando me casei, na primavera de 1917. — Ela apontou para o homem na foto. — Esse era o meu marido, Isaac. Ele era professor de química.

Ela não falou mais dele e continuou pelo corredor até chegarmos no cômodo no extremo da casa. Ao entrar, notei que era um pouco mais moderno que o resto. A tinta nas paredes parecia mais brilhante e a luz da janela batia em uma cama de aparência confortável. Do lado oposto, havia uma escrivaninha e uma cadeira. Duas prateleiras de livros estavam afixadas sobre a escrivaninha.

— Tenha cuidado para não abrir demais a porta. O radiador está logo atrás de você. Agora, vejamos... ah, o banheiro é do outro lado do corredor e tem chuveiro e banheira. Em relação às refeições, você é bem-vindo a jantar comigo... Está incluso no aluguel e você pode deixar suas coisas de café da manhã no armário da cozinha ou na geladeira. Mas exijo que você lave a própria louça. Além disso, você pode usar a lavadora e a secadora de roupas quando precisar.

Era um ótimo negócio, pensei, especialmente com o jantar incluso.

— Ficarei com o quarto — falei, um pouco entusiasmado demais.

— Você precisa de referências minhas?

Esther balançou a cabeça em negativa, o cabelo firmemente preso em um coque.

— Não, você parece um bom rapaz. Meu marido sempre dizia que às vezes os instintos são mais precisos do que fatos.

— Há outros quartos alugados aqui? — perguntei.

— Não, é a primeira vez que alugo um quarto. Espero que esteja fazendo a coisa certa, sabe, com todos os crimes que estão acontecendo. Acho que me sentirei mais segura sabendo que tem alguém na casa além de mim.

Fiz a mudança na semana seguinte, levando meu pequeno toca-discos, roupas, luminária, pôster dos 49ers e minha luva e meu taco de beisebol. Olhando para o quarto, com sua janela estranhamente trapezoide, perguntei-me quem vivia ali antes, como essa pessoa era e se estava tão feliz com este quarto quanto eu parecia estar. Em uma hora, organizei tudo e saí para a minha aula da tarde.

Voltando a meu quarto alugado, senti o aroma delicioso de arroz com frango.

— O jantar será em trinta minutos! — gritou Esther.

Sorri sozinho e meu estômago roncou.

— Obrigada, dona Esther. Desço daqui a pouco.

Foi durante nossa primeira noite juntos que ela me contou sobre si e o marido. Os dois foram criados em Frankfurt, Alemanha, onde se conheceram na universidade. Ela estava iniciando os estudos em literatura inglesa enquanto Isaac estava fazendo pesquisas de pós-graduação em química. Logo depois de se formar, ele conseguiu um trabalho de químico em uma empresa de agricultura, mas foi forçado a abandonar o trabalho quando Hitler entrou no poder. Ela continuou em casa, criando a única filha deles, Sarah, que morreu de poliomielite aos sete anos. Quando pareceu que logo seriam enviados a um campo de concentração, eles conseguiram fugir, esgueirando-se pela Suíça e por fim desembarcando em Nova York em 1938. Isaac conseguiu trabalho, não como químico, mas como pesquisador-assistente em uma fabricante de bebidas. Em 1942, a empresa o transferiu para San Jose, onde compraram a casa vitoriana. Eles moraram juntos até 1962, quando ele morreu de câncer.

Dia após dia, nós nos sentávamos juntos, discutindo história, política, religião, literatura... qualquer coisa de que gostássemos. Através da sabedoria da sra. Levinsky, revi minha vida de uma maneira que nenhum professor teria conseguido me ensinar. Eu já não a encarava como minha locadora, mas como uma avó.

Como um estudante de história, eu ficava fascinado com o entendimento dela da Alemanha na década de 1930, e acabávamos passando horas à noite conversando. Quando acabávamos, eu me arrastava escada acima para meu cantinho e estudava até sucumbir à exaustão.

Fiquei naquela casa por três anos, ajudando Esther com as tarefas de casa enquanto ela me presenteava com histórias de infância. Quando finalmente me formei, recebi uma proposta de emprego em Nevada. Embora tenha ficado empolgado, senti certa tristeza em ter que ir embora. Quando chegou a hora do adeus, nos abraçamos em lágrimas, prometendo manter contato. Por mais de doze anos, mantivemos — até eu receber de um vizinho a notícia que ela tinha sofrido um derrame e falecido alguns meses depois.

Eu sempre me lembrarei daquela casa e dos momentos encantadores que passei com aquela mulher marcante.

J.D. Chaney

55 – Presentes para guardar

O coração de uma avó é uma colcha de retalhos de amor.
Autor desconhecido

Havia apenas três presentes sob a árvore artificial de Natal. Todos os outros haviam sido abertos. Esses três pacotes grandes estavam embalados de maneira idêntica, com fita verde e papel metálico listrado vermelho e branco. Dentro, havia presentes que minha mãe planejara entregar aos três netos — meu filho, minha filha e minha sobrinha. Presentes que ela havia começado a fazer, mas nunca terminara. Um ataque cardíaco havia encerrado a vida dela em abril.

Seis meses depois, papai vendeu a casa e se mudou para um apartamento de um quarto. O primeiro Natal sem a mamãe ficou ainda mais triste com nossa família se apertando na pequena sala — tão diferente da casa deles onde sempre celebrávamos o Natal.

Papai olhou para seus três netos adolescentes.

— Esses presentes são para vocês, da vovó — contou ele, enquanto meu irmão, eu e nossas esposas nos sentávamos ao lado.

Alicia e Sarah, de dezessete anos, e Eric, de quinze, franziram a testa.

— Ela estava fazendo uma coisa especial para o Natal de vocês — explicou meu pai. Ele olhou para mim e lágrimas encheram seus olhos. Depois, abaixou a cabeça.

Inspirando fundo, eu disse:

— São três pacotes quase idênticos.

— É algo que nós pedimos? — perguntou Alicia.

— Não — respondeu papai. — É algo que vocês podem usar agora. A avó de vocês queria que guardassem e, quem sabe, até passassem para os filhos de vocês.

Os adolescentes endireitaram suas posturas, ergueram as sobrancelhas e olharam uns para os outros.

— É algo que vimos ela fazer? — perguntou Sarah.

— Não, ela guardou segredo de todos vocês. Mas seus pais e eu sabíamos.

— Então... como sabemos qual caixa é de quem?— perguntou Eric.

— Pelos números. Do jeito que a vovó sempre deixava vocês escolherem. Peguem um dos papéis dobrados da cesta. Estão numerados com um, dois e três, e os presentes têm os mesmos números embaixo — explicou papai.

Quando Alicia, Sarah e Eric seguraram os presentes embrulhados, o silêncio preencheu a pequena sala de estar. Eles haviam aberto rapidamente os outros pacotes, mas agora estavam sentados no chão com as pernas cruzadas, ao lado da poltrona do meu pai. Silêncio e imobilidade.

— Vão em frente, podem abrir — disse meu pai.

Os adolescentes regularam o próprio ritmo para que vissem os presentes ao mesmo tempo.

— Uma colcha! — falaram Sarah e Alicia, quase em uníssono.

Eric se levantou e colocou a colcha sobre os ombros. Fui para o chão. As meninas fizeram o mesmo, segurando a manta junto ao corpo.

— Eu amei! — falou Sarah. — Mas a vovó sempre dizia que nunca faria uma colcha. — Ela puxou os retalhos brancos e azul-marinho para perto do corpo.

— É linda! Minha colcha é igual à sua. As mesmas cores. O mesmo tudo — comentou Alicia com Sarah. Então virou-se para o irmão. — A sua é igual, exceto que é vermelho-escuro. Quase marrom.

Eles ergueram as colchas e as comparam. O padrão dos retalhos, com triângulos e retângulos, era o mesmo. As três colchas tinham pedaços brancos e alguns de tecido cru; só os retalhos azuis e marrons eram diferentes.

— A vovó fez muitas coisas, mas esta é a melhor.

Eric levantou a colcha sobre a cabeça e sentou-se no chão. Nenhum dos adultos dizia nada. Secávamos as lágrimas, tossíamos e respirávamos fundo.

— É, é a melhor. Mas não podemos esquecer os conjuntinhos que ela fez quando éramos pequenos.

— Lembra os bonecos de pano Ann e Andy? — perguntou Eric. — Por que será que ela decidiu fazer colchas para a gente agora?

Alicia e Sarah seguraram as colchas no colo e também se sentaram no chão.

Papai assoou o nariz, secou os olhos com o lenço molhado e disse:

— Sua avó queria que vocês tivessem algo que fossem guardar. Meninas, vocês vão para a faculdade ano que vem e talvez possam levar as colchas com vocês. Ela começou a cortar e juntar as peças há dois anos. Estava determinada a terminá-las até o Natal, mas... — A voz dele falhou, e ele olhou para mim.

— Ela terminou uma, estava emendando a segunda e tinha escolhido os pedaços da terceira, mas não começou a costurar.

— Então quem terminou as colchas que faltavam? — perguntou Sarah.

— Papai e eu encontramos uma pessoa chamada sra. Horst, que terminou as outras duas. Nós queríamos que vocês recebessem as colchas no Natal. A sra. Horst é uma excelente costureira e dá pontos bem pequenos. Quando sua avó costurava, os pontos eram bem maiores. A sra. Horst queria que os pontos fossem iguais aos da vovó para que as colchas fossem iguais — contei.

— Ela queria também fazer as emendas do mesmíssimo jeito que a que sua avó fez — acrescentou meu pai. — Ela disse que costureiras fazem as emendas e as barras de jeitos diferentes e os fez do mesmo jeito da que estava pronta.

Alicia, Eric e Sarah juntaram os cantos das colchas.

— Eles parecem iguais para mim — disse Eric.

Todos nós estávamos em silêncio — cada um com os próprios pensamentos, e as luzes da árvore piscavam no pequeno apartamento do papai.

— Tia Susan, você sabe qual foi a que a vovó fez? — perguntou minha sobrinha, Sarah.

Fiz que não e sorri.

— Eu respondo essa — disse papai. Ele assoou o nariz mais uma vez. — Ela fez todas as colchas. Aquela senhora maravilhosa costurou para sua avó. Quando pegamos as colchas prontas, ela disse que ela fez orações para abençoar enquanto costurava, torcendo para que algum dia pudesse fazer colchas tão bonitas para cada um dos cinco filhos.

As três colchas foram usadas e amadas. Elas cobriram camas de solteiro em dormitórios de universidades e foram para apartamentos quando cada um dos netos da minha mãe se casou. E agora, mais de vinte anos depois, elas cobrem as camas dos bisnetos dela.

As colchas da mamãe foram presentes para se guardar.

Susan R. Ray

56 – Te amo para sempre

Não consigo esquecer a minha mãe. Ela é a minha ponte.
Renita Weems

Ninguém nunca fica pronto para dar adeus a um dos próprios pais, e eu não fui exceção. Quando minha mãe faleceu subitamente, com 55 anos, foi devastador. A única maneira que eu conhecia para lidar com aquilo era a escrita. Quando chegou o momento de escrever o tributo fúnebre, dei as boas-vindas à oportunidade de honrar a memória dele. Depois de lê-lo no funeral, dobrei o discurso e o coloquei com cuidado entre páginas do livro infantil favorito dela, *Love You Forever* [Te amo para sempre]. Quando chegou o momento de prestar a última homenagem, fiquei feliz em colocar meu único exemplar do livro entre os braços dela e em ajudar a descer o caixão.

Entretanto, logo depois eu desmoronei. Não conseguia pensar em nada além da minha mãe. Sentia saudade dela com cada célula do meu corpo. Mas o mais aterrador era não conseguir compreender o conceito de para onde ela fora. Eu achava impossível acreditar que ela estivesse olhando por mim. Se estivesse, pensei, com certeza garantiria que sua presença fosse percebida. Implorei aos céus que me mostrassem que ela estava lá, que ainda mandava seu amor e mantinha um olhar vigilante. Sem sorte.

Semanas se passaram. Fiquei deprimida e abatida, sem capacidade para cumprir tarefas simples e cuidar de mim mesma. Não saía de casa. As pessoas iam e vinham, conferindo como eu estava em todas as horas do dia. Família e amigos tentaram me tirar de casa, mas a única coisa que eu queria fazer era ficar escondida. Queria me esconder da dura realidade: eu nunca mais veria nem escutaria minha mãe. Por fim, as pessoas que se importavam comigo se cansaram.

Uma noite, minha melhor amiga e seu parceiro me visitaram com um plano para me fazer sair. Discuti com eles por mais de uma hora, pedindo que me deixassem em paz. Duas horas e um milhão de desculpas depois, finalmente chegamos a um meio-termo e permiti que me levassem a um breve passeio pela Target.

Andando pelos corredores, meus pés se arrastavam. Eu não queria estar lá. Apesar disso, olhamos os corredores de maquiagens, eletrônicos e itens domésticos. Eles queriam me oferecer um escape e eu estava lá para aplacá-los. Depois de muitos outros minutos vagando sem pensar, eu tinha cansado. Disse a eles que precisava voltar para casa, que precisava sair de lá.

— Está bem. Mas primeiro temos que passar na seção de doces. Um pouco de açúcar vai te revigorar.

Engoli minha dor e prossegui. Peguei um pedaço de doce só para evitar os olhares preocupados dos meus amigos. No caixa, colocamos nossos itens na esteira e ficamos na fila. Olhei para as mercadorias organizadas ali. No topo de uma prateleira, em cima de doces, presilhas de cabelo e álcool em gel, havia um livro, um exemplar de *Love You Forever*! Eu o agarrei e folheei as páginas, apreciando as ilustrações de uma mãe aconchegando seu filho. Lágrimas encheram meus olhos.

— Senhora? Senhora? Qual será a forma de pagamento? — perguntou a pessoa do caixa.

Voltei à realidade, mas ignorei a pergunta.

— Por que este livro está aqui? — exigi a informação.

— Não tenho certeza, senhora. Talvez alguém estivesse planejando comprá-lo e desistiu? A pessoa pode ter tido preguiça de devolver para o lugar... Infelizmente acontece sempre. Obrigada por avisar.

Fiquei compelida a saber mais e não tinha certeza de por que fiz a pergunta seguinte.

— Onde ficam os outros exemplares deste livro?

— Uau. Você realmente ama esse livro. O resto deve estar na seção de livros, mas vou passar o código de barras para garantir. Às vezes, os livros em promoção vão para outro lugar.

Ela passou pelo leitor. A máquina soltou um bipe alto e agudo.

— Hum. Isso está estranho. Não está passando. Deixa ver...

Os momentos seguintes pareceram uma eternidade. Uma bola de entusiasmo misturado com ansiedade se formou em minha barriga.

— Sinto muito, senhora. Este livro não está passando porque não temos outros exemplares dele aqui. Na verdade, faz um tempo que não temos. O sistema diz que a última vez em que ele esteve em estoque faz dois anos e meio. Não tenho certeza do motivo de ele estar ali... Se você quiser comprá-lo, senhora, vou ter que pedir desculpas, porque acho que não está disponível para compra. Mas... acho que você pode... levar? Não é nosso para vendermos.

Meu coração bateu rápido enquanto eu pegava o livro de volta. Eu o acolhi em meus braços e, nesse momento, tive uma sensação de segurança que me envolveu. Eu sabia que era uma mensagem da minha mãe. Era uma mensagem de amor, apoio e compreensão. Era o jeito dela de dizer: "Eu te amarei para sempre, incondicionalmente". E eu nunca mais duvidei.

A.B. Chesler

57 – O início das manhãs com Deus e minha mãe

Receba cada manhã com um sorriso. Encare o novo dia como outro
presente especial do Criador, outra oportunidade de ouro
para completar o que você não terminou ontem.
Og Mandino

Na minha infância, eu ia para a igreja com meus pais, frequentava a escola dominical e participava de grupos da juventude e projetos comunitários. Embora essas atividades fortalecessem o desenvolvimento da minha fé, uma rotina diária que compartilhava com minha mãe foi o que construiu sua base.

Em uma das minhas primeiras lembranças, um brilho suave partia do quarto dos meus pais, no final do corredor, quando abri os olhos de manhã. O cheiro de café pairava no ar. Durante alguns meses, ainda estava escuro lá fora. Eu deslizava para fora da cama, pegava alguns livros da minha estante e trotava pelo corredor em meu pijama com pezinhos.

Depois que mamãe se despedia do papai, que ia trabalhar no seu negócio de areia e cascalho, ela voltava para a cama. Em seu roupão, ela se deitava para ler a Bíblia, as liturgias diárias e as lições da escola dominical.

E sorria quando eu entrava no quarto, me cumprimentando.

— Oi, querida!

Eu subia na cama deles, virava o travesseiro do meu pai e me aconchegava ao lado da minha mãe.

Enquanto ela terminava a página e marcava onde parara, eu folheava um livro, meus cabelos castanhos espalhados sobre o travesseiro como as mechas encaracoladas da minha mãe se espalhavam pelo dela.

Mamãe pegava um livro grosso da pilha na mesinha de cabeceira.

— Então, onde estávamos? — perguntava, abrindo a Bíblia para crianças.

Eu pegava o marcador e apontava a página.

— Aqui, mamãe!

Depois de terminarmos a história, se tivéssemos tempo, ela lia um trecho de um livro de orações para crianças ou um dos livros de histórias clássicas para crianças que eu trazia do meu quarto.

Escutando o som da voz dela e o ritmo da história, minhas mãos subiam e desciam pelos relevos da colcha de lã. Palavras e imagens viravam histórias e histórias viravam janelas para compreender um mundo que parecia diferente para mim, uma criança com problemas de audição desde o nascimento.

Conversávamos sobre as ilustrações conforme passávamos por elas. Mamãe escutava minhas observações com paciência. Às vezes, minhas palavras não eram enunciadas com precisão — uma preocupação maior do que costuma ser no desenvolvimento típico de crianças pequenas —, mas ela não me corrigia. Simplesmente repetia a palavra e então dizia:

— Vamos falar juntas!

As manhãs silenciosas que eu compartilhava com ela ao longo da infância me deram uma rotina significativa para toda a vida. Ler juntas, interagir com minha mãe e observar a vida cotidiana dela me ensinou a ter fé. Ela acreditava que, independentemente de qualquer coisa, as coisas dariam certo — embora nem sempre da maneira que imaginávamos. Fiquei confiante em um mundo compreendido através da linguagem, das escrituras e de histórias da Bíblia, bem como pelas pessoas que agiam com fé. Comecei a acreditar que eu também poderia ter sucesso nesse mundo.

Minha mãe seguiu sua rotina matinal até morrer. Durante meus anos de faculdade e minha carreira, meus momentos tranquilos eram uma jornada menos previsível. Na maior parte dos dias, eu abria espaço para momentos de devoção quando desse, e às vezes parecia pouco. Com a passagem dos anos, eu me voltei para o início das manhãs de novo, a essa altura reconhecendo mais nitidamente a parte do legado da minha mãe — começar com uma rotina tranquila dava um tom positivo para o dia. Depois de uma cirurgia que mudou minha vida no final dos meus quarenta anos, comecei a também escrever no começo das manhãs, sem esperar para ver se outras oportunidades apareceriam mais tarde.

Agora, aos sessenta anos — envolta em um xale de oração roxo —, eu leio regularmente a Bíblia e as liturgias diárias, assim como minha mãe, e escrevo minhas reflexões em seguida. Às vezes, uso a Bíblia dela, com o nome dela, Marybelle Parks, gravado na capa e com uma dedicatória da minha irmã, que lhe deu de presente no Natal de 1955. A Bíblia traz a presença dela porque mantive as marcações a lápis na orelha e anotações e pedaços de notas manuscritas, orações e programas de igreja, do mesmo jeito que estavam quando ela faleceu de câncer há mais de vinte anos.

Mamãe me deu uma base para a linguagem e para a fé, e também muito mais que isso: uma corda de segurança, uma rotina para me ancorar. Ela vivia a crença de que a fé florescia em todos os momentos e se mantinha em todas as circunstâncias. Ao longo da minha vida, quando eu passava por situações difíceis, minha compreensão de uma relação pessoal com Deus se aguçou — um padrão de reflexão e conversas constantes — e a percepção de que, sem isso, a vida poderia muito bem ser um caos sem descanso nem sensação de santuário. Se a vida parecia feliz, mundana, intrigante ou atribulada, a rotina reconfortante me mantinha centrada.

Minha mãe sabia que uma fé firme envolvia gratidão, crescimento espiritual e disposição de guiar pelo exemplo. Ao partilhar a rotina dela e agir como exemplo, ela me deu a base para nutrir minha fé pelas alegrias e pelos desafios da vida. Graças a ela, eu mantive essa rotina toda manhã.

Ronda Armstrong

58 – O outro lado da mesa

Aos olhos de uma criança, não há sete maravilhas. Há sete milhões.
Walt Streightiff

Tudo começa com uma mesa. É uma mesa antiga de carvalho, a mesa mais forte que já vi. Mesmo se apoiando em apenas um ponto no centro, ela nunca, jamais balançava. Pés em forma de garra se expandiam a partir do apoio, cada um segurando uma bola com uma tenacidade visceral. Essa mesa ainda é da minha avó, embora esteja na minha casa agora.

Quando eu era criança, passava hora sob aquela mesa, engatinhando ao redor dos pés do que eu imaginava serem um casal de águias, suas imensas asas de carvalho formando um círculo perfeito sobre a minha cabeça.

A mesa era enorme naqueles dias e todo mundo que eu conhecia e amava cabia sentado ao redor dela. As vozes eram distantes como as nuvens e igualmente imutáveis. Havia histórias, murmúrios e muitas, muitas gargalhadas.

A mesa ficava no meio da maior cozinha do mundo, que era o centro do meu universo conhecido. Eu acho que 95% das horas em que eu estava acordada eram passadas na cozinha, com luz entrando de todas as janelas, mesmo em dias chuvosos.

Era essa a magia da cozinha da casa da minha avó.

A mesa recebia a melhor comida do mundo, toda feita do zero, e só o cheiro já trazia todo mundo do quintal, não importava o que estivessem fazendo. A cada lugar da mesa, havia uma Coca-Cola gelada, do tipo feito com açúcar de verdade, copos altos borbulhantes com a condensação brilhando por fora como joias. Eu comia na parte de baixo com tranquilidade, levantando-me periodicamente para alguns pedaços de tortilha de trigo e arroz para me sustentar até o jantar.

O espaço sob a mesa se transformava com tanta frequência que me surpreendia que eu fosse a única a perceber. Em alguns dias era um recife de corais, com sereias e peixes neon. Eu nadava com eles, às vezes rapidamente, fugindo de tubarões, e às vezes apenas flutuando com águas-vivas graciosas e gentis.

Outras vezes era o portão do castelo e estava protegido por um lindo cavalo branco com uma crina que chegava quase ao chão. Eu era cortejada pelo saleiro, o pimenteiro e os apoios de panela até alguém precisar deles para comer.

Às vezes, geralmente no final do dia, tornava-se uma caverna. Os passantes em muitos momentos eram pegos de surpresa quando morcegos voavam da caverna de repente, guinchando e rodopiando pela cozinha quando o sol começava a se por lá fora e a hora de dormir era anunciada.

Não me lembro do dia em que parei de passar a maior parte do tempo sob a mesa e comecei a me sentar nas cadeiras. Mas eu me lembro da sensação daqueles pés fortes de águia nos meus dedos do pé, minha mente devaneando de novo para oceanos, castelos e cavernas.

Então, num piscar de olhos, a cozinha não existia mais, a mesa tinha sido tirada e, com muita ansiedade e ajuda de várias costas fortes, ela viera para a minha casa.

Mas algo estranho aconteceu no transporte. A mesa de carvalho estava muito menor. Eu olhei para ela, no canto da cozinha, sem muita certeza de que era a mesma mesa. Eu me perguntei se carvalho poderia encolher depois de 35 anos. Supus que, quando mesas viajavam de fazendas de algodão em El Paso para Hill Country, acontecia um efeito miniaturizante.

No primeiro dia em que ela estava em casa, passei minha mão pela madeira dourada, intrigada. Todo mundo que eu conhecia e amava no mundo não poderia nem começar a se sentar ao redor dela. Mal parecia grande o bastante para servir uma refeição.

Então, depois de algumas semanas, percebi algo com o canto do olho. Era minha filha, engatinhando ao redor da base, organizando bichinhos de pelúcia e alguns livros em volta dos pés de águia. No dia seguinte, havia uma placa ao lado da mesa, indicando quando estaria "aberta".

Bem ali, a mesa cresceu.

Hoje em dia tudo que tenho que fazer é dar uma olhada e vejo sereias prateadas saltando sob os pés das águias, um cavalo branco orgulhoso galopando esferas acima e os morcegos pendurados no tampo, piscando, esperando o cair da noite.

Há novidades também: leopardos-das-neves caçando com tranquilidade nas montanhas do Nepal, divas fashion desfilando nas passarelas de Paris e alguns desenhos artisticamente expostos no Louvre.

Tudo começa com uma mesa. E a partir dela continua — para sempre — transformando a cozinha em um lar mágico que viverá para sempre na cabeça de uma criança.

Winter Prosapio

59 – Filha de Lilian

O passado nunca morre e sequer passou.
William Faulkner

Alguns meses depois da morte da minha mãe, eu estava no setor de peixes do supermercado do bairro dela, o lugar onde ela sempre comprava pequenas quantidade de peixe para si com grande concentração e intensidade. O atendente se tornara algo como um amigo.

— E como está a sua mãe? Eu não a vejo faz um tempo — perguntou ele, entregando meu salmão e minha tilápia.

E fiquei lá, com a mão estendida para pegar meu pacote, sem palavras. Apesar de me estar me sentindo muito calma e composta naquela tarde, desabei em lágrimas.

— Ela faleceu em dezembro — disse e fugi.

Era outra daquelas armadilhas pós-perda que pareciam vir em uma corrente constante e agressiva para aqueles que são novos no luto. Eu poderia — deveria — ter expandido a minha resposta. Explicado de maneira mais gentil. Mas a explicação era, de alguma forma, assustadora demais em uma terça-feira qualquer em que eu tinha baixado a guarda.

Eu havia tido muitos momentos como esse. E assim é, garanto, com todo mundo que perdeu um ente querido.

Para mim, os piores momentos vinham quando a noite caía, o momento em que eu estaria invariavelmente no telefone da cozinha, ligando para mamãe no telefone da cozinha dela. Nossas conversas eram bem insignificantes, nada cósmicas. Eram sobre o que cada uma estava fazendo para o jantar, sobre o clima, sobre as crianças, os netos e, no caso dela, os bisnetos.

Ninguém poderia ter me preparado para a dor excruciante que senti naqueles primeiros dias em que eu ia pegava o telefone... lembrava... e parava.

Eu teria dado qualquer coisa para ouvir a voz da minha mãe, a risada dela, até os resmungos sobre uma coisa ou outra. Era a parte do "nunca mais" que era tão esmagadora.

Passei dias, semanas e provavelmente meses revisando meus pecados de omissão e descaso na minha relação com ela. Lamentei os momentos em que não a visitei, levei-a para fazer mercado, passei uma tarde de domingo fazendo companhia no apartamento dela quando o tempo ou as enfermidades dela impossibilitavam passeios de uma senhora de mais de noventa anos.

A parte mais contundente da perda é que não há volta. Não dá para voltar a fita. É o que é.

Então, quando o luto ainda está cru e recente, existe aquele sentimento vazio de culpa, especialmente no início da manhã ou no escuro da noite; e, quando falei com meu marido ou com minhas filhas, eles me garantiram que eu tinha sido uma boa filha, que fizera o suficiente. Como eu queria conseguir acreditar.

Mas a culpa é a dama de companhia da morte. Pergunte a qualquer um que tenha feito a inevitável litania de "eu deveria ter...".

Eu adorava a minha mãe. Mas, como a maioria das mães e filhas, tínhamos nossas diferenças e, ocasionalmente, nossas batalhas épicas — bem mais frequentes quando éramos mais jovens e voláteis. Éramos muito parecidas, o que tornava nossa conexão mais intensa — e mais frágil.

Os meses — e três anos agora — passaram. Eu não estou mais tão perdida e triste quanto no funeral ao lado da cova dela e, através do costume judaico do Shivá, recebendo amigos e família naquela primeira semana enquanto rememorávamos e sofríamos juntos.

Aquele início de luto me deixou aturdida, drenada e, sim, aliviada que a luta de mamãe acabara. As últimas semanas dela foram difíceis e, em sonhos sombrios, voltavam. Minhas filhas contaram que tinham esses sonhos também. As vigílias ao lado do leito dela permanecem em nosso âmago, talvez para sempre.

Uma das primeiras dificuldades foi o último fechamento do apartamento da mamãe em um edifício alto da Filadélfia, o apartamento que ainda tinha o cheiro doce dela nas paredes. Ir lá para a limpeza e organização finais foi além de doloroso. Meramente abrir a porta para aquele mundo, com a mobília familiar disposta, as fotos familiares na parede, os livros, a bagunça adorável, tornou-se uma paródia grotesca sem minha mãe pequena e loira para nos receber.

Ainda estremeço quando alguém com quem não tive contato nos últimos anos pergunta como minha mãe está.

Ainda soluço quando escuto determinadas músicas que me lembram dela, ou quando encontro um bilhete na letra familiar dela. Esses são os momentos de "te peguei".

Luto, como estou aprendendo, não é um processo linear. E às vezes não existem palavras para o que você sente.

Mas considero uma bênção que eu tenha absorvido essa perda e que a transição final tenha vindo quando percebi que ainda sou filha da Lilian, mesmo que ela não esteja mais aqui. Ainda sou parte dela, assim como ela é parte de mim — e sempre será.

A tristeza é um lugar selvagem e primitivo e não há cronogramas organizados para saber quando ela se amenizará.

É uma jornada longa e difícil, que cada um tem que trilhar sozinho.

Mas ela traz crescimento, sabedoria, aprendizado, cura e, sim, aquela fase que os especialistas chamam de "aceitação".

Sim, eu ainda sou filha da Lilian.

E sou imensamente orgulhosa disso.

Sally Schwartz Friedman

Obrigada por ser meu exemplo

Ser um exemplo é a responsabilidade mais básica dos pais. Eles estão entregando roteiros de vida para seus filhos, roteiros que muito provavelmente serão encenados para o restante da vida dessas crianças.

Stephen R. Covey

60 – A moça no espelho

Conforme você envelhece, sua mãe aparece cada vez mais em seu rosto.
Se negar isso, estará negando sua herança.
Frances Conroy

Acordo de manhã e salto da cama
Tarefas domésticas me vêm num panorama
De pijama e pantufa, para a cozinha me adianto
Café a servir, um bocejo quebranto

Tateio no escuro, esbarro nos pratos
Que visão devo ser, cedo demais para papo
Procuro minha bolsa, onde a enfiei?
O celular tocava, mas eu demorei.

Na segunda xícara, começo a enxergar
As estantes, a TV, o pó do jantar.
Me enfio na calça e a luz acendo
O zíper travou ou o jeans está pequeno?

Pente numa mão, na outra maquiagem
Olho no espelho — ai, meu Deus, é minha mãe!
Ela se esgueirou no meu quarto de fininho enquanto eu dormia
Cabelos salpicados de cinza, início de pé de galinha.

Ao sorrir, ela sorri de volta; pisquei e ela também piscou!
Continua quando mexo as mãos, escondo o rosto e… achou!

Me pergunto o que houve; tento me concentrar
Fizeram uma pegadinha, tentaram me enganar.

Não importa o que eu faça para recuperar a meada,
Ela segue no espelho, com mútua mirada.
Quanto mais a encaro, começo a lembrar
Mamãe era linda, vou me orgulhar.

Devo prender o cabelo? É preciso decidir.
Mamãe e Veronica Lake usavam assim.
Passo batom, um pouco de blush e sombra
E, como minha mãe, tenho pressa de sobra.

Já vestida e pronta para saudar o dia,
Antes de sair, cumprimento a família.
Mas a cada manhã corro para o banheiro
E vejo a réplica da minha mãe me olhando no espelho!

Terri Lacher

61 – Dia dos Pais

Um pai pode dar as costas para seus filhos, irmãos e irmãos podem virar
inimigos inveterados, maridos podem abandonar suas esposas, e esposas,
seus maridos. Mas o amor de mãe suporta tudo.
Washington Irving

Havia voltas, e curvas, e longas espirais enroscadas; anéis e letras e gravatas-borboleta. A pilha de macarrão cru fez um som seco fraco quando mexi nela em busca das melhores peças para o meu projeto de artes. Apliquei cola cuidadosamente em cada pedaço e os colei em uma lata vazia de suco de laranja congelado que trouxera de casa. Tentei garantir que cada centímetro da lata estivesse coberto; ziti e macarrão cotovelo ficaram salientes em ângulos irregulares. Quando nossas obras de arte estivessem prontas, virariam porta-lápis e serviriam de presente para o Dia dos Pais. Nossa professora, sra. Z, nos instruiu a deixar as latas sobre folhas de jornal estendidas no fundo da sala. Os projetos receberiam tinta spray dourada depois da aula e ficariam secando durante a noite.

Guardamos nossos tubos de cola e nos sentamos nas carteiras para fazer os cartões de Dia dos Pais. Peguei um giz de cera e encarei a folha de papel diante de mim. Dos meus dois lados, meus colegas estavam desenhando os pais: bonecos-palito com cabelo bagunçado e gravatas; rostos sorridentes com e sem barbas; homens com luvas de beisebol ou bolas de futebol americano. Escolhi, entretanto, desenhar uma cena primaveril. Rostos sorridentes, arco-íris, borboletas e um sol intenso dançavam em meu cartão. Eu o dobrei no meio e escrevi minha mensagem na parte de dentro.

"Para mamãe… Com amor, Denise"

Não havia nada mais que eu pudesse escrever. Nunca conheci o meu pai. Não sabia o nome nem conhecia a aparência dele. Ele tinha, de forma ativa e consciente, escolhido ser ausente da minha vida, embora eu não fosse saber dos detalhes por mais alguns anos. Quando eu estava no primeiro ano, só sabia que ele não existia para mim. Eu estava verdadeiramente bem com isso, porque não tinha como sentir falta de alguém que não conhecia. Eu valorizava quem estava presente. Eu tinha uma mãe, tias e primos bebês; tinha um tio, uma avó e uma pastora alemã doce chamada Cindy que gostava de brincar com a bolinha. Alguns dos meus colegas moravam com os avós; outros tinham famílias estendidas imensas. Outros colegas tinham irmãos ou eram filhos únicos, como eu. Um dos pais de uma amiga da aula de dança estava no exército e não ficava muito em casa. Eu sabia que existia todo tipo de família e que a minha era só uma das possíveis permutações.

Para mim, dedicar meu cartão de Dia dos Pais a minha mãe era um raciocínio simples: era para ser um presente para um dos meus cuidadores, e minha mãe era um deles. A sra. Z não entendeu, infelizmente. Ela ficou desconfortável e questionou minha escolha. Era a primeira vez que eu encontrava uma professora que não entendia que eu estava falando sério quando dizia que não tinha pai, mas não seria a última. Conforme avancei nos anos escolares, eu conheceria outros professores que ficavam perplexos com o fato de a minha configuração familiar não corresponder às expectativas deles.

Eles pediam meu cartão de emergências médicas — que incluía contato de familiares — e ele não estava completamente preenchido; perguntavam por que meu cartão de Dia dos Pais estava dedicado a minha mãe e por que eu não falava nada sobre meu pai. Alguns pais de amigos meus faziam cara de desprezo para minha mãe, pelas costas dela. De vez em quando, eu ficava triste que as pessoas sentissem a necessidade de me julgar, mas na maior parte do tempo eu ficava bem. Sabia que se alguém tivesse um problema com a minha família, o problema era da pessoa, não meu.

Naquele momento, porém, no primeiro ano, minha preocupação era meu trabalho de artes. Parte de mim temia que a sra. Z o jogasse fora. E se ela decidisse que se eu não pudesse fazer um presente de Dia dos Pais, eu não poderia fazer mais nada? Eu não precisava ter me preocupado. Quando voltei à escola na manhã seguinte, meu trabalho ainda estava sobre a folha de jornal, bem onde eu o havia deixado. Fora pintado de dourado como todas as outras latas. Estava grudento e pegajoso, e ainda cheirava a tinta.

Dei os presentes para minha mãe assim que cheguei em casa. Mamãe adorou o cartão e o porta-lápis, deixando-o no trabalho dela. Sempre que a visitava no escritório durante aquele verão, eu sorria ao ver o porta-lápis brilhando sobre a mesa escura.

Denise Reich

62 – O perdão da meia-noite

Uma mãe perdoa todos os nossos defeitos, sem mencionar
um ou dois que sequer temos.
Robert Brault, www.robertbrault.com

Mamãe e eu ficamos no corredor, nariz com nariz. As mãos delas estavam no quadril e os pés saíam do longo penhoar. Até os dedos dos pés pareciam encolhidos e raivosos.

— Acho melhor você ir para a cama agora — disse ela. — Vou falar com seu pai quando ele chegar em casa. Ele vai te dar um castigo proporcional às suas ações.

Dei meia-volta e bati os pés até o quarto. Então fechei as cortinas com força, desliguei a luz e me joguei na cama. Dez e quinze. Os números digitais verdes declaravam que meu pai logo chegaria do segundo turno. Papai era um homem gentil, mas eu sabia que estava encrencada. Pior ainda: eu merecia.

Eu tinha tido um dia horrível na escola. Minha melhor amiga, Mary Ellen, decidira unir forças à descolada Regina. Então não tinha mais espaço para mim na mesa do refeitório. Comi meu sanduíche de atum sozinha, na biblioteca, fingindo estar imersa num livro. Em seguida, dançamos quadrilha na aula de educação física. Eu estava nervosa por ter que dar as mãos para um menino. O menino em questão foi rude e se recusou a pegar minha mão gelada e pegajosa, além de me chamar de Truta pelo resto dia.

Claro, isso não tinha nada a ver com a minha mãe, exceto que eu fora terrível com ela a tarde toda. Anos depois, aprendi a terminologia — raiva deslocada —, mas, naquele dia, eu apenas estava magoada e brava, e mamãe fora o alvo em quem descontei.

Eu assisti aos números mudando até 22h30.

— Melhor ir dormir mesmo — murmurei.

Puxei o edredom e me esgueirei entre os lençóis de flanela. Deitada ali, repassei os acontecimentos do dia.

Mamãe tinha feito biscoitos, e eles estavam recém-assados e empilhados em um prato quando cheguei da escola. Manteiga de amendoim. Polvilhados com açúcar e marcados com os dentes de um garfo.

— Você não podia ter feito de gotas de chocolate?

Mamãe ergueu o rosto da mesa na qual ajudava minha irmã com o dever de casa.

— Poderia — respondeu. — Mas fiz de manteiga de amendoim. Por que você não pega um copo de leite? — E sorriu.

À noite, quando ela tirou o frango do forno, eu reclamei de novo. Não importava que papai estivesse trabalhando e ainda assim mamãe estivesse colocando uma refeição excelente na mesa. Eu queria hambúrguer.

— Ninguém gosta desse tipo de frango, mãe. Por que você não fez hambúrguer?

Ela respirou fundo e passou os dedos pelo longo cabelo loiro.

— Fiz frango e nunca ouvi ninguém reclamando dele antes.

E a partir daí foi ladeira abaixo. Eu resmunguei e reclamei até mamãe chegar no limite, perder o controle e termos uma competição de gritos no corredor.

Quando ouvi a garagem abrindo, eu me sentia bem mal com tudo aquilo.

Deitada na cama, ouvi com atenção. O rangido da porta. As botas do papai rangendo nos azulejos. Vozes abafadas na cozinha. Então, silêncio.

Eu me perguntei quais seriam as consequências. Depois de pensar por um tempo no escuro, parei de me importar. Eu magoara minha mãe. Deu para ver nos olhos verdes dela.

Por que eu tinha descontado meus problemas na mamãe? Sabia que, se eu chegasse em casa e contasse o que acontecera, ela teria me escutado.

Teria oferecido encorajamento e compaixão. Então teria dito algo engraçado e acabaríamos rindo.

Mas não fiz aquilo.

Em pouco tempo, escutei os passos silencioso e sem botas passando pelo corredor. Então ouvi a porta do banheiro fechando. Então água corrente.

— Por que ele está tomando banho primeiro? — me perguntei.

Quanto mais eu esperava, mais apertado ficava meu coração. Considerei me levantar para pedir desculpas, mas mamãe não queria me ver. Decidi que era melhor esperar pelo meu pai.

Os sons da noite ficavam exagerados no escuro. Então ouvi algo estranho. Um som sibilante na cozinha. O bater de louças.

— O que será que está acontecendo? — me perguntei.

Os minutos eram longos, mas enfim abriu-se uma fresta na minha porta. Um facho de luz atravessou meu quarto e atingiu meus olhos. Passos macios ao lado da minha cama. O cabelo da mamãe passou de leve por meu rosto quando ela se curvou para sussurrar em meu ouvido:

— Que tal descer para a cozinha?

Tirei as cobertas e saí da cama, seguindo minha mãe pelo corredor. Passando pelo banheiro, notei que a porta estava aberta. Papai tinha ido se deitar. Eu estava quase na cozinha quando percebi o cheiro suculento de hambúrgueres.

Virei no corredor, intrigada, confusa e me perguntando se tinha dormido e estava sonhando. A mesa da cozinha estava posta para dois.

— Sente-se — convidou mamãe. Ela se curvou para pegar uma travessa de batatinhas do forno.

Eu me sentei.

Mamãe colocou as batatas quentes nos pratos e então despejou milk-shakes densos de baunilha em grandes taças que estavam na mesa. Então ela colocou os hambúrgueres da grelha em pães e os posicionou nos pratos. E em seguida se sentou.

— Ketchup? — ofereceu. Ela balançou o frasco na minha direção.

Ergui a mão para pegar, mas não consegui. Meus olhos se voltaram para o meu colo apijamado.

— Mãe, fui horrível com você hoje. Tive um dia ruim na escola e, quando vim para casa, descontei tudo em você. Você não merecia isso. E eu não mereço isto. — disse. — Me desculpa.

Levantei o olhar.

Mamãe pôs o frasco na mesa. Colocou o braço sobre a superfície.

— Você está numa fase difícil, Shawnie. No meio do caminho entre ser uma mulher e uma menina. Eu me lembro desses dias. — Ela sorriu, e lágrimas encheram seus olhos. — E eu te perdoo. — Ela estendeu os dedos em minha direção.

Eu ergui meu braço e peguei a mão dela, macia e reconfortante.

— Agora — disse ela —, que tal um ketchup nesse hambúrguer?

Sequei minhas lágrimas e assenti.

Mamãe e eu ficamos na cozinha e comemos hambúrgueres enquanto a noite envolvia nossa casa. Tomamos os milk-shakes, mastigamos as batatas, rimos e choramos.

E eu aprendi muito sobre perdão.

Agora se passaram 27 anos e eu sou mãe de cinco meninos. São bons rapazes, mas há muitas, muitas vezes em que recebem um castigo pesado. E de maneira justa.

Mas também há outras vezes. As vezes em que me lembro daquela noite. O silêncio da escuridão quebrado pela risada da mamãe. O calor da mão dela ao redor da minha. O chiado dos hambúrgueres e as batatas salgadas e crocantes.

A noite em que eu deveria ter recebido um castigo.

Mas, em vez disso, minha preciosa mãe pegou a grelha, tirou o pó do liquidificador e serviu uma porção generosa de perdão.

Shawnelle Eliasen

63 – Sem reclamações

Uma mulher é como um saco de chá. Você nunca sabe quanto ela é forte até colocá-la na água quente.
Eleanor Roosevelt

A degeneração macular não pareceu assustadora quando mamãe falou dela pela primeira vez. Ela explicou que as cirurgias para catarata do outono anterior tinha sido um sucesso. A visão dela, porém, só piorou com o tempo. O oftalmologista dela indicou uma especialista em retina para mais exames. Ela me contou o que aconteceu. Nada demais.

Dois meses depois, ela ligou para contar o resultado dos exames. Ela fora diagnosticada com uma degeneração relacionada à idade ou DMRI, como é conhecida nos círculos médicos. A mácula dela, a parte central da retina responsável pela visão detalhada, estava se deteriorando.

— Lembra que expliquei os dois tipos de degeneração macular, a seca e a úmida? — perguntou ela. Eu lembrava; tinha pesquisado na internet.

A versão "seca" da DMRI avança devagar. Pessoas com DMRI seca podem manter uma boa visão sem outros sintomas ou com a visão central embaçando gradualmente. O tipo "úmido" de degeneração macular avança rápido. Vasos sanguíneos anormais começam a vazar e sangrar, geralmente causando distorções e perda rápida de visão.

— Eu tenho o tipo seco — disse mamãe —, então há notícias boas e ruins. E a notícia ruim é: os médicos não têm um tratamento viável para o tipo seco. Não tem nada que eu possa fazer. Mas a boa notícia é que ficarei cega menos rapidamente.

Cega? Eu não conseguia imaginar minha mãe cega.

Vi em minha mente imagens velozes do passado: mamãe devorando um livro novo com uma caneca de café nas mãos; lendo a Bíblia na luz da manhã; conferindo a receita em uma ficha ao lado de uma batedeira; com meu pai no sofá, assistindo a uma partida de futebol; lendo uma história para os netos. Eu me perguntei quais imagens o futuro nos reservava.

— Eu sinto muito, mãe. Sinto muito que esteja passando por isso.

Eu não sabia mais o que dizer.

— Ah, querida, você não precisa ter pena de mim — respondeu minha mãe. — Deus me abençoou tanto. Vi um mundo de belezas com estes olhos. Vi paisagens que nunca imaginei que conseguiria. Se eu ficar cega, não terei do que reclamar.

Ela talvez tenha falado mais, mas não escutei nada pelos minutos seguintes. Fiquei repetindo as últimas cinco palavras: não terei do que reclamar.

Mamãe me contou depois que ela escolheu a própria reação antecipadamente — antes de receber o diagnóstico. Ela sabia que a escolha seria mais difícil se ela esperasse para ver como a doença afetaria a vida dela. E queria focar nas bênçãos, não nas perdas.

Quando a degeneração macular da mamãe mudou de seca para úmida, há alguns anos, ela não reclamou. Quando o médico recomendou injeções oculares mensais, ela encarou de cabeça erguida. Ela recebeu 28 injeções no olho direito até agora. Não são divertidas, mas não diminuíram o ritmo dela.

Não consigo imaginar alguém recebendo uma agulha no olho, mas minha mãe lida com o processo com humor e graciosidade. A atitude dela não é surpreendente, acho. Por que você reclamaria de uma agulha no olho se estivesse bem com a ideia de ficar cega?

Donna F. Savage

64 – Queimada

Nem todo dia é bom, mas há algo de bom em cada dia.
Autor desconhecido

Eu tinha acabado de assistir ao vigésimo aniversário do *The Oprah Winfrey Show*. Convidados de outras edições fizeram participações e escolheram os próprios convidados favoritos, que os inspiraram em alguns casos e, em outros, mudaram sua vida.

Nunca vou esquecer a mulher que enfrentara um câncer. Ela disse que costumava sentir pena de si mesma até que viu o programa com uma linda jovem que tinha sido atropelada por um motorista bêbado. A menina pegou fogo. O rosto dela literalmente derreteu. Eu realmente me identifiquei com a história.

Minha mãe teve 70% do corpo queimado em um incêndio doméstico dois anos antes. Eu nunca esquecerei o telefonema que recebi naquela manhã fria de janeiro.

— É a sra. Dixon que fala? — A voz do outro lado da linha parecia distante. — Aqui é do Departamento de Polícia de Vineland.

Eu morava na Carolina do Sul. Minha mãe e meu irmão moravam em Vineland, Nova Jersey. Eu sabia que seria algo trágico.

— Sua mãe é Naomi Cook? Sinto muito informá-la que sua mãe está num helicóptero, a caminho da Filadélfia... Houve um incêndio na casa. O estado dela é crítico.

Dirigir até Nova Jersey foi a viagem mais longa da minha vida. Senti que no caminho cada memória da minha infância voltou. Biscoitos quentinhos e muito amor é a única maneira que eu poderia descrever minha infância. Eu me lembrei de como minha mãe me levava a pé para a escola quando eu era bem pequena. Uma vez, tinha um menino que estava me perturbando. Quando ela viu que ele estava me xingando, foi direto na mãe dele e falou sem ambiguidades que era melhor ele parar. Ela era assim. Não tolerava abusos de ninguém. Era durona e me ensinou a ser também. Ainda assim, tinha um coração de ouro em se tratando das pessoas que amava.

Nos meses seguintes, minha mãe lutou para sair do limiar da morte. Ela ficou em um coma induzido por causa da dor das queimaduras. Durante esse período, ela sobreviveu a dois episódios de pneumonia, às infecções constantes que assombram sobreviventes de queimaduras, a inúmeras cirurgias e enxertos na pele. Era incrível que a equipe médica conseguisse mantê-la viva, e o fato de ela não sucumbir a esses ferimentos terríveis não era pouco.

Quatro meses depois do incêndio, os médicos sentiram que era hora de tirá-la do coma. Para ajudá-la no despertar, sugeriram que tocássemos suas músicas favoritas e conversássemos com ela. As crianças da escola dominical em que ela dava aula mandaram desenhos. Pendurei-os em todos os armários do quarto e expliquei cada um para ela em detalhes. Depois de uma noite particularmente longa ao lado dela e duas semanas esperando, comecei a perder a esperança. Será que ela conseguiria sair daquela situação? Teria tudo sido em vão?

Na manhã seguinte, no corredor do hospital, uma das enfermeiras do turno da noite saltou quando passei por ela.

— Bom dia! — Ela estava estranhamente animada.

Um dos enfermeiros que cuidava apenas da minha mãe veio até mim. Ele passou o braço pelo meu.

— Você teve uma noite boa? — Ele também estava de bom humor. Abriu a cortina que protegia o quarto da minha mãe. — Ela teve.

Meus olhos se encheram de lágrimas. Minha mãe estava sendo colocada em uma cadeira de rodas por dois fisioterapeutas. Durante a noite, ela tinha acordado. Quando ergueu a cabeça e me viu, o rosto dela se iluminou e ela sorriu. Todo mundo presente na ala começou a bater palmas.

— Mamãe! Ah, mamãe! — As lágrimas escorriam pelo meu rosto.

A jornada de recuperação seria muito, muito longa. Mas minha mãe de fato se recuperou. Dizer que exigiu muito esforço da parte dela seria um imenso eufemismo. Ela teve que reaprender a andar, falar, comer, se vestir... todas as coisas que nos parecem normais. Sem mencionar conviver com as marcas das queimaduras. Ela fez isso tudo.

Não vou mentir e dizer que não houve momentos em que teria sido mais fácil se o incêndio a tivesse tirado de nós. Foi cruelmente doloroso lidar com as sequelas físicas, bem como com as emocionais. As pessoas a encaravam. Teve uma vez que a levei ao mercado e um homem insensível na rua perguntou:

— O que aconteceu com ela?

Rapidamente a levei para dentro. Só queria que ela pudesse ter alguma normalidade. Não queria que ninguém reparasse que havia algo diferente nela. Queria que as pessoas a vissem por dentro, soubessem quanto aquela mulher era amada.

Quando ela estava descansando em um banco perto do caixa, uma menininha, talvez de uns cinco anos, foi até ela. Ela tinha um Band-Aid no dedo.

— O que aconteceu com você? — perguntou ela com inocência.

Entrei em pânico. Não conseguia chegar até ela da fila do caixa. Mamãe teria que lidar sozinha com essa.

— Ah, eu estive em um incêndio. Mas estou bem melhor agora. — Minha mãe sorriu para a menina.

Erguendo o dedo com o curativo, a menininha disse:

— Você precisa de um Band-Aid? Minha mamãe tem mais. — A sinceridade era comovente.

— Acho que meu dodói é grande demais para um Band-Aid, querida — brincou minha mãe. Ela então olhou para mim e sorriu.

Por um momento breve, estava com aquele brilho no olhar do qual eu sentira tanta falta desde que aquele pesadelo começara. Ela era mamãe de novo. Era apenas um lampejo do passado, mas todo o amor e as memórias inundaram aquele momento, que ficou comigo e me sustentou mesmo depois de tantos anos.

Aquele incêndio nunca conseguiu tirar a força de vontade e o espírito determinado da minha mãe. Apesar das circunstâncias drásticas, minha mãe tocava o coração de todos com quem tinha contato. Sendo novos ou velhos, saudáveis ou doentes, ela contava a história de como Deus poupara a vida dela em um incêndio.

Tentei, não importava quais fossem as dificuldades, manter a postura otimista da minha mãe sobre o incêndio durante todos esses anos. Não importa o que a vida me trouxer, tento me lembrar de ver o copo meio cheio. Devo isso a minha mãe, que nunca desistiu.

Lisa Wright-Dixon

65 – Esperança no futuro

... também nos gloriamos nas tribulações; sabendo que a tribulação produz
a paciência; e a paciência, a experiência; e a experiência, a esperança.
E a esperança não traz confusão.
Romanos 5:3-5

Quando eu nasci, me deram o nome de Hope, esperança em inglês. Não pergunte quem deu — eu não sei. Podem ter sido os estudantes de faculdade que tomaram um susto numa noite e sabiam que não podiam ficar comigo. Ou talvez uma secretária do Departamento de Assistência Social tenha tido que preencher os formulários e supusera que eu precisaria de toda a energia positiva possível. Talvez tenha sido alguém em um lar temporário. Obviamente minha vida não começou de forma normal.

E o jeito como prosseguiu também não foi ortodoxo. Minha mãe adotiva, Patricia — Pattie — tinha dado à luz a três meninos adoráveis, todos saudáveis e cheios de personalidade. De pele clara, olhos azuis e cabelos de um loiro claríssimo até um castanho e idades que iam de dois a dez anos. Sam, o mais velho, recebera o nome por conta da longa linhagem de Sams da família, sendo o quinto da linhagem. Andy tinha dezesseis meses a menos que Sam e a pele mais pálida, além de ser mais esguio. Ele tinha um olhar artístico e adorava performances. O mais novo, Greg, ainda estava engatinhando com seus dois anos, encantando pessoas com sua personalidade "gregantadora" e sua natureza espontânea.

Apaixonada e feliz com esses três meninos, minha mãe sempre quis uma menina. Sério, o que é a experiência de ter um bebê sem os babados e laços? Ou sem pentear um cabelo macio e brilhoso em rabos-de-cavalo e adorná-lo com fita? Para minha mãe, a família não estaria completa sem um pouco de tempero.

Por muitas razões, e de maneira bem interessante, mamãe estava atraída pela ideia de adotar um bebê negro. Ela sabia que havia muitas crianças nesse perfil precisando de um lar e gostava da ideia de poder compartilhar sua casa e dar uma segunda chance a alguém. Também sabia que, se quisesse uma criança de pele clara, ela e papai eram capazes de dar conta do recado sem precisar adotar. E, em terceiro lugar, ela recentemente assistira a um curso sobre história negra na universidade local de mulheres e ficara fascinada com as dificuldades, turbulências e forças da cultura afro-americana.

Naquela época, o final da década de 1960, havia uma abundância de bebês negros para adoção. Ainda era um período em que pessoas de raças diferentes não eram encorajadas a ficarem juntas, em que essas relações podiam até ser consideradas um tabu. Quando um bebê surgia de um desses relacionamentos, às vezes, em algumas circunstâncias, a única opção era colocar o bebê para adoção. Havia tantos casos assim que o Departamento de Assistência Social anunciava crianças específicas no jornal, falando que precisavam de famílias carinhosas e de um lar estável.

E foi assim que minha mãe se apaixonou.

Ela viu um artigo no *Rocky Mountain News* sobre uma menininha, Rene, que estava disponível para adoção. A manchete era "Sozinha no mundo". Começava assim: "Rene tem apenas seis semanas de vida, mas já tem uma personalidade vencedora. Ela ama colo e demonstra curiosidade pelos ambientes. Por ser descendente de negros e caucasianos, é difícil encontrar um lar para esta bebê. Ela é uma das cerca de cinquenta crianças com necessidades especiais que não têm perspectiva de adoção segundo os funcionários do Departamento de Assistência Social de Denver". Havia um endereço e um contato ao final do artigo. Minha mãe recortou o jornal e tomou uma decisão. Ela iria adotar uma menininha negra. (A raça nunca foi um problema para mamãe. Anos depois, quando meus irmãos eram adolescentes, ela os colocou em um ônibus para fazerem o ensino médio em um bairro predominantemente negro.)

Então minha mãe e meu pai começaram a preencher os formulários, passaram por entrevistas em família com a assistência social e fizeram a solicitação descrevendo o tipo de bebê que queriam. A única exigência de mamãe era que ela queria um bebê entre dois e seis meses de idade. Meu pai, obstetra, pediu uma mãe saudável.

A inscrição e as entrevistas ajudavam os assistentes sociais a aprovar os candidatos e combinar crianças e famílias. Mas era um processo e, quando o clã Downing foi aprovado para uma nova criança, a pequena Rene já tinha sido adotada.

Depois de começar o processo no calor do sol de julho, seis meses depois, na calada do inverno, meus pais receberam o telefonema. Havia uma bebê de cinco meses e meio esperando para ser levada para casa e amada. Minha família fez as malas com cobertores e roupinhas, e os cinco se aglomeraram no carro, sabendo que sua vida estava prestes a mudar.

Não foi uma troca cerimoniosa, e sim algo mais próximo de: "Eis aqui a menininha que vocês encomendaram". O custo de toda a adoção fora cerca de doze dólares. Era algo que meu irmão Greg usava para tirar sarro de mim quando éramos crianças. Um dos insultos favoritos dele era dizer que eu não valia nem uma nota de vinte dólares.

Minha mãe se apaixonou instantaneamente. Depois de deixar meu pai no hospital, para trabalhar, ela levou meus irmãos e eu primeiro no cabelereiro e depois na igreja para me exibir. Minha pele tinha um tom oliva e os olhos eram cor de chocolate; um tufinho de cabelos pretos enrolados saía do topo da minha cabeça. Eu não me parecia com ninguém da família, mas, se você quiser forçar a barra, meu pai também tinha cabelo preto e olhos castanhos.

Seria possível dizer que eu era o presente de aniversário da minha mãe. Eu cheguei seis dias depois de ela completar 32 anos. Embora eu já tivesse um nome, Hope, que era adequado às circunstâncias, minha mãe quis que eu tivesse um nome que combinasse com a minha nova vida. Embora eu nunca tenha sido fisicamente parte de si, ela quis que eu fosse uma parte perene de quem era.

Ela é Patricia Carolyn. E, desde o dia em que ela me buscou com a assistência social, passei a ser a segunda metade dela. Meu nome é Tricia Lynn.

Tricia Downing

66 – O medalhão

Uma casa precisa de uma avó.
Louisa May Alcott

Eu sempre fui próxima da vovó. Ainda assim, no verão em que ela veio morar com a gente, pareceu que minha vida tinha virado de ponta-cabeça. Eu tinha dezesseis anos e de repente todas as regras da casa tinham mudado e, com elas, minha relação com minha amada avó.

Nos anos anteriores, a vovó sempre fora do tipo que põe a mão na massa. Uma visita à casa dela sempre significava uma fornada fresca de biscoitos e um ouvido disponível. Desde que minha mãe começou a trabalhar, foi a vovó quem me apresentou a muitos dos meus prazeres de infância. Cultivamos bocas-de-dragão e girassóis. Ela me ensinou a fazer uma bolsa com contas, caramelizar maçãs, fazer ponto-cruz em almofadas. Então teve um ataque cardíaco e a mulher robusta da minha infância de repente estava frágil e velha. Quando meu pai a trouxe para casa com os pertences dela, ela parecia uma flor pálida e murcha.

Já tinha sido um verão difícil. Meu namorado, Jared, havia acabado de terminar comigo depois de seis meses de relacionamento. Gostaria de dizer que fora uma decisão conjunta, mas eu me sentia chutada. Jared fora o primeiro rapaz que realmente amei e, embora eu fosse jovem, sentia com ele uma conexão profunda que, depois de partida, me deixava sentindo menos que inteira. Não era como se eu não tivesse outras oportunidades. Vários meninos haviam me chamado para sair e aceitei algumas vezes o convite de amigas para encontros duplos. Mas meu coração não estava ali e não é surpresa que raramente me chamassem para sair de novo. Como eu estava passando mais tempo em casa naquela época, a intrusão da vovó na minha vida parecera particularmente difícil.

Resmunguei internamente quando minha mãe batera na porta do meu quarto, me chamando para jantar.

— Não posso comer mais tarde? — perguntei.

— Donna. Sua avó está aqui. Nós vamos comer em família.

Comer como família. Desde quando era uma grande prioridade? Eu não conseguia nem culpar minha avó, porque era minha mãe que de repente parecia ter começado a ter todo tipo de ideia. Desligue a TV, a vovó está cochilando. Não chame os amigos essa tarde, a vovó está cansada. A lista crescia sem parar.

Em uma situação normal, eu não me incomodaria tanto, talvez até apreciasse a oportunidade de passar tempo com a vovó. Mas isso era antes de Jared. Agora eu só queria rastejar para meu quarto, ouvir música e não ser perturbada.

Eu estava no andar de baixo passando manteiga numa torrada, com o iPod no máximo, e não escutei vovó entrando na cozinha. Percebi que ela estava feliz em me ver, o que me fez sentir culpada na hora.

— Oi, vovó. Você está bonita hoje. — E estava mesmo. A camisa clara com flores roxas caía bem com o tom de pele dela e hoje ela me lembrava de como era antigamente. — O que posso pegar pro seu café da manhã?

— Ainda tem pão de centeio? Aceito uma fatia para acompanhar minha xícara matinal de café.

Eu levei para vovó a torrada com sua geleia favorita, sabendo que ia querê-la. Sentei-me com ela à mesa e me ocorreu que era a primeira vez desde que chegara que eu me sentava com ela sem a insistência da minha mãe. Suspirei.

— Desculpe por estar um pouco distante ultimamente — comentei. Vovó mordeu a torrada.

— Você tem dezesseis anos. Eu também já tive dezesseis anos.

Foi tudo que ela disse, mas pude ver pela expressão que estava reflexiva. Há algumas pessoas que você não consegue imaginar tendo dezesseis anos, mas não minha avó. Não consigo explicar o motivo, mas de alguma maneira eu conseguia vê-la com dezesseis anos, a pele macia e os mesmos olhos azuis intensos. Em um encontro, talvez. Talvez com um rapaz como Jared.

— Quero te mostrar uma coisa.

Vovó voltou e me mostrou uma caixinha de música delicadamente entalhada em pau-rosa. Era primorosa. Quando ela abriu a pesada tampa, pude ver um eixo grande, os componentes da caixa de música, através de um vidro incolor. O eixo girou e a música "Somewhere My Love" do filme *Dr. Zhivago* preencheu o cômodo.

— É linda, vovó. O que a outra caixa tem?

Era uma caixa em formato de coração em veludo azul e minha vó abriu e revelou um medalhão pequeno com inscrições.

— Vá em frente — disse ela. — Pode abrir.

— É o vovô! Vocês eram tão jovens.

— Sim. Muito jovens. Seu avô me deu esse medalhão no dia em que nos casamos.

— É lindo, mas amei a caixa de música. Quando foi que vovô a deu para você?

— Não deu — respondeu ela. — Foi presente do meu noivo. Meu primeiro noivo, antes do seu avô. Estávamos prestes a nos casar quando ele morreu em um acidente de treinamento numa base militar. — O rosto dela ficou melancólico. — Sequer estávamos em guerra. Eu não estava preparada para a tragédia. Nem para o luto.

— Sinto muito. Eu não sabia — sussurrei.

— Claro que não sabia, querida. Conheci seu avô na igreja e ele estava sempre tentando me animar com uma piadinha ou palavras gentis. Eu estava em luto e tinha medo de não ser muito legal com ele.

— Mas ele não desistiu.

Vovó sorriu.

— Não. Ele não desistiu. Demorou um pouco, mas em algum momento eu comecei a sair da tristeza. Havia tanto para se amar no mundo.

E comecei a amar seu avô muito mais do que cheguei a amar Stan. Veja, seu avô, Tom... nós compartilhamos a vida. Tivemos filhos. Envelhecemos juntos. Moldamos um ao outro.

Meus olhos se encheram de lágrimas. Jared não fora meu noivo, apenas um namorado. Por que eu não conseguia superar?

— Como você sabia? — perguntei.

— Estou vendo na sua cara.

— Você deve pensar que estou sendo bem boba pelo Jared. Não é como se ele estivesse morto ou algo assim.

Vovó dobrou a mão velha sobre a minha.

— Não acho que esteja sendo boba. Você o amava e não pode ficar com ele, e agora está magoada.

Subitamente me vi contando tudo para vovó. Como conheci Jared. Como me divertia com ele. E o término doloroso. Ainda estávamos conversando quando o telefone tocou. Era minha amiga Melanie me chamando para ir ao cinema com ela, Michael e Sean. Eu disse que iria.

Quando voltei para casa à noite, vovó já estava deitada. Quase não vi um objeto no meu travesseiro no escuro. Era a caixa azul de veludo, o medalhão que vovô dera para vovó no dia em que se casaram. Havia um bilhete também. Acendi a luz do abajur e li a letra elegante e apressada: "Para minha querida Donna, desejo uma vida cheia de amor". Vovó havia escolhido me dar o medalhão em vez da caixa de música que eu admirara tanto, o medalhão que fora um presente do homem que dera a ela uma segunda chance no amor. Era um presente que representava o futuro, não o passado. Eu mal podia esperar para falar do meu encontro para a vovó na manhã seguinte.

Donna Brothers

67 – Perdoando o imperdoável

*As pessoas apaixonadas se lembram das coisas que fazem umas às outras
e, se continuam juntas, não é porque esquecem, é porque perdoam.*
Autor desconhecido

O que é o perdão? Por que achamos tão difícil perdoar? Essas perguntas eram difíceis para mim até os acontecimentos que se iniciaram em uma terça-feira de manhã. Em qualquer outro dia, eu estaria acordando para ir à escola, mas naquele dia eu tinha uma consulta no dentista.

Geralmente quem me levava era minha mãe, mas naquele dia quem estava atrás do volante era o meu pai. Quando comecei a me perguntar o que estava acontecendo, ele passou a falar em uma voz trêmula.

— Sua mãe foi passar umas semanas na casa da sua tia — disse ele. Quando perguntei o porquê, ele começou a chorar e contou a mesma história do caso que tivera, a mesma que contara à minha mãe na noite anterior. Com apenas treze anos, fiquei chocada e assolada pela perspectiva de ter de escolher entre minha mãe e meu pai e de talvez nunca mais sermos uma família.

Falamos muito pouco nas duas semanas seguintes. Era como se o tempo tivesse parado. Tudo estava em câmera lenta. Nada parecia certo sem mamãe em casa. Os dramas da escola que tanto me afetavam antes não importavam mais. De repente eu havia percebido o que era importante.

Eu queria tanto odiar meu pai pelo que ele fizera com nossa família! Queria parar de falar com ele e machucá-lo da maneira como ele havia machucado a gente. Mas, quando olhava nos olhos dele, via que não precisava. Sabia que ele lidaria com a culpa pelo resto da vida e que não cabia a mim julgá-lo ou odiá-lo. Afinal, ele era meu pai.

Escolhi perdoá-lo, não por ser fácil, mas porque ele precisava de perdão e eu sabia que era o que eu precisava também. Queria que ele visse que mesmo em seus maiores erros e fracassos, eu ainda o amaria, assim como ele a mim. É isso que família significa. Não conseguia lidar com a visão de lágrimas ou mágoa nos olhos dele.

Quando minha mãe voltou para casa, fiquei muito feliz em vê-la, mas também fiquei com tanto medo como quando ela foi embora. Eu não sabia se ela viera para ficar ou para dizer que dessa vez iria para sempre.

Eu percebi que ela sentira saudades também, assim que ela passou pela porta e lágrimas escorreram pelo rosto. Vi amor e mágoa ao mesmo tempo. Eu nunca havia visto minha mãe assim e isso me assustou. A mulher forte que ela sempre fora parecia frágil e fragmentada. Apesar disso, ela falou que tentaria fazer dar certo. Fiquei aliviada, mas não era o final da história, como eu esperara — era apenas o começo.

Eu a vi chorar por meses. Vi a dor nos olhos dela todos os dias. Ela tinha que usar maquiagem à prova d'água porque as lágrimas se tornaram um acontecimento normal, cotidiano. Meu pai tentou e se esforçou para demonstrar amor, mas as lágrimas só começaram a parar aos poucos quando ela o perdoou completamente. Carregar o peso da traição dele foi difícil demais para ela, até que ela abriu mão. Levou anos para que eles reconstruíssem a relação, mas então ficou mais forte que nunca e eles haviam aprendido com a experiência. Meu pai trata minha mãe como uma princesa, até hoje, e ela merece. Ele se esforçou para merecer o amor e a confiança dela desde o dia em que ela voltou para casa.

Ver minha mãe passando por isso me ensinou muito sobre o perdão. Não posso imaginar a dor de ser traída pela pessoa que mais se ama e confia de todo o coração. Ter esse vínculo destruído mas ser forte o bastante para recomeçar e reconstruir exige que se seja uma pessoa especial. Minha mãe me ensinou quanto o perdão pode ser poderoso através das próprias ações. Não é fácil perdoar, mas ela demonstrou que é possível e que vale a pena.

Sheridan Kee

68 – Focando o que temos

Uma pessoa feliz não é uma pessoa em um conjunto específico de circunstâncias, mas uma pessoa com um conjunto específico de atitudes.
Hugh Downs

Ao entrar no pronto-socorro, vi-a deitada imóvel e vulnerável sob um lençol branco. O médico virou, se apresentou e disse:

— Achamos que sua mãe teve um derrame que afetou todo o lado direito.

Meu maior medo é que ela tivesse tido danos cerebrais e não soubesse quem eu era. Eu disse:

— Sou eu, Lisa. — E segurei a mão esquerda dela.

Ela apertou minha mão com força. Choramos quando o padre orou sobre o corpo parcialmente paralisado dela. Naquela noite, sentindo-me assustada e impotente, chorei por horas antes de adormecer.

No dia seguinte, mamãe começou a exercitar a mão esquerda, o braço esquerdo e a perna esquerda na cama da UTI. Ela abria e fechava a mão, erguia o braço e a perna, tudo com um sorriso no rosto. Antes do derrame, ela fazia uma aula de exercícios num centro local para terceira idade e sabia que era importante continuar em movimento. Apesar das limitações, ela tinha uma centelha de determinação que era contagiante.

O neurologista avisou a família que as probabilidades eram 30/30/30. Explicou que havia trinta por cento de chance que ela morresse, trinta por cento que ficasse na mesma e trinta por cento que mudasse. Lembro de pensar que era uma matemática estranha. Onde estavam os outros dez por cento? Decidi que eram para milagres. E era nisso que eu me concentraria.

Concentrei-me no que tínhamos em vez de no que não tínhamos. Ela conseguia engolir, estava consciente, entendia tudo o que estava acontecendo e conseguia escrever com a mão esquerda quando estava com dificuldades para falar. Com reabilitação, ela reaprendeu a se alimentar e falar novamente. Recuperou muito da capacidade de falar com apenas ligeiras dificuldades de encontrar a palavra ou pronúncia correta. Orei pela minha mãe, dei a ela cartões inspiradores e os lia para manter e apoiar a atitude positiva dela. E, o mais importante: estava grata por ainda termos uma a outra.

Um dia, fui visitá-la no centro de reabilitação e ela contou que tinha dor e enxaqueca todos os dias, mas que estava em paz. Eu falei:

— Como pode estar em paz? Você está em uma cadeira de rodas me dizendo que tem dor e enxaqueca e que precisa de um cateter.

Ela me encarou com confiança e respondeu:

— Rezo a Deus todos os dias, agradecendo a Ele por estar viva.

Fiquei com lágrimas nos olhos porque era lindo ver que ela conseguia manter uma postura tão positiva e cheia de gratidão, apesar de todas as perdas físicas.

Eu pensei que ela fosse regredir quando soubesse que a fisioterapia iria acabar, mas ela aceitou com elegância. E compreendeu que seu lado direito não estava recobrando a movimentação. Então se concentrou em se envolver nos eventos da casa de repouso. Ela circulava as datas no calendário e comparecia a todos. Estava curiosa para saber o que era Cumba e depois me contou que era uma versão de Zumba para fazer na cadeira. Usando um braço e a cabeça, ela se moveu rapidamente de um lado para o outro e para cima e para baixo, incluindo uma música imaginária e um sorriso.

Ela não permitia que as limitações físicas a atrapalhassem. Embora o corpo dela tivesse deficiências, a vontade dela não tinha. Um dia, antes de eu ir embora da casa de repouso, ela queria me mostrar como chegava à sala de jantar. Eu disse:

— Vou buscar alguém para você.

E ela respondeu:

— Eu posso ir sozinha.

Dei um passo para trás e abri espaço para ela, que usou a mão e o braço esquerdos para deslocar a roda da cadeira e o pé esquerdo para se impulsionar para frente. Ela chegou ao corredor e se deslocou apoiada no corrimão da parede. Era um movimento lento e constante. Alguns diriam que não era perfeito ou suave, mas ela estava conseguindo. Eu diria que foi um dos melhores momentos da minha vida. Assisti com orgulho ela chegar onde planejara ir.

Antes de dormir, ela contou que esfregava o braço e a mão direitos, crendo que poderia trazer a circulação de volta e que eles voltariam a se mexer. Quatro meses depois, o dedão dela de fato se mexeu. Da última vez que falou comigo, pedi que ela me mostrasse. Ela ergueu a mão e o dedão e vi o movimento.

— É um milagre — falei.

— Sim.

Depois de passar por tanta coisa, achei que minha mãe se sentiria raivosa, frustrada e presa. Ainda assim, ela não poderia ter estado mais livre. Estava grata, feliz por estar viva e sociável. Ela estava conectada com seu senso de maravilhamento infantil, e ainda assim era uma adulta que me dava conselhos maravilhosos.

Pensamento positivo, orações e amor não mudaram a experiência ou os resultados do derrame, mas com certeza mudaram a minha vida. Minha mãe me ensinou a viver no presente. A postura otimista dela me ajudou a seguir em frente, a ter fé e a manter minha conexão com ela, especialmente depois do falecimento. Todo mundo amava a minha mãe. Quem não a adoraria? Ela era a pessoa sentada numa cadeira de rodas numa casa de repouso com um grande sorriso no rosto. Não consigo me lembrar de nenhuma visita em que ela não estivesse sorrindo.

Lisa Hutchison

69 – As aventuras de ficar em casa

Não vá para onde a estrada te leva,
vá para onde não houver estrada e deixe sua trilha.
Ralph Waldo Emerson

Meu pai era a aventura em pessoa. Mamãe focava o corriqueiro. Ele me fazia cócegas todas as noites no chão da sala, enquanto ela terminava de arrumar a cozinha. Ele me levava para os turnos na fazenda para regar os campos de algodão em germinação, para pular nos caminhões com algodão recém-colhido ou para escorregar nos canais de irrigação e deslizar com a corrente. Ela garantia que eu arrumasse a cama.

Nunca faltava emoção com papai. Ele me ensinou a laçar e a colocar a sela em meu cavalo e a esquiar na neve quando eu era bem nova. Ele inventava jeitos de nos assustar até a alma em todo Halloween. E, em caminhadas noturnas, ele recitava sua ameaçadora história do Cavaleiro Sem Cabeça, enquanto seu amigo mal iluminado derrapava colina abaixo, supostamente sem cabeça.

Meu pai era exuberante para mim. Eu amava vê-lo em ação — ajudando no parto de um bezerro à beira da estrada, resgatando o vizinho sujo de sangue que bateu em uma porta de vidro ou capturando o coiote ferido para curá-lo no galinheiro vazio. Eu amava aventura e ele era o aventureiro.

Perto do final do meu terceiro ano da escola, a ação foi bruscamente interrompida. Uma discussão a portas fechadas entre meus pais terminou com o meu pai fazendo viagens até o próprio caminhão com todos os pertences dele. Eu carreguei cada dolorosa leva até o veículo com papai na noite em que ele foi embora. Não testemunhei minhas irmãs aglomeradas na sala, ao redor de mamãe chorando. Estava tão focada no que partiu que não pensei no que estava ficando. Mas, nos anos seguintes àquela noite, tive a oportunidade de descobrir quem era a verdadeira aventureira: quem ficou.

Uma mãe solo com quatro filhas pequenas e sem trabalho — isso, por si só, poderia ser terreno para um desastre. Quem diria que, em vez disso, a vida evoluiria para uma imensa aventura?

Começou aos poucos conforme nos reajustávamos — assistir a *O mágico de Oz* com óculos verdes, estacionando no acostamento para admirar a estrela especial do Natal, investigar uma enchente no rancho do qual tínhamos nos mudado.

Mamãe se tornou criativa. Em um apagão, uma lanterna na pianola nos mantinha entretidas por horas. Nossos cachorros não lá muito espertos lutando através das portas de vidro serviam como um entretenimento simples e bobo. E, de alguma maneira, biscoitos de água e sal amassados em uma tigela e acrescidos de leite e açúcar tornavam-se uma iguaria pela qual implorávamos na hora do jantar.

Então as aventuras se intensificaram. Passeios simples transformaram-se em explorações de novos territórios, geralmente nas reservas indígenas próximas. Escapávamos de paredes desmoronadas e em ruínas. Aplacávamos espíritos atormentados em cemitérios com um olho grego. Procurávamos tesouros enterrados na velha mansão Cooley da época da Guerra Civil. Cada incursão nos dava memórias e cicatrizes que provavam seu valor.

Caminhadas cotidianas tornavam-se grandes conquistas de terreno, e deixávamos o bom-senso e a segurança em casa. Uma trilha de dez horas terminou com a gente no cume da montanha, acima da neve e depois do bosque, sem suprimentos além de comida de piquenique e sem proteção além de um cachorro de vinte centímetros.

Em um passeio desses, fomos parar no topo do planalto Hopi. Na história da nação Hopi, eles só haviam autorizado que houvesse público em sua dança cerimonial das cobras duas vezes. Estávamos lá, sentadas de pernas cruzadas no chão com os indígenas e nos espalhando em pânico quando uma cascavel escapou e veio em nossa direção. Nosso interesse sempre parecia superar as preocupações e riscos.

Nós já não tirávamos férias, mas dedicávamos nossas investigações ao que nos fascinava. As crateras de lama fervente no Parque Nacional de Yellowstone deixaram a todas nós inquietas, mas não mais do que as leituras que mamãe fazia de *O rancho maldito* na barraca — uma péssima escolha literária para a viagem.

Nunca importara que não tinha nenhum homem por perto, pai, tio, irmão, avô, primo... Nos enfiávamos, nos esforçávamos e nos resolvíamos nos rios mais desafiadores mesmo assim. Nunca pensamos que precisávamos ter experiência. Supúnhamos ingenuamente que aprenderíamos a montar uma barraca na primeira noite nas duas semanas em que acamparíamos no Canadá. E aprendemos — uma tarefa que levou duas horas depois tornou-se um trabalho de quinze minutos no final da viagem, depois de aprendermos a dividi-lo em partes.

Então a aventura era uma característica da minha mãe, afinal. Mas a aventura nem sempre era fácil. Exigia aulas noturnas para obter um diploma universitário e a viagem semanal depois do expediente para o rancho, que agora ficava a uma hora de distância, para pagar os funcionários. Incluía nem sempre termos dinheiro para pagar todas as contas. Envolvia se livrar do aroma horrível do nosso cão excessivamente amigável, recolher os cacos da porta de vidro que eu chutara e muitas passadas de vassoura para expulsar morcegos das vigas. Mesmo assim, ela ficou.

Exigia também disciplinar infindavelmente quatro meninas, que poderiam ter problemas. Também incluía nos criar sem nenhum parente para aliviar a barra. Mamãe vivia com o medo constante de as quatro filhas serem separadas em lares adotivos caso algo acontecesse com ela. Então ela ficava.

E, ao ficar, ela pôde ver suas meninas crescerem. Ela gritou e berrou quando entramos em times esportivos. Garimpou prateleiras com a gente para encontrar o vestido de formatura perfeito. Ela tolerou cada recital e musical de que participamos. E estava presente para planejar cada casamento. A aventura dela era de família, de conexão, de amor. E gerou um vínculo para a vida toda entre cinco mulheres.

O espírito aventureiro dela ficou tão incrustado em mim que regularmente afeta minhas escolhas. Influenciou a maneira que crio meus filhos que, por sua vez, ficaram fascinados por caças ao tesouro que nunca os levava além do quintal de casa e impressionados com os tipos de criatura que podiam encontrar sob uma pedra. Mamãe provou que ficar em casa pode ser uma grande aventura.

Ann Kronwald

70 – Uma lição de vida sobre coragem

Eram épocas como essas que eu pensava no meu pai, que detestava armas e
nunca estivera em uma guerra, mas era o homem mais corajoso que já conheci.
Harper Lee, O sol é para todos

Eu tinha dezesseis anos quando meu pai brilhante e invencível foi diagnosticado com mieloma múltiplo. Naquela época, era considerado um tipo raro de câncer ósseo que deixava os ossos muito frágeis e facilmente quebráveis. Ele passou meses no hospital, semiconsciente. O médico que cuidava dele contou com pesar para minha mãe que precisávamos deixar os documentos e transações dele em ordem porque ele provavelmente sobreviveria menos de seis meses. Enquanto eu afundava na cadeira ao lado dela, em choque, minha mãe elegantemente agradeceu o médico pela informação e pediu que não contasse ao meu pai que ele tinha poucos meses de vida.

Eu o adorava e não conseguia imaginar um mundo sem aquele homem gentil e considerado, com os olhos azuis brilhantes, sempre pronto para dar um conselho ou um abraço. Meu pai ainda estava no hospital quando chegou minha formatura. Meu par e eu passamos primeiro no hospital para mostrar ao meu pai como parecíamos adultos. Do leito, ele pressionou o menino para garantir que eu estivesse em casa até meia-noite.

Mamãe era professora, e as lições de vida que ensinou a meus dois irmãos mais novos e a mim na nossa infância não eram as habilidades usuais para adolescentes. Ela estabeleceu uma campanha corajosa para ajudar meu pai a lutar pela vida e nós prontamente nos alistamos. Papai voltou do hospital, precisando usar uma cadeira de rodas pelo resto da vida. Ele optou por usar uma cadeira manual, em vez de uma motorizada, porque queria garantir que pelo menos uma parte do corpo dele se mantivesse forte. O médico confirmou que ele conseguiria criar força muscular nos braços, apesar de se cansar mais facilmente.

A determinação e coragem da minha mãe o ajudaram a estar presente em todos os eventos escolares e de escotismo possíveis nos quais eu e meus irmãos estávamos envolvidos ao longo da infância. Ele compareceu com orgulho a cada uma das nossas formaturas da escola e da faculdade, embora seu olhar ficasse inexpressivo por conta do esforço e do sofrimento físico. Quando mamãe precisava ficar fora o dia todo, dando aulas, aprendemos a aplicar no papai as injeções analgésicas prescritas pelo médico. Ela nos ensinou e nos fez praticar em laranjas e toranjas. Tanto ela como meu pai garantiam que tivessem tempo para nós sempre que precisássemos de atenção, não importava o cansaço ou desconforto que estivessem sentindo. Eles se empenhavam para que tivéssemos a vida mais normal possível, apesar da doença, da angústia e da frequente depressão que nos rodeavam.

Meu pai e minha mãe sonharam a vida toda em viajar. Embora meu pai estivesse doente, nada impediu minha mãe de organizar viagens para os dois por todo o país, incluindo o Havaí, e também foram para a Europa. Eles recusavam ajuda de enfermeiras ou acompanhantes em todas essas excursões. Armada com cartas dos médicos dos meus pais endereçadas a especialistas de cada região, a figura de 1,57 metro de altura da minha mãe podia ser vista empurrando meu pai na cadeira colina acima e colina abaixo, cruzando ruas de paralelepípedo, subindo e descendo de ônibus, trens e aviões. Eles não faziam excursões de luxo. Os dois alugavam carros e usavam transporte público para ir aonde a vontade de viajar os levasse. De Pearl Harbor a Stonehenge e muitos outros lugares, eles cruzaram o mundo com amor, risadas e coragem.

Quando anunciei meu noivado, alguns anos depois do início da doença dele, tive esperança de vê-lo indo até o altar em sua cadeira, entre fileiras de flores resplandecentes que eu planejava colocar em nosso quintal. Escolhi fazer a cerimônia e a festa em casa para que meu pai pudesse descansar no próprio quarto se necessário.

No dia do casamento, eu estava altiva no vestido de renda cru que minha mãe costurara para mim, pronta para dar a mão ao meu pai enquanto um amigo da família empurrava a cadeira de rodas. Então escutei uma exalação coletiva das trezentas pessoas, entre família próxima e amigos, que estavam presentes. Quando me virei para a cadeira de rodas, encontrei meu pai em pé a meu lado, oferecendo o braço para caminhar pela grama até o centro da cerimônia. Os olhos do meu lindo noivo brilhavam enquanto ele nos via caminhar lentamente até ele.

Chegamos no final daquela longa caminhada, e meu pai insistiu em ficar em pé durante a cerimônia. Depois de um breve descanso na cadeira de rodas, esse homem impressionante levantou-se novamente e me convidou para dançar. Quando aceitei em uma névoa de lágrimas, pude sentir quanto estava custando a ele em dor e energia.

Minha corajosa e diligente mãe ficou ali, irradiando deleite com todo seu ser enquanto ela assistia a única filha e seu amado marido dançando ao som de "Tennessee Waltz".

Foi por causa da minha mãe e sua determinação em ajudar meu pai que surgiu a ideia de ele me levar até o altar. Enquanto eu devaneava sobre chás de panela e festas, ela levou meu pai até a praia, a cerca de uma hora de carro da nossa casa, em vários dias da semana durante três meses antes do casamento. Assim que estacionavam, ele caminhava na areia com o apoio dela. Eles passavam uma hora ou mais a cada vez, para que ele pudesse desenvolver força muscular suficiente para se sustentar pelo que deve ter sido uma caminhada torturantemente longa pela grama irregular com sua única filha.

Não foi o único segredo que ela guardou. Meu pai viveu dez anos além do previsto pelos especialistas. Ele nunca soube que haviam suposto que ele viveria apenas seis meses. Minha mãe viveu ainda por muitos anos, e não se casou novamente. Quando seus lindos netos chegaram, ela nunca se cansava de dizer a eles quanto teriam sido amados pelo avô. Ela viajava pelo mundo sozinha ou de vez em quando com amigos ou parentes, já com mais de oitenta anos, subindo em elefantes na Tailândia, passando noites em pirâmides no Egito, fazendo aulas de culinária na França. Quando faleceu, enquanto estávamos preparando o funeral, contamos quase trezentos carimbos estrangeiros no passaporte dela. Ela levou sua coragem incansável para sua própria doença fatal, garantindo a mim que visitaria a África assim que "se sentisse um pouquinho melhor".

A vida sem meus pais me fez sentir órfã, embora eu já fosse uma adulta mais velha quando mamãe partiu. Nossa família foi tão forte, tão carinhosa e tão próxima que ficamos todos à deriva com a partida dela. Mamãe e papai nos ensinaram a enfrentar o que quer que a vida nos traga com coragem e compaixão extraordinárias.

Donia Moore

71 – Virando minha mãe

De todos os momentos assombrosos da maternidade, poucos superam escutar suas próprias palavras saindo da boca da sua filha.
Victoria Secunda

Certo, agora é oficial: estou virando minha mãe! Em uma viagem de avião recente, eu não apenas coloquei todos os líquidos na bagagem de mão nos saquinhos selados de 250 ml, como solicitado, mas decidi levar também meus outros produtos de higiene em sacos plásticos. Em minha defesa, eu estava colocando apressadamente os itens da minha bolsa na capa do meu notebook, que não tinha divisórias para itens pequenos. E mesmo enquanto colocava as coisas ali, lembrava do horror paralisante quando minha mãe pegava a bolsa e tirava itens em sacolas plásticas que sempre carregava (em público!), tanto que comprei um conjunto de lindas *nécessaires* para substituir esse hábito. Suspiro.

Minha relação com minha mãe nunca foi preto no branco. Não sei como é para você, mas eu tenho problemas de separação. Ficar perto é uma faca de dois gumes, acredito eu, para meninas e suas mães. Durante minha infância, minha mãe era proeminente em nossa pequena cidade, cívica e socialmente. As pessoas viviam me chamando pelo nome dela e me dizendo que parecia muito com ela, o que eu achava irritante.

Como adolescente, eu não conseguia entender por que meus amigos toleravam, ou até desejavam, a presença dela, enquanto eu preferiria me enfiar debaixo de uma pedra a ser vista em público com ela. Ela até me arrastou para uma reunião de um novo grupo de adolescentes. Está bem, as pessoas de lá acabaram se tornando um grupo maravilhoso de amigos. Você não odeia quando sua mãe está certa? Ainda assim, depois de passar por alguns anos tensos de ensino fundamental e médio, saí ansiosamente da esfera dela. Depois da faculdade, mudei para centenas de quilômetros de distância para fugir de sua influência.

Avance vinte anos para o futuro. Mamãe se mudou para a minha cidade e começou a frequentar a igreja que encontrei recentemente. Ela começou a estudar na universidade local, fazendo o mesmo curso que eu fiz. Tive uma ocorrência instantânea dos mesmos sentimentos de aproximação e repulsão da minha infância, sentindo-me eclipsada novamente por ela. Minhas intensas tendências defensivas eram ampliadas pelo fato de que eu já tinha meu próprio filho a essa altura. E tínhamos estilos de criação muito diferentes — o dela, típico da geração, envolvia cercadinhos, cronogramas e disciplina. O meu, bem... não tinha nada disso.

Meu filho, Sammy, sabia que o jeito mais eficiente de todos de me irritar era me comparar com a Nana dele. Como quando eu estava mudando de canal quando estávamos vendo TV e tentei parar no programa *No reino dos suricatos* do Animal Planet, a que minha mãe assiste por horas. Ele tirou sarro de mim sem dó.

Como mamãe, meu cabelo afinou tanto que agora meu couro cabeludo queima no sol. Mas (por enquanto) eu me recuso a usar um chapéu toda vez que saio, parcialmente por conta do meu estilo pessoal, parcialmente porque mamãe usa um sempre que sai. Devo admitir que de vez em quando, quando as pessoas falam que eu pareço com ela, agora consigo ver a semelhança?

Recentemente, me peguei telefonando para ela sobre alguma coisa específica que vi na TV e de que achei que ela gostaria, embora eu revire os olhos quando faz isso comigo. Ainda tenho um espasmo visceral de me distanciar de vez em quando — como quando precisei usar uma bengala antes e depois de uma cirurgia no joelho, ano passado, e me apressei em não parecer muito minha mãe. Ela usava uma regularmente antes de avançar para um andador. Mãe e filha com apoios iguais — era demais para mim e, puxa, eu tenho 28 anos a menos!

Todas as defesas que passei a adolescência e a vida adulta construindo para não me transformar em minha mãe estão ruindo com a idade — dela ou minha, não sei dizer. O que sei é que estou grata por ter herdado a força e a resiliência dela, mesmo que venham com o resto. E quem sabe? Talvez um dia eu também vire uma senhora durona.

Karen Kullgren

Obrigada pelas risadas

Uma risada é um sorriso que transborda.

Mary H. Waldrip

72 – A Bíblia da vovó

Uma única conversa com uma pessoa sábia é melhor
do que dez anos de estudo.
Provérbio chinês

Nunca me esquecerei da primeira vez que ouvi minha avozinha citando a Bíblia. Não, não a versão do Rei Jaime. Você sabe de qual estou falando. É aquela que dita suas ações em todos os dias da sua vida.

Eu tinha cerca de oito anos de idade e era uma verdadeira pentelha. Eu andava brigando com a vizinha, uma criança quase tão malvada quanto eu. Estávamos em uma batalha intensa quando ela jogou uma pedra que me acertou bem entre os olhos. Segurando a cabeça e soluçando, corri direto para casa para reclamar. Vovó foi me encontrar na porta assim que me viu correndo e gritando pelo gramado.

— O que houve? — perguntou com a rouquidão de sempre.

— Aquela menina jogou uma pedra na minha cabeça — consegui falar entre lágrimas.

— Bom — respondeu ela, com astúcia —, então vá pegar a maior pedra que tiver e acerte a menina de volta!

— Mas, vovó, acho que não…

— Escuta. A Bíblia diz que é preciso alimentar os outros com a colher que nos oferecerem.

Eu a obedeci com alegria. Não percebi no momento, mas era apenas o começo de uma vida inteira de "citações bíblicas" que me ajudariam a enfrentar os maiores obstáculos.

Muitos anos depois, e antes que eu tivesse bom-senso suficiente para compreender, eu estava noiva e prestes a me casar. Meu noivo me encarregou de escolher a data da cerimônia. Sem saber, escolhi a data em que a mãe dele havia morrido havia muitos anos. Em vez de me explicar que não queria se casar naquela data, ele disse que não queria mais se casar comigo! Fiquei arrasada. Vaguei pela casa até encontrar vovó costurando no cantinho dela. Caí de joelhos, deitei a cabeça no colo dela e comecei a chorar.

— Vovó, meu noivo não me ama. Ele não quer mais se casar comigo.

— Bom, que rapaz mais tonto — disse ela com raiva. — Vá falar pra ele que a Bíblia diz que tudo que vem volta. Um dia, ele vai querer se casar com uma mulher que vai fazer a mesma coisa que ele está fazendo com você.

— Mas, vovó — disse eu —, não acho que ele...

— Escuta — me interrompeu ela. — Vai lá falar o que acabei de dizer. Você vai conseguir seu homem de volta.

Casei-me com ele em dois meses.

Depois dos primeiros três meses de alegria como casados, tivemos nossa primeira briga. Ah, fiquei de coração partido. Fiz as malas e decidi voltar para casa. Quando vovó me viu chegando à porta, veio até mim.

— Ei, o que houve? — perguntou ela.

Eu já estava travando o maxilar pra não chorar.

— Tivemos uma briga enorme e ele me chamou de pirralha mimada.

— Vem cá — disse ela com cansaço. Colocando um braço sobre meus ombros, ela me guiou à cozinha, onde esquentou água para fazer chá. — Então ele te chamou de pirralha mimada — falou acima do assobio da chaleira. Parecia muito pensativa enquanto colocava a água nas xícaras. — Está bem. Você vai voltar pra casa e falar pra ele que a Bíblia diz que os semelhantes se reconhecem.

— Mas, vovó — eu disse —, eu não acho...

— Escuta, eu estava lendo a Bíblia antes de você ser sequer um cisco no olho do seu pai.

Fiz o que ela mandou, e foi nossa última briga por um bom tempo.

Não demorou muito para eu ficar grávida do meu primeiro filho. Vovó logo me colocou para fazer um cobertor de crochê para o bebê. Eu era até que boa em crochê, mas digamos que Martha Stewart jamais me contrataria para fazer nada para ela. Fiquei nervosa e acabei fazendo um ponto alto quando deveria ter feito um ponto baixo.

— Ai, droga — resmunguei. — Nunca vou aprender. — E mostrei para ela o que havia feito. — Vó, vou só colocar outro ponto alto e ninguém nunca vai ver a diferença. — Foi a decisão errada.

— Vai fazer diferença, sim — falou duramente. — Além disso, a Bíblia diz que dois erros não fazem um acerto.

Meu queixo caiu no chão.

— Mas, vovó, eu não acho que a Bíblia...

— Escuta aqui — me interrompeu ela —, você quer que o seu bebê seja acalentado em um cobertor que não foi bem-feito?

Desfiz tudo e recomecei o cobertor.

Recentemente levei meu filho para visitar a vovó. Ela estava na varanda, fazendo crochê e tomando chá. Meu filho cambaleou pela casa para procurar um docinho que a vovó sempre tinha para ele. Depois de um tempo, começamos a conversar e nos esquecemos completamente dele.

— Ah, não — engasguei ao perceber. — Esqueci o menino.

Comecei a me levantar, mas vovó segurou meu braço e gentilmente me empurrou de volta para a cadeira.

— Você acha que ele vai continuar procurando quando te ouvir chegar? Não, ele é esperto — acrescentou ela, com orgulho nos olhos. — Além disso, a Bíblia diz que é preciso relaxar para pegar um malandro.

— Mas, vovó — eu disse —, eu não acho que... — Então me interrompi. Durante toda a minha vida, vovó citara a Bíblia para mim. A Bíblia dela, que sempre resolveu todos os problemas pelos quais passei. Sorrindo e balançando a cabeça, entrei na casa para pegar meu filho. Levando-o para a varanda, coloquei-o na cadeira ao lado da vovó.

— Bom, vó — falei. — Acho que vou passar na loja para comprar sorvete. — Apontei para o meu filho. — Tudo bem se ele ficar aqui? Vai ser só um minutinho.

— Sem problemas.

Ao manobrar o carro e entrar na rua, parei e olhei pelo retrovisor. Lá estavam elas, as duas pessoas mais preciosas da minha vida: ela inclinada e citando sua própria Bíblia, e ele prestando atenção a cada palavra. Eu conhecia a sensação. Um dia, ele a questionaria, mas, ao crescer, perceberá que tudo que valoriza na vida é por causa da Bíblia — a Inesquecível Bíblia da Vovó.

Robin Rylee Harderson

73 – Procura-se senso de humor

Tanto risadas como lágrimas são reações a frustração e exaustão. Pessoalmente, prefiro rir, já que exige menos limpeza depois.
Kurt Vonnegut

Mamãe está ficando mais difícil. Ultimamente, passamos muito tempo batendo boca sem chegar a lugar nenhum. Sei que é impossível argumentar com uma pessoa que está com Alzheimer, mas às vezes fico tão frustrada que não consigo evitar.

Essa manhã é um desses momentos. Mamãe tem horário numa espécie de creche para adultos, o que me dá uma pequena folga. E que me permitirá ir ao dentista e fazer compras. Estamos atrasadas e estou tentando fazê-la sair de casa.

— Vamos, mãe. Está na hora — digo.

— Espera, quero trocar de camisa.

— Não pode — aviso. — Está tarde. Além disso, essa aí está ótima.

— Não — insiste ela. — Eu não gosto dessa camisa.

— Não tem nada de errado com ela — digo abruptamente, então grito: — TEMOS QUE SAIR AGORA! — E puxo o braço da mamãe para sairmos de casa.

Ela não está feliz. Nem eu, especialmente porque não tenho uma boa noite de sono em semanas.

Finalmente, deixo-a na creche. Vou poder ter algumas horas para mim.

Eu sei que mamãe não consegue evitar agir assim. Sinto-me amarga também porque o Alzheimer sequestrou a mãe maravilhosa que me amava e cuidava de mim, deixando essa impostora.

O dia voa, e fico satisfeita com tudo que consegui fazer. É hora de buscar mamãe, e eu me preparo para retomar nossas discussões fúteis.

Ela está me esperando quando eu chego.

Ao entrarmos no carro, pergunto, simpática:

— Hoje foi um dia legal?

— Sim, foi divertido — responde entusiasmada.

— Que bom. Hoje teve aula de exercícios. Sei que você gosta dessa aula.

— Sim, foi divertido.

— O almoço estava bom? — pergunto com ternura.

— Sim, foi bom.

Então ela percebe o chocolate que eu deixei no carro.

— Quer um docinho, mãe?

— Sim, aceito um — diz, pegando a barra em miniatura da Hershey. Mamãe ainda tem bastante apetite. E ela adora doces.

Então ela comenta:

— Fico feliz que você tenha vindo me buscar e não a moça que me trouxe de manhã. Você é a boazinha. A outra moça que me trouxe é uma vaca.

Fico um pouco chocada com o que ela disse. Em seguida, começo a rir.

— Você tem razão. Aquela mulher é uma vaca. Todo mundo acha isso.

— Bom, o que há de errado com ela? Por que ela é tão malvada? — pergunta mamãe.

— Ah, quem sabe? Provavelmente ela tem todo tipo de dor e incômodo. E não deve ter um senso de humor como o nosso — respondo.

— Bom, mesmo que tenha dores e incômodos, ela deveria aprender a ser um pouco mais gentil — fala mamãe com indignação.

Então nós duas começamos a rir daquela tal vaca.

— De agora em diante, vou me esforçar para que seja eu a te levar e a te buscar — afirmo.

— Ah, bom, porque eu gosto de você — responde mamãe.

— Eu também gosto de você.

Mamãe me dá um sorriso. E eu falo:

— Vamos comer outro doce.

— Boa ideia — responde ela.

Pelo resto do caminho até nossa casa, me encontro sorrindo por conta dessa conversa. Juro cumprir meu próprio conselho. A melhor maneira de lidar com situações desagradáveis é o humor. Mesmo com Alzheimer, mamãe ainda me ensina muito sobre a vida. Ela me faz rir de mim mesma, o que me impede de levar a coisa a sério demais. Hoje, aprendi a não ser como a moça que levou minha mãe na ida — a que não tem senso de humor.

Lucille Engro DiPaolo

74 – Um punhado de dólares

A maior parte das avós tem um toque de patifaria.
Helen Thomson

Minha amiga Zelda estava prestes a comemorar seus 45 anos com uma festa. Ela era professora de jardim de infância, e eu fui voluntária em suas turmas por alguns anos. Suas colegas e amigas decidiram fazer uma festa para ela.

Fiquei empolgada ao receber o convite. Nunca tinha ido a uma festa descrita como "Noite das Mulheres". No final do convite, estava escrito: "Muitos jogos e diversões. Traga cinco notas de um dólar". Achei esquisito, mas estava pronta para me divertir. Então lembrei que minha avó de 82 anos viria passar aquele final de semana comigo. Íamos colher ameixas e pêssegos e ela me ensinaria a fazer conservas e geleias.

Vovó era a imagem perfeita do cargo. Ela é espanhola, mas morou em São Francisco desde a adolescência. Tem menos de um metro e meio de altura, é gordinha, prende o cabelo com uma rede e usa sapatos ortopédicos. Sempre usava um vestido protegido por um avental, para evitar respingos do que estivesse criando na cozinha. Era o lugar favorito da vovó, e depois ela gostava de se sentar à mesa e nos ver devorando as refeições deliciosas que ela preparava.

Liguei para a anfitriã da festa para perguntar se eu poderia levar vovó comigo. Ela já havia saído em outras ocasiões com esse grupo específico de amigas, então não era uma desconhecida. O que ouvi foi:

— Claro! Traga a vovó e garanta que ela também tenha cinco notas de um dólar.

Dei as boas novas a minha avó, que ficou tão entusiasmada quanto eu. Decidimos juntas o presente de aniversário, que eram cupons de jantar para dois, com cinema e sobremesa inclusos.

O grande dia chegou. Tínhamos embrulhado o presente e colocado as notas de um dólar no bolso. Entrando na festa, recebemos chapéus e apitos. Vovó e eu fomos até um sofá em forma de L. Em breve, chegou Zelda, a aniversariante, que recebeu uma linda coroa de papel que a designava como princesa aniversariante. Depois de cumprimentar todas as convidadas, ela sentou-se ao lado da vovó. A anfitriã anunciou o início dos jogos e pediu que todas mostrassem suas notas de um dólar. Vovó e eu estávamos prontas para vencer qualquer jogo.

Logo colocaram música e um jovem rapaz entrou na sala de algum outro cômodo. Ele usava um terno e gravata muito elegantes e era bastante bonito. Começou então a sincronizar os passos com o ritmo da música e as meninas passaram a fazer barulho, gritando. Aos poucos, ele começou a tirar as roupas! Olhei para a vovó, que estava vidrada no rapaz. A aniversariante começou a acenar com uma nota e o rapaz dançou no colo dela com quase nada de roupa, apenas uns shorts do tamanho de um fio-dental.

Notei que vovó começou a balançar no ritmo da música conforme ele se aproximou. Quando Zelda colocou uma nota na fantasia dele, vovó começou a assoprar a língua de sogra que apitava, desdobrando a pintinha até tocar o abdome nu do homem. Ela estava rindo tanto que eu poderia jurar que alguém colocara álcool no ponche. Estávamos bebendo a mesma coisa, mas nossas reações não eram similares. Não sei o que foi mais constrangedor: ver o corpo seminu do rapaz ou assistir à vovó, com a redinha ainda presa na cabeça, se soltando. Eu tinha certeza de que a meia compressora dela acabaria no chão com toda a dança que estava acontecendo no sofá. Não demorou muito para ela pegar as minhas notas e depois as de quem estivesse ao alcance. Ela nos fez gargalhar.

O rapaz ficou tanto tempo perto da vovó, praticamente dançando no colo dela, que Zelda trocou de chapéu com ela — o que minha avó nunca percebeu. A anfitriã providenciou mais notas para vovó. Fiquei um pouco nervosa, tentando pensar como eu explicaria a festa para o neto dela quando chegássemos e para o filho dela quando ela voltasse à própria cidade.

Quando vovó depositou a última nota, a mão dela desapareceu nas profundezas da diminuta fantasia, e ela caiu na gargalhada. Zelda avisou que ela não podia deixar a mão ali e vovó respondeu:

— Estou procurando o troco.

Gail Eynon

75 – A aula de culinária

Receita: uma série de instruções passo a passo de como preparar ingredientes que você esqueceu de comprar, com utensílios que você não tem, para fazer um prato que nem o cachorro comeria.
Autor desconhecido

Era hora de descobrir o segredo da família. Os detalhes nunca tinham sido registrados no papel, nem mesmo compartilhados verbalmente. O silêncio precisava ser quebrado e eu juntei coragem para confrontar minha mãe.

Eu tinha dezenove anos e estava prestes a me casar. A mais velha das três filhas, eu seria a primeira a sair do ninho. Entretanto, não partiria sem aquela informação confidencial. Então sentei-me com minha mãe, inspirei fundo e soltei:

— Quero a receita do seu molho de macarronada.

Pronto, as palavras tinham saído. Ainda assim, o pior estava por vir. Eu temia a resposta, porque sabia o que ela diria.

— Não tem receita. Está na minha cabeça.

Marcamos uma data para a transferência da informação: quinta à noite. Apesar de não ser um evento no nível de segurança nacional, era bastante importante no meu mundo. Molho pronto não era bom o bastante para o amor da minha vida. Ele era especial, o que significava que merecia refeições especiais — caseiras — com ingredientes como os que minha mãe usava em seu mundialmente famoso molho de macarronada. Era um evento digno de protagonizar meu calendário, em que eu ia enfrentar a leoa na própria toca.

Quem dera fosse uma simples questão de assistir à mamãe enquanto ela cozinhava. Ela é uma chef incrível, mas não gostava de intrusões na cozinha. Preferia ser deixada em paz e nós sabíamos que era melhor não incomodar enquanto ela estava preparando seus feitos culinários. Até papai ficava longe quando ela estava trabalhando. Meu plano de ficar na cozinha e documentar cuidadosamente cada passo enquanto ela preparava o molho significava que eu estaria entrando em águas desconhecidas e perigosas.

A quinta chegou, acompanhada por uma ansiedade crescente. Corri para casa depois do trabalho, troquei de roupa com pressa e sentei-me à mesa da cozinha com uma caneta e um bloco de papel.

— Não se preocupe, mãe. Vou ficar fora do caminho. Você nem vai perceber que estou aqui.

Ela me lançou um olhar e disse:

— Eu já percebi que está aqui.

Ela colocou uma panela vazia sobre o fogão e começou a cortar uma cebola. Assisti e fiz minha primeira pergunta:

— Qual o tamanho dessa cebola? — Ela estava de costas, mas tive certeza de que ela revirou os olhos. — Eu sei que é uma cebola, mas é pequena, média ou grande?

Ela suspirou.

— Digamos que é uma cebola média.

E foi o que escrevi: uma cebola média, picada em pedaços bem pequenos.

Então ela pegou alho, destacou alguns dentes e os esmagou.

— Quantos dentes foram?

— Dois… Mas, claro, se forem grandes, você só precisará de um.

Também escrevi isso.

Mamãe colocou um pouco de azeite de oliva na panela, depois acrescentou a cebola e o alho.

— Espera! Quanto azeite você colocou?

— Não sei. O suficiente para a panela.

Ignorei a irritação crescente em sua voz.

— Bom, quanto é o suficiente?

— Depende do tamanho da panela. O suficiente para cobrir o fundo. Use o bom senso.

Eu não queria usar o bom senso. Queria uma receita.

Mamãe esvaziou uma lata de polpa de tomate no liquidificador. Então acrescentou o conteúdo às cebolas.

Peguei a lata vazia e conferi o tamanho.

— Mas por que você se deu ao trabalho de bater os tomates que já vieram em polpa?

— Porque é o jeito que eu faço. Você está aqui pra me dizer como fazer o molho ou pra aprender?

Em seguida, ela colocou uma lata de sopa de tomate, uma de molho de tomate e uma de pasta de tomate no liquidificador. Anotei o tamanho de cada lata vazia depois de ela ter usado.

Enquanto eu escrevia, ela pegou um maço de salsinha e começou a picar. Pegando um punhado da salsinha picada, ela se encaminhou para o liquidificador.

— Espera! — Saltei e peguei o pulso dela. — Antes de colocar nos tomates, quanto de salsinha?

— Um punhado.

— Mas, mãe, quanto é um punhado? Suas mãos são menores que as minhas!

Peguei um copo graduado grande e a fiz despejar a salsinha ali, anotando a quantidade. Depois de bater a salsinha com os tomates, ela adicionou a mistura à panela. Percebi que ela estava ficando um pouco irritadiça, mas felizmente parecíamos estar perto do fim.

— Mãe, esqueci de perguntar: quanto tempo as cebolas precisam ficar no fogo antes de colocarmos as outras coisas?

— Assim que o azeite começar a borbulhar, apure por cerca de cinco minutos.

Então ela polvilhou um pouco de orégano na palma da mão e foi até o fogão, sendo novamente interceptada. Despejei com cuidado o conteúdo em uma colher medidora.

— Arrá, cerca de uma colher de chá. — Voltei correndo para meu bloco e anotei.

— É isso. Apure por cerca de uma hora.

— Ham... Mãe? Essa é a segunda vez em que você fala "apure". O que significa, exatamente?

Ela contou até dez antes de responder.

— Significa cozinhar em fogo baixo.

O molho estava apurando, e mamãe também.

Esperei alguns instantes antes de me aventurar na pergunta final.

— Acabou?

— Sim, acabou. Agora é só cozinhar, apurar, por uma hora. Não tem nada mais para anotar, então, por favor, saia da minha cozinha antes de terminar de me deixar louca!

Uma hora depois, toda a família sentou-se para o jantar. Minha irmã foi a primeira a falar.

— Mãe? Esse molho não está com o gosto de sempre. Você fez algo de diferente?

— Claro que não. Usei os mesmos ingredientes que sempre... Espera aí. — Mamãe franziu os lábios e me lançou um de seus olhares patenteados. — Esqueci o açúcar... e o sal e a pimenta.

O resto da família riu enquanto eu me encolhia na cadeira.

Aprendi uma lição importante naquele dia. Hoje, estou casada há mais de trinta anos, e meu marido tão especial sempre foi servido com um molho de macarronada muito especial.

Ragu.

Ava Pennington

76 – A mulherzinha

A única rocha que sei que se mantém firme, a única instituição que sei que funciona é a família.
Lee Iacocca

— Mamãe, tem algo errado?

Minha avó não respondeu. Meu pai pegou a mão dela com gentileza e perguntou de novo:

— Mamãe, o que está acontecendo?

— Deixe-me tentar — sussurrou minha mãe. — Mãe, qual é o problema?

Ela tentou pegar a mão da minha avó, mas, no instante em que a tocou, minha avó a afastou.

Embora minha avó tivesse demência, era capaz de conversar com outras pessoas, mesmo que as palavras não fizessem muito sentido em boa parte do tempo. Mas, ultimamente, ela parecia brava e reservada. Procurando por um motivo, meus pais notaram que, quando meu pai ia visitá-la sozinho, vovó conversava. Porém, quando minha mãe ia, ela parecia agitada.

Na semana seguinte, meus pais chegaram juntos. Papai colocou a bandeja de comida diante da vovó, que a afastou prontamente.

— Como ousa trazer sua mulherzinha para o nosso almoço? — E olhou para minha mãe, que parecia devastada.

— Como assim, mamãe? — perguntou meu pai com paciência. — Esta é minha esposa, sua nora, não lembra?

— E você, mulherzinha, como ousa vir aqui com meu marido? — Com essas palavras, minha avó jogou o almoço no chão.

Há muito tempo, vovó dera o apelido carinhoso de "mulherzinha" para minha mãe, porque ela era pequena; vovó era alta e larga. Talvez ela se lembrasse do apelido, mas esquecera minha mãe.

Pode parecer engraçado, mas vovó a acusara de ser a amante. Durante a visita seguinte, mamãe tentou tranquilizá-la com uma caixa de seus chocolates favoritos, mas vovó se recusou a reconhecer a presença dela.

Quando meu pai contou à equipe de cuidados o que acontecera, lhe explicaram que algumas mulheres com demência, como minha avó, ficam confusas a acreditam que seus filhos são seus maridos. A equipe sugeriu que minha mãe não visitasse na semana seguinte.

Embora meus pais tenham mantido um senso de humor naquele período, sei que mamãe ficou magoada. Sempre fora próxima da minha avó e não podia visitá-la.

Conforme os anos passaram, vovó passou a ficar em silêncio até com meu pai. Entretanto, ver minha mãe ainda a perturbava, por isso, meus pais desistiram. Então, um dia, o telefone tocou. Era a casa de repouso.

— Sentimos muito em informar que o corpo dela está parando de funcionar. Achamos melhor avisá-los para que possam chamar para a família toda para a despedida.

Quase treze anos difíceis tinham se passado. Enquanto meu pai lidava com cada emergência que surgia na vida da minha avó, minha mãe ficava de lado, impotente. Ela queria muito ver minha avó uma última vez. Precisava expressar seu amor e dizer adeus, mesmo que significasse que vovó ficasse hostil.

Quando minha mãe se aproximou do quarto, pôde ver minha avó na cama. Estava de olhos fechados, e cada inspiração era lenta e superficial.

— Mamãe? Sou eu, mamãe — sussurrou —, a mulherzinha.

Ela tocou a mão da minha avó com gentileza. Preocupou-se de vovó ter um acesso de raiva, mas, em vez disso, ela segurou a mão da mamãe com firmeza e a apertou.

Com um sorriso no rosto, mamãe recordou os bons tempos e atualizou vovó sobre a vida dos netos. Riu com algumas histórias e chorou com outras. Então falou para vovó quanto ela fora amada por todos e como sentiríamos saudade dela.

E, acima de tudo, ela agradeceu a sogra por ser uma mãe e uma avó maravilhosas. Minha avó segurou a mão dela durante todo esse tempo e, embora vovó não tenha dito uma palavra, minha mãe acredita que ela compreendeu tudo que ouviu. Essas duas lindas mulheres, que se amavam tanto, finalmente eram uma família de novo.

Jill Burns

77 – Atenda o telefone

Uma invenção incrível — mas quem é que iria querer usá-la?
Rutherford B. Hayes

Na época em que vivemos, é difícil acreditar que haja uma pessoa sem caixa-postal — minha mãe é essa pessoa. Ela nunca entendeu de fato o conceito. Quando ela liga e deixa recado, fala o seguinte:

— Alô, tem alguém aí? (Uma pequena pausa.) Oi! Sou eu. (Mais uma pausa.) Ninguém? Tá bom! Não atenda o telefone! Bom, se não está aí mesmo, me ligue quando chegar. Lembre que eu sempre posso mudar de ideia.

Para minha mãe, deixar recado é equivalente a um jogo de esconde-esconde, quando a criança que está procurando grita: "Lá vou eu...!". Ela pensa que estamos nos escondendo dela e que precisa nos atrair.

Às vezes, as mensagens dela são mais longas do que nossas conversas. Eis um exemplo de uma conversa típica com ela:

Mãe: Oi. Como você está?

Eu: Estou bem.

Mãe: Continua respirando?

Eu: Sim, continuo respirando.

Mãe: Ótimo, então não tem motivo para reclamar.

Eu: É, não posso reclamar.

Mãe: Como está a família?

Eu: Todo mundo está bem.

Mãe: Ótimo. Então ninguém tem do que reclamar, né? Bom falar com você. Falamos de novo em breve. Ah, uma coisinha. Você devia consertar aquela droga de secretária eletrônica de vocês. Da última vez que liguei e comecei a falar, ninguém me atendeu. Tem que descobrir qual é o problema.

Eu: Vou dar uma olhada.

Se minha mãe estivesse com visita, nossa conversa de dois minutos se reduzia a apenas um, já que eu me resignava a conversar também com quem estivesse na casa dela.

Mãe: Sua tia está aqui. Quer falar com ela? Claro que quer. Espera aí. Ela atende o telefone quando eu ligo, diferente de algumas pessoas.

E quando estou prestes a dizer: "Se eu realmente quisesse falar com essa pessoa específica, eu ligaria para ela", minha tia entra na linha.

Tia Ann: Oi, Cindy, como está?

Eu: Estou bem.

Tia Ann: Continua respirando? (Ela é irmã da minha mãe.)

Eu: Sim, continuo respirando.

Tia Ann: Ótimo, então não tem do que recl… espera, Cindy, sua mãe está gritando comigo. Ah, ela está dizendo que preciso desligar porque é a segunda vez que ela liga hoje. Da primeira vez, ela caiu na secretária eletrônica e ninguém atendeu. Ah, Cindy, isso não é bom. Você deveria descobrir qual o problema e resolver.

Eu: Vou checar. Tchau.

Enquanto bato minha cabeça na parede, penso: um telefonema, o dobro da encheção.

Cindy D'Ambroso-Argiento

78 – O moletom amaldiçoado

Superstições, em geral, são apenas sombras de grandes verdades.
Tryon Edwards

Torcedores tendem a ser supersticiosos. Talvez seja loucura, mas não há nada que possamos fazer. Muita coisa nos esportes depende da sorte: uma boa tacada, uma recepção sortuda, um ângulo ruim. Não dá para deixar de acreditar em sorte e azar, e que alguns rituais, como não fazer a barba durante as eliminatórias ou vestir meias de determinada cor, podem afetar o resultado de um jogo.

Minha mãe, por exemplo, tem uma crença enraizada de que seu moletom do uniforme dos Toronto Maple Leafs é amaldiçoado.

Meu pai comprou o casaco para ela em 1994, de presente de aniversário. De repente, os Leafs perderam três jogos seguidos e estavam prestes a ser eliminados. Toda vez que ela usava o moletom, eles perdiam. Minha mãe decidiu não usá-lo, deixando o casaco no quarto, em cima da cama.

Os Leafs se recuperaram e ganharam a dianteira na partida; começou a parecer que nem toda esperança estava perdida. Eu tinha onze anos na época e por acaso entrei no quarto dos meus pais. Vi o moletom ali e não consegui deduzir um motivo para minha mãe não estar com ele, então levei para ela.

— Mamãe, você esqueceu de vestir o uniforme — falei, entregando-o a ela.

Minha mãe o pegou, nervosa e, assim que o fez, os Vancouver Canucks fizeram um gol. A maré do jogo virou e os Leafs foram eliminados.

— É o moletom — declarou minha mãe. — Ele dá azar.

Meu pai revirou os olhos e resmungou que era um presente desperdiçado se ela não fosse vestir, mas minha mãe estava convencida e baniu o uniforme para o fundo de uma gaveta. Afinal, fora um presente e ela não tolerava a ideia de jogá-lo fora. Além disso, ela ocasionalmente o usava no verão, quando supunha que não podia fazer mal nenhum.

Os Leafs tiveram altos e baixos durante os anos seguintes, mas nunca chegaram à final da Stanley Cup. Embora o casaco desse azar, bani-lo não trouxera sorte súbita. Mesmo assim, minha mãe não ia correr o risco de usá-lo de novo.

Anos se passaram e então, durante as eliminatórias de 2002, eu era uma adolescente que estava começando a me interessar por hóquei. Peguei o moletom, em parte porque descobri que todos os meninos da escola flertavam comigo quando eu o usava.

Minha mãe não ficou feliz, mas já haviam se passado muitos anos e ela decidiu me deixar com ele. Da primeira vez, os Leafs perderam feio. Supus que fosse uma coincidência, mas não consegui esquecer a antiga convicção da minha mãe de que o casaco era amaldiçoado. Então, da vez seguinte que o usei, tirei antes de o jogo começar, mas os Leafs perderam mesmo assim.

Minha mãe me proibiu de usar o moletom de novo e estava assustada o suficiente com as duas derrotas para fazer o que ela pediu. Meu pai achou que eu era tão boba quanto minha mãe.

— É só uma peça de roupa. Não tem como ela estar influenciando um jogo de hóquei a mais de cem quilômetros de distância — observou ele.

Mas minha mãe não se importava, e pensei que ela talvez estivesse certa. Eu não usei o uniforme depois disso, mas em breve pareceu que não importava.

O Jogo Seis na segunda rodada foi contra o Ottawa Senators, os Leafs tinham perdido três jogos e ganhado dois. O jogo começou mal para os Leafs, os Senators logo fizeram dois gols nos primeiros cinco minutos.

Pareceu que seria um final humilhante das eliminatórias para os Leafs e o moletom não estava envolvido daquela vez — era só uma superstição da parte da minha mãe.

Então, notei que o uniforme estava numa pilha de roupa lavada na sala, bem na frente da televisão. Eu sabia que estava sendo boba, mas decidi levar o casaco para o andar de cima. Mas, assim que saí da sala, os Leafs fizeram um gol e o jogo deixou de parecer uma causa perdida.

Os Leafs acabaram vencendo aquele jogo e ganharam a temporada. Perderam a rodada seguinte contra os Carolina Hurricanes. Mas nunca afirmamos que banir o moletom traria sorte, apenas que o moletom em si dava azar.

Meu pai nunca se convenceu. E, toda vez que escuta essa história, meu marido revira os olhos. Mas minha mãe e eu acreditamos firmemente que o casaco dela, dado com amor pelo seu marido que não torce para os Leafs, era amaldiçoado. Nenhuma de nós o usou desde então.

Michelle McKague-Radic

79 – Coisas sérias

Nas alturas de uma risada, o universo se lança
em um caleidoscópio de novas possibilidades.
Jean Houston

—É isso mesmo, agora sacuda um pouco. Curve-se para frente e meio que se encaixe nele. — Minha avó se movia enquanto falava, contorcendo os ombros de um lado para o outro e dobrando-se para frente, demonstrando como se encaixava os seios com delicadeza nas taças de um sutiã.

O provador rosa ao nosso redor reluzia alegremente. Estar ali, seminua, olhando para minha vó sentada como realeza no banquinho com uma montanha de sutiãs coloridos no colo, me fez começar a rir.

— Qual é a graça? — questionou ela, as mãos enrugadas separando habilmente os pedaços de tecido no colo. — E o que é isso?

Ela ergueu um sutiã de oncinha com renda preta nas bordas. Com 21 anos, eu ainda ficava envergonhada por ela ver minhas escolhas mais ousadas.

— Só peguei para experimentar o tamanho — murmurei, tirando-o da mão dela e jogando-o em um dos ganchos na parede oposta. Virando de costas, coloquei outra opção: um sutiã turquesa com bolinhas brancas que me lembrava um biquíni dos anos 1960.

— Parece um maiô — decretou ela. — Próximo!

Deslizei a roupa íntima ofensiva pelos braços e vesti um sutiã azul com florezinhas cor-de-rosa bordadas na base.

— Sem graça — opinou minha vó, gesticulando para que eu o tirasse o quanto antes. — Além disso, essas flores vão deixar sua blusa cheia de caroços.

Experimentei um sutiã muito branco ("chato"), um lilás com estampa de abelhas ("infantil") e um mostarda ("simplesmente horrível") antes de ela parar de me entregar novas opções.

— É hora do sutiã de oncinha — anunciou, ainda encaixando as peças rejeitadas nos respectivos cabides.

Ergui o olhar, surpresa. Em geral ela era contra tudo que fosse remotamente brega e, na concepção dela, oncinha e renda provavelmente estavam nessa categoria.

— Toda mulher precisa de uma coisinha atrevida — comentou, e depois piscou. — Embora só Deus sabe por que você acha que oncinha e renda são a melhor opção. Se quiser um conselho, escolha algo de renda preta e fim.

Então, ela estourou uma bola de chiclete enfaticamente e me fez cair na risada de novo. Uma mulher também riu na cabine ao lado e escutei um ronco delicado pelo corredor estreito. Uma vendedora inadvertida passou pela entrada e perguntou se alguém precisava de ajuda.

— Você tem alguma coisa em seda preta? — chamou minha avó, fazendo-nos rir de novo. — Não sei do que vocês estão rindo — falou, em um falso cochicho. — Sutiãs são coisa séria.

Assenti, tentando com afinco não rir histericamente, mas sem confiar o bastante em mim mesma para falar. Aproximei-me e a abracei, apertando-a enquanto os pequenos cabides me cutucavam. Ela tinha razão, sutiãs são coisa séria. Mas, assim como todo o resto, eles eram mais divertidos quando ela estava por perto.

Beth Morrissey

80 – Um vestido simples de noiva

Roupas fazem declarações. Figurinos contam uma história.
Mason Cooley

Meu casamento não foi exatamente típico. Meu noivo e eu, jovens universitários à época, queríamos um casamento simples. Não fizemos ensaio, ninguém caminhou até o altar, não tivemos jantar nem baile. Não saímos em lua de mel. Em vez de escolher um sábado quente em junho, marcamos em uma tarde de quarta em novembro, que seria uma noite fria em Wisconsin.

Decidimos nos casar em uma missa de Ação de Graças. Subimos no altar para declarar nossos votos antes do sermão, depois escutamos a segunda parte da missa como marido e esposa com muito a agradecer.

Com tão poucos detalhes com que nos preocuparmos, seria de se imaginar que eu tinha um plano à prova de idiotas. Mas não comecei a contar sobre O Vestido.

Já que não seria um casamento convencional, pensei que seria bom deixar de lado a tradição do vestido branco e comprar algo bonito que eu pudesse usar depois.

E esse foi o meu primeiro erro.

Eu mantinha os olhos abertos em todos os lugares a que ia, em busca do vestido perfeito. Um dia, eu estava olhando uma loja de costura e acabei vendo um molde de vestido que adorei. A embalagem mostrava um vestido longo e solto, com lindas florezinhas estampadas em um tecido rosa-pálido. A parte de cima era acinturada e tinha mangas em formato de sino que abriam-se delicadamente a partir do cotovelo. Comecei a me imaginar caminhando até o altar naquele vestido. Agarrei o molde, comprei-o e cantei "Encontrei meu vestido! Encontrei meu vestido!" até chegar em casa.

Esse foi meu segundo erro.

Quem costuraria o vestido agora? Pensei um pouco nas minhas habilidades de costura, mas, como um vestido de casamento é ligeiramente mais complicado que uma almofada, decidi pedir à minha futura sogra. Não pedi apenas por ela ser excelente com a máquina de costura, mas porque também seria um bom jeito de nos conectarmos através do casamento. Não me importei com ela morar a quase mil quilômetros, o que dificultaria provas e alterações.

Esse foi o meu terceiro erro.

Quando chegou o momento de comprar o tecido, por algum motivo, aquele modesto rosa-pálido voou pela janela. Em um acesso temporário de insanidade, escolhi um adamascado azul-acinzentado que ficaria lindo como um par de cortinas na nossa nova casa. Mas não. Era isso. O tecido foi prontamente empacotado e enviado para a minha costureira.

Esse foi o meu quarto erro.

Quando pus as mãos no vestido pela primeira vez, já era outubro. Embora não estivesse pronto, estava quase. Tremendo de entusiasmo, levei-o para o quarto e entrei nas dobras azuis para prová-lo pela primeira vez. Com a minha futura sogra me observando com uma fita métrica e um sorriso esperançoso, não consegui expressar o que senti.

O vestido era todo errado. Sobras de tecido na cintura pareadas a costuras prestes a estourar nos braços. Eu parecia uma mistura de uma pera azul e uma dama de companhia matronal. Era algo que Maria von Trapp usaria se tivesse se casado com Robin Hood em vez de com o Capitão.

Segurando lágrimas de decepção, perguntei se dava para soltar as mangas, que estavam "um pouco justas". Segurando as sobras da cintura dos dois lados, sugeri que talvez ela pudesse "acinturar um pouquinho". Ela prometeu tentar, mas não sabia se era possível fazer muita coisa.

— O que você conseguir — respondi, torcendo por um milagre.

Esse foi o meu quinto erro.

Passei o mês seguinte inteiro preocupada. Como eu poderia subir no altar com aquele vestido? E o que eu pensara ao escolher aquele tecido azul? A menor gota de suor deixaria uma mancha escura e se espalharia rapidamente. Dizer que eu estava ansiosa seria um eufemismo, mas que escolha eu tinha? Não podia desistir agora, especialmente depois de a mãe dele ter tido tanto trabalho.

As semanas finais passaram voando e logo era a véspera do nosso casamento. Meus sogros chegaram na cidade, bem como O Vestido.

A primeira coisa que minha sogra falou foi:

— O vestido está com um problema.

Uma onda de esperança passou por mim.

— O que houve?

— Bom, eu estava dando uns pontos à mão e furei o dedo — explicou ela. — O vestido ficou com uma mancha de sangue.

Parecia promissor, pensei. Ela prosseguiu:

— Eu queria tirar a mancha, então usei um pouco da gosma laranja limpadora do papai. — E ergueu o vestido. No meio da parte superior, havia duas manchas cinzentas e desbotadas. — Ela tirou a cor do tecido!

Levei a mão rapidamente à boca. Para esconder um sorriso de alívio. Eu queria pular para cima e para baixo e gritar de alegria a todos pulmões. Não me sentia suficientemente culpada por ela estar interpretando minha reação do jeito errado.

— Não tem problema. — Eu a abracei. — Vamos dar um jeito.

Naquela mesma tarde, com menos de vinte horas, saí para comprar um vestido de casamento. Na primeira loja de noivas em que entramos, peguei um lindo vestido branco de cetim na arara e o experimentei. Vestiu como uma luva, custou cem dólares e eu o amei.

Esse foi o meu golpe de sorte.

O vestido original, pelo qual eu tinha um apego emocional, foi dado à minha irmã. Não para que usasse no casamento dela, claro, mas como uma excelente fantasia para as viagens anuais dela ao Festival Renascentista.

Debra Mayhew

81 – Bolas de algodão

O problema de sempre querer manter a saúde do corpo é a dificuldade de mantê-la sem destruir a saúde da mente.
G.K. Chesterton

Minha mãe me liga da Flórida todos os dias. Hoje, ela pergunta:

— Você está bem? As crianças estão bem? Onde estão?

Cometo o erro de contar para ela que as crianças estão brincando lá fora. Agora ela liga a cada quinze minutos.

— Eles já voltaram?

— Não, mamãe, ainda estão lá fora.

— Consegue vê-los daí?

— Não, mas eles estão bem.

— Você não consegue enxergá-los? Eles estão no bosque? Com os ursos?

— Sim.

Desligamos. Estou tentando ler, mas é difícil me concentrar com as interrupções constantes. O telefone toca. Suspiro e deixo o livro de lado.

— AGORA eles voltaram?

— Estou vendo as crianças, mãe. Sophie está no lago. Max está no balanço.

— No lago? Ela vai cair lá dentro! Vá buscá-la!

— Mãe, está tudo bem.

Meus filhos têm dez e doze anos. Não é provável que eles caiam em lagos, percam-se no bosque ou sejam comidos por ursos. Mas ela se preocupa. Ela se preocupa conosco, mas se preocupa principalmente consigo mesma.

— Comi uma banana!

— Que ótimo, mamãe. Espera aí.

Agora estou tentando ajudar minha filha com o dever de matemática enquanto seguro o telefone e mexo uma frigideira com legumes.

— Não lembro como se faz essa divisão longa, Sophie. Vai ter que perguntar ao papai quando ele chegar... Espera, mãe. Max, nada de computador antes de terminar de soletrar. O que foi, mamãe?

— Eu disse que comi uma banana! — A voz dela está aguda, do jeito que fica quando ela está ansiosa.

— É — digo —, uma banana. E o problema disso é...

— Sou alérgica a bananas!

Quis perguntar: "Então por que você comeu?". Mas mordi a língua e disse:

— Você está bem?

— Não sei. Minha barriga dói.

A barriga dela doeu por uma semana depois desse episódio, mas eu tenho certeza de que não é alergia. Só ficou assustada a ponto de acreditar que era.

Na semana seguinte, foi um pêssego.

— Comi um pêssego!

— Você é alérgica?

— Não, mas o pêssego estava no balcão e eu tinha acabado de lavar a louça. Acho que um pouco de detergente ficou no pêssego. Você acha que vai me fazer mal?

— Detergente no pêssego?

Agora ela nos pegou no meio de uma partida intensa de Banco Imobiliário. Estou tirando toda a grana das crianças e quero continuar assim, mas parei na avenida Kentucky e Max tem um hotel ali.

— Espera aí, mãe.

— Arrá! Pode ir pagando — diz meu filho. Não quero, mas entrego o dinheiro.

— Você não está me escutando — grita minha mãe. — Comi um frasco de detergente! Eu vou morrer!

— Você tomou um frasco inteiro? Sophie, sua vez.

— Você não está me levando a sério! Vou ligar para o Centro de Controle de Intoxicações.

— Tá bom, depois me conta.

O Centro de Controle de Intoxicações vai avisá-la que ela ficará bem. É o que sempre dizem. Ela liga todo o dia. Com frequência é alguma coisa como o detergente, mas às vezes é porque ela passou o creme facial perto da boca e acabou lambendo. Muitas vezes, é por conta de frango. Ela liga para o Centro porque, depois de comer, ela acha que se lembra de ter visto um tom ligeiramente azulado na ponta da asa. "Em caso de dúvida, jogue fora" é o lema dela, ou é o que ela diz, o que significa que mais de metade do que ela compra no mercado vai para o lixo.

O telefone toca quando minha família está jantando.

— Não encontro a bola de algodão! — grita ela.

Eu tinha acabado de colocar um lindo pedaço de manteiga em um monte fumegante de purê de batata. Com um suspiro, deixo meu prato e minha família para atender o telefone na sala.

— Bola de algodão? — E me jogo no sofá.

— Sumiu! — A voz dela se aproxima da histeria. Faço carinho no gato, que rola para receber carinho na barriga. — Era de um frasco novo de remédio. Sabe aquele algodão que eles colocam lá dentro?

— Sei… — Nunca tinha ouvido essa história.

— O algodão sumiu!

Sei que ela está andando de um lado para o outro na cozinha, indo e voltando para o frasco de remédio em busca do algodão.

Troco o telefone de orelha.

— Certo, então talvez esse frasco nunca tivesse um pedaço de algodão.

— Eu vi o algodão! — Ela está praticamente gritando comigo.

— Mas se não está aí…

— Não está aqui porque EU COMI!

Minha família escuta o grito dela pelo telefone. Meu marido ergue a sobrancelha enquanto minha filha aponta o purê e esfrega a barriga. "Nham", articula ela sem fazer som. Sacudo a cabeça.

— Você realmente comeu uma bola de algodão?

— Não está no frasco, não é? Então, sim, eu devo ter comido!

Respiro fundo e me pergunto como deve ser sentir tanta preocupação. Também me pergunto como deve ser ter uma mãe normal, ou pelo menos uma que não pense que comeu uma bola de algodão.

— Tenho que ir — diz ela. Desligamos o telefone.

Volto para meu purê, que está frio. A manteiga endureceu, mas como mesmo assim. O telefone toca.

— Oi, mãe. O que o Centro de Controle de Intoxicações falou?

— Disseram que, se eu tivesse comido a bola de algodão, eu saberia.

— E você acha que é verdade?

— Não sei. Talvez.

Uma vez ela perguntou para o Centro de Controle de Intoxicações se ela era a cliente mais maluca. Eles disseram que não, que havia um homem que ligava todo dia, convencido de que o cachorro estava tentando envená-lo. Rimos bastante daquilo.

— Preciso desligar — diz ela. — Meu estômago está estranho.

O meu também, mas termino meu jantar frio sabendo que o telefone tocará de novo em alguns minutos. E quem sabe o que vai ser da próxima vez?

Lava Mueller

Obrigada por ser minha base

*Se olhar nos olhos da sua mãe, saberá que é o amor
mais puro que pode encontrar na face da terra.*

Mitch Albom

82 – Maternidade noturna

O vínculo que une uma mãe e um filho é de uma força tão pura e imaculada que nunca pode ser violado.
Washington Irving

Um choro na noite. Soluços se tornam gritos desesperados. Eu os escuto, mas não quero escutá-los. Está escuro e frio, e minha cama é quente e macia.

Jogo os pés para a borda da cama enquanto pego o celular para iluminar o corredor com um toque. Os gritos têm som de morte. Imagens terríveis piscam em minha mente. Membros quebrados? Reação anafilática? Com o peito retumbando, corro para a porta e a abro.

Minha silhueta é reconhecida na porta e a gritaria para imediatamente.

Mais uma vez, aninho a cabeça do meu filho contra meu coração na alta madrugada. Balanço devagar para acalmar meu bebê encharcado de lágrimas até dormir. Meus pés descalços tocam o piso de madeira gelado. Minhas costas começam a doer e meus braços tremem com o esforço, mas não paro de me mover até ser seguro colocá-lo de volta no berço, para que ele não perceba que saiu do meu colo.

Estou cansada.

Enquanto volto à cama pela terceira vez naquela noite, imagens da minha mãe preenchem minha mente. Ela também estava por perto quando eu chorava à noite.

Teve uma vez em que eu tinha dezesseis anos e estava brava com ela. Nós não estávamos nos falando há algum tempo, embora ela não soubesse disso. Ela me abandonara. Não aparecia nos eventos da escola, não sabia o nome dos meus amigos e não se importava se eu chegasse em casa às duas da manhã. Ela tinha um novo bebê para acordá-la à noite e um novo marido. Eu ficava largada chorando sozinha. Então, menti para ela naquela noite.

— Estou indo ao cinema, mãe.

Em vez disso, entrei em um Peugeot amarelo de 1978, cheio de meninas e de cerveja Olde English 800, e fomos para uma estrada provisória para transporte de lenha abandonada que passava pela beira de um precipício, sobre o rio Snake. A viagem sinuosa de quarenta minutos colina acima prometia uma festa cheia de cerveja no final.

Nossa motorista era uma menina de dezesseis anos. Ela se chamava Dorothy e tinha acabado de tirar a habilitação. Ela virava drasticamente a cada curva da estrada, como se estivesse jogando o jogo mais recente do Atari. Mas não estava familiarizada a dirigir em terreno escorregadio. Às vezes, os pneus traseiros não ficavam retos quando os dianteiros viravam bruscamente.

Nosso carro caiu de um penhasco. O único cedro que restou da beira devastada da estrada o amparou depois de seis metros.

A queda arremessou minha amiga Jana do carro e o braço dela ficou preso sob o pneu dianteiro esquerdo, quebrado, mas impedindo que ela tivesse uma queda fatal. As meninas que estavam no carro comigo, embora estivessem apenas levemente feridas, estavam cobertas com meu sangue. Meu rosto e meu tronco foram lançados contra o painel e o vidro da frente. Quebrei o vidro com minhas bochechas e costelas.

Gritos pedindo por nossas mães cortaram a noite.

Tirando-a de um sono profundo, na escuridão, um chamado. Minha mãe procurou o som, assustada, colocando os pés contra o chão gelado pela terceira vez na noite; mas dessa vez não era o choro do bebê. A voz do outro lado da chamada disse:

— Sua filha Jennifer está no nosso pronto-socorro. Venha rápido, não sabemos se ela vai sobreviver.

Minha mãe saiu correndo da casa, esquecendo todos os detalhes do telefonema. Imagens terríveis passavam pela cabeça dela enquanto ela dirigia.

Como eu tinha mentido para a minha mãe e dito que iria ao cinema, ela foi para o hospital errado, exigindo ver a filhinha dela, que não estava lá. Confusa, ela foi para outro pronto-socorro e para mais um, até me encontrar.

Ela chegou tarde demais. Eu já tinha abandonado meu corpo ferido para me unir à luz. Envolvida em uma luz morna que me confortava em um aconchego divino, eu não sentia dor, apenas amor.

Olhei para baixo, onde estava o meu corpo nu, em uma maca. Assisti a um médico e três enfermeiros na sala de emergência frenética bombeando um balão de emergência contra o meu rosto e fazendo compressões no meu peito, enquanto um eletrocardiograma estridente mostrava uma linha reta. Havia pânico ali.

E foi nesse momento que minha mãe entrou pelas portas duplas da sala, exausta, gritando:

— Minha bebê, minha bebê!

Em um instante, minha respiração voltou com uma força excruciante e gritei pela minha mãe.

Ela ficou a meu lado por dias, tirando cacos de vidro do meu rosto com uma pinça por horas, me dando pedaços de gelo para mastigar e me dizendo que ficaria tudo bem, saindo do quarto apenas quando eu não perceberia que não estava mais no colo dela.

A noite vem. As mães se levantam e vão para os filhos. Meus bebês gritam por mim e eu grito chamando pela minha mãe. Nunca deixa de ser importante. Mas é mais do que isso. Às vezes parece que a vida, e a morte, e as mães nos ajudam a escolher a vida.

Jennifer Knickerbocker

83 – Ali o tempo todo

*O que há de melhor para almas humanas do que sentir-se
em comunhão por toda vida — estar um com o outro
em memórias silenciosas e indizíveis.*
George Eliot

Eu não tinha certeza do que achar da minha madrasta. Ela entrou na minha vida quando eu era adolescente e tinha coisas mais importantes em mente do que fazer amizade com ela. Eu gostava dela e era sempre educada, conversávamos em reuniões da família, mas eu tinha amigos e uma vida social a quilômetros de onde ela e meu pai moravam. Eu estava feliz por meu pai ter encontrado alguém que o amava tanto quanto eu, mas nunca investi tempo em conhecê-la de verdade. Qualquer comunicação entre mim e ela acontecia através do meu pai. Ele tinha se aposentado prematuramente, mas ela continuou trabalhando em uma carreira de alto escalão, que deixava livres poucas horas do dia dela. Esse era simplesmente o jeito que as coisas eram e nunca pensei duas vezes a respeito.

Conforme os anos passaram, eu ia encontrar meu pai para um almoço em dias de semana e ela estava trabalhando. Eu o atualizava sobre os acontecimentos da minha vida. Eu sabia que ele contava minhas novidades para ela, mas nunca tivemos uma conversa só nós duas.

Então o impensável aconteceu... meu pai foi diagnosticado com câncer. Antes de sabermos, o câncer ficara agressivo e o tempo que restava ao meu pai era limitado. Passei muitas horas na casa dele e da minha madrasta naqueles últimos meses, mas a maior parte do tempo era para ajudar minha madrasta para que ela pudesse resolver coisas na rua, cuidar do trabalho ou ir ao cabelereiro.

Eu sei que papai se preocupava com a possibilidade de minha madrasta ficar sozinha quando ele falecesse. Ele expressou sua esperança de que a família ficasse intacta, de que ainda cuidássemos uma da outra, já que ele não estaria mais lá para cumprir esse papel. Eu disse a ele que faríamos isso. Minha madrasta e eu nos sentamos, cada uma de um lado da cama, e seguramos as mãos do meu pai enquanto ele respirava pela última vez e morria pacificamente.

A virada no nosso relacionamento chegou na noite em que ele faleceu. Eu lembro como se fosse ontem. Estávamos sentadas ao balcão da cozinha esperando o legista chegar quando por fim perguntei:

— Por que vocês não tiveram filhos?

E com súbita nitidez, percebi que, embora ela fosse parte da família havia mais de vinte anos, eu nunca me dera ao trabalho de conhecê-la a fundo. Os objetivos, os sonhos, o passado. Era óbvio que nos amávamos e nos importávamos uma com a outra, mas será que realmente nos conhecíamos? Fiquei com ela naquela noite e conversamos, rimos e choramos.

Desde aquela noite, ela se tornou a minha maior torcedora, e eu, a dela. Ela é a pessoa para quem eu ligo para discutir dificuldades, frustrações e alegrias, e ela me escuta. Encoraja meu filho a ir atrás de seus objetivos e sonhos e nunca perde uma oportunidade de me dizer quanto está orgulhosa dele e do meu trabalho como mãe. Quando preciso de conselhos ou apenas de um ouvido disponível, ela sempre está ali. Nossos almoços e jantares são momentos preciosos que não acontecem com frequência suficiente.

Faz quase oito anos desde aquela noite. Em vez de olhar para trás e pensar no que perdemos naqueles primeiros anos, sou muito grata pelo que criamos desde então. Espero que meu pai possa nos ver dos céus e ficar orgulhoso da relação que cultivamos sozinhas. Um momento terrível da nossa vida trouxe uma bênção que eu jamais havia imaginado.

Aliás, a resposta dela para a minha pergunta daquela noite de tanto tempo atrás foi:

— Nunca achei que fosse ser muito boa nisso.

E como ela estava errada.

D'ette Corona

84 – Amor incondicional

Chegou um momento em que o risco de ficar apertada no botão era mais doloroso do que o risco exigido para desabrochar.
Anaïs Nin

Minha mãe e eu sempre tivemos uma relação forte, de compreensão, amizade e confiança. Apoiamo-nos nas épocas mais difíceis, incluindo nossa fuga de casa para um abrigo decadente de mulheres, no qual passamos meses. Em nossa casa anterior, dividíamos um quarto — minha mãe era (e ainda é) minha maior confidente. Embora ela e eu tenhamos um vínculo tão intenso, sempre me perguntei se o amor dos pais é de fato incondicional, como tantas pessoas dizem. Nos cantos mais profundos da minha mente, sempre houve a noção de que o amor de uma mãe poderia na verdade ser condicional se o filho fizer algo suficientemente horrível — e, na época, era guardar um segredo que à época eu sentia que poderia ser o fim da nossa relação.

Posso dizer com segurança que, na pequeníssima cidade do norte do Maine em que moro, meu segredo não seria muito bem recebido. As repercussões seriam inevitáveis. Embora eu temesse a reação das pessoas a meu redor, o que mais temia era magoar minha mãe. Veja, havia quase dois meses eu estava tendo um romance apaixonado com alguém — outra mulher. Eu estava eufórica. Passava noites compondo sonetos e escrevendo cartas de amor.

No começo, eu não tinha intenção de sair do armário para minha mãe, uma mulher que tem uma fé católica bastante intensa. Minha namorada também não tinha planos de sair do armário para os pais dela, que eram abertamente homofóbicos. Entretanto, o destino tinha planos diferentes. Em uma tarde de terça de verão, depois do meu primeiro ano de faculdade, cometemos o erro de deixar os vizinhos de porta dela nos verem de mãos dadas, e claro que um telefonema foi prontamente dado para os pais dela.

Naquela noite, fui para casa em prantos, mal conseguindo terminar frases. Foi ali que eu soube que já não poderia mais mentir para a minha mãe sobre o motivo de eu não ter namorado. Já não podia esconder aquela parte essencial do meu ser. Minha mãe estava na casa de uns amigos, então liguei para lá.

— Mãe, não sei como contar isso. Acho que talvez eu seja gay — tentei dizer entre lágrimas.

O silêncio durou apenas alguns segundos, embora tenham parecido horas, enquanto eu esperava pela raiva e pela decepção esperadas.

— Acho que você deveria ser atriz. É tão dramática. Não é nada demais. Eu te amo e nada vai mudar isso — respondeu ela.

Subitamente, anos de segredos, anos de sentir como se eu fosse uma abominação e uma anormal evaporaram. Era como se as palavras gentis da minha mãe derretessem o gelo que envolvera meu coração por tanto tempo.

A estrada da autoaceitação continua dura, mas já não tenho dúvidas de que o amor de uma mãe por sua filha é incondicional. Minha mãe foi e é uma das minhas maiores apoiadoras. Sempre que pensamentos negativos sobre mim mesma se esgueiram, lembro as palavras dela: "Eu te amo e nada vai mudar isso".

Angel Therese Dionne

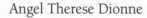

85 – Do desespero à paz

O amor materno é paz. Não precisa ser conquistado, não precisa ser merecido.
Erich Fromm

Minha mãe faleceu aos 36 anos, deixando meu irmão e eu, com sete e seis anos, morando com parentes enquanto meu pai se casava de novo e divorciava inúmeras vezes. No começo dos meus vinte anos, descobri que a expectativa de vida de minha mãe, que teve poliomielite quando criança, havia sido de apenas vinte anos.

Depois da criação tumultuosa que tive, comecei a questionar o motivo de ela ter escolhido ter filhos sabendo que era provável que morresse jovem. Por que ela intencionalmente nos traria ao mundo sabendo que não poderia nos criar? Por fim, reuni coragem e perguntei para minha tia, que me deu uma resposta simples: minha mãe sempre desafiou as predições dos médicos. Ela lidava tão bem com os problemas de saúde dela que pensou que viveria o bastante para nos criar.

Continuei obcecada com isso, entretanto, e ainda me sentia profundamente ferida por minha mãe ter nos deixado em circunstâncias tão difíceis. Então veio o sonho.

Não houve troca de palavras ou de pensamentos. Havia apenas sentimentos. Eu não me lembro de um cenário nesse sonho — nenhum campo pastoral, mansão celestial, nenhuma nuvem —, apenas a visão da minha jovem e bela mãe caminhando em minha direção. Ela estava livre da severa escoliose que a atrapalhara em vida. Caminhou ereta e veio para mim com os braços abertos, os olhos gentis brilhando ainda mais do que eu me lembrava, um lindo sorriso no rosto. Ela me envolveu com os braços e voltei para aquele acalento morno. Demos um abraço apertado, e pude sentir a maciez do cabelo dela em minha bochecha.

Simplesmente ficamos ali, nos abraçando naquele calor com um sentimento arrebatador de amor profundo e incondicional me tomando. Naquele momento onírico, eu sabia que minha mãe nunca quis me trazer para o mundo e depois partir. Ela me amava e ela teria continuado a me amar. Ela continuaria por todo o tempo que eu vivesse.

Há 35 anos acordei daquele sonho com uma paz profunda. Meu desespero havia desaparecido. Desde então, nunca mais tive um único momento de dúvida sobre as esperanças de minha mãe em relação a minha vida. Vivi com o conhecimento concreto do amor incondicional dela. É o maior presente que ela me deu.

Kimberly Ross

86 – O baú de cedro da vovó

Dizem que genes pulam uma geração. Talvez seja por isso
que os avós acham os netos tão adoráveis.
Joan McIntosh

Embora a borda de cobre tenha manchado com o tempo, a madeira do baú de cedro da minha avó ainda sobe com suavidade quando a tampa é aberta. Há um tesouro de relíquias familiares ali e meus próprios talismãs se misturam às recordações da vovó. A mantinha de bebê gasta com a barra bordada à mão está lá dentro, junto a uma lata de doces cheia de bijuterias de lojas baratas que a jovem Hazel Hayward usava quando trabalhava como telefonista.

Amarelados, recortes e fotografias frágeis capturam fragmentos de vidas e preservam momentos do passado. Posso abrir qualquer álbum e folhear para ver minha vida se desenrolar com a nitidez Kodak. Através dessas fotos, consigo também ter um lampejo do passado, do mundo que um dia foi realidade.

Havia itens demais para contar, fazer um inventário, mas há um artigo de suma importância porque acendeu a centelha da minha carreira de escritora e a sustenta. O manuscrito é frágil e a tinta está desbotada, a tinta que um dia fora consistente, preto fresco sobre páginas novas, escrito com grande capricho. Um canto do manuscrito gasto ainda está preso com uma fita vermelha, agora suavizado pelo tempo para um tom cinzento de rosa. Consigo ler o título e todo o restante com facilidade, embora meus dedos manuseiem o papel precioso com um toque leve para que eu não destrua o trabalho da vovó como escritora, a Profecia da Turma que ela escreveu em 1912.

Profecias de Turma estavam em voga no ano em que o Titanic afundou nas águas do Atlântico Norte, e a dela está escrita na caligrafia deliciosa e cheia de floreios da época. A maior parte das turmas que estava se formando tinha uma profecia dessas, trabalho de um único aluno que tentava prever o futuro de seus colegas.

Escrito em primeira pessoa, o trabalho da minha avó vive e exala vida na juventude há muito morta que se formou com ela naquela primavera. Eu tinha quatorze anos, um pouco mais nova que ela ao escrever aquilo, quando li pela primeira vez. Naquela época, como agora, fiquei perplexa com o poder das palavras, o dom desconhecido de minha avó.

Meu desejo de virar escritora chegou cedo, e eu rabiscava histórias assim que aprendi a segurar um lápis. Quando adolescente, esperava um dia escrever palavras que pudessem tocar outras pessoas, mas era um sonho secreto que eu mantinha oculto.

Vovó me conhecia, entretanto, quase tão bem quanto o próprio coração, então ela abriu o baú de cedro para revelar o velho manuscrito. Li com maravilhamento, sem saber que a avó que usava aventais sobre vestidos de ficar em casa, a mulher cujas mãos calosas e cansadas com anos de trabalho um dia partilhara um sonho comigo. Bolas de poeira flutuavam na luz da tarde que enchia o quarto que meu avô um dia dividira com o irmão dele e lágrimas queimavam em meus olhos quando perguntei por que ela não tinha se tornado escritora.

— Eu não podia. — As palavras dela eram suaves e simples, mas falavam altíssimo.

Ela fora trabalhar assim que se formou no nono ano. Na época que a Guerra Mundial envolvera os Estados Unidos, ela estava trabalhando como telefonista. Depois, quando os telefones que discavam sozinhos eliminaram muitas telefonistas, ela foi trabalhar na lavanderia de um hospital, um trabalho que manteve até pouco depois do meu nascimento. Ela também criara três filhos, mandou dois para a Segunda Guerra e enterrou um marido. Casou-se de novo em um romance de outono com o meu amado vô, o avô conectado a mim não por sangue, mas pelo amor.

Encarei aquela mulher pequena e notável, sem conseguir falar... mas ela conseguia.

— Eu não pude, mas você deveria.

As palavras dela eram tanto bênção como desafio. Era um artifício lançado para me instigar e funcionou. Se ela tivesse podido fazer ensino médio ou faculdade, talvez tivesse se tornado uma escritora reconhecida, mas não há "talvez" ou "poderia" na vida real. Ela não pôde, mas eu poderia.

Meu sonho um dia fora dela e, naquele dia, a tocha foi passada de uma geração para a outra. Prometi que eu só me casaria depois de terminar os estudos — ensino médio e faculdade. E fiz um voto de que me esforçaria para pegar as palavras e fazê-las cantar, que eu poderia conseguir.

A estrada para me tornar escritora em tempo integral foi longa e cheia de obstáculos, e, quando eu ficava tentada a desistir, lembrava-me daquele manuscrito, daquele sonhos, e seguia em frente.

O baú de cedro da vovó agora orna a minha sala de estar. Em suas profundezas lustrosas, está aquele manuscrito, a prova de um sonho e base para minha carreira de escritora.

Ela não pôde, mas eu consegui — por causa do sonho dela.

Lee Ann Sontheimer Murphy

87 – Encontrando forças no amor

Você precisa ser corajoso com sua vida para
que os outros possam ser corajosos com as deles.
Katherine Center, The Gifts of Imperfection

Minha mãe era minha heroína quando eu era criança. Ela era pequena em estatura, mas eu a colocava num pedestal em muitos aspectos. Ela era linda. Não era apenas o polvilhado de sardas pelo nariz arrebitado ou os cachos que eu adorava tocar e que cheiravam a talco quando eu beijava o topo da cabeça dela. Não eram só os olhos azuis e brilhantes ou o sorriso contagiante que ia de um canto ao outro do rosto e que ela concedia a todos com quem entrava em contato. Ela sempre me chamava de "neném" e segurava a minha mão no carro. Os momentos em que eu mais me sentia especial era quando passava tempo só com ela, sem meus irmãos.

Minha mãe é a pessoa mais gentil que conheço. Ela é humilde até demais e passou a vida cuidando daqueles que ama, mesmo quando precisa encontrar um jeito de cuidar de si mesma.

Não sei quantos anos eu tinha quando percebi que minha mãe estava doente. Ninguém veio e me contou que ela tinha transtorno bipolar, mas comecei a notar as oscilações de humor. Nessa época, ela estava solteira, trabalhando em vários empregos, e o trailer onde morávamos estava aos pedaços. Meu irmão mais velho ficava cada vez mais responsável por nós, e meu tempo individual com minha mãe minguou conforme ela lutava para nos manter. Mas ela arranjava tempo para ler com todos nós, amontoados em um colchão na sala, onde ela dormia. Sua voz fazia tudo parecer bem.

Em uma manhã, acordei e descobri que ela tinha pintado a cozinha inteira de rosa. Em outra vez, durante uma discussão entre ela e as crianças, ela desmaiou. Entramos em pânico quando ela ficou deitada no chão, sem saber o que fazer. Dei um tapa no rosto para acordá-la. Os sintomas dela pareciam estar piorando e eu não sabia como ajudar.

Algum tempo depois, saímos da nossa pequena fazenda e nos mudamos para uma casinha "na cidade". Uma amiga dela morava na casa ao lado e ajudou a cuidar da gente enquanto minha mãe se empenhava em melhorar. Ela entrou na faculdade e parecia mais estável e atenciosa. Mas, com a mudança, a confusão da doença e a eclosão de hormônios adolescentes, fiquei brava e descontei na minha mãe com palavras e ações dolorosas. Brigávamos com frequência e eu lutava contra minha própria depressão em silêncio, sem querer admitir que eu talvez estivesse doente da mesma forma que ela. Mesmo minha mãe estando tão sobrecarregada, ela me levava para sessões de orientação, comparecia às reuniões da minha escola e garantia que meu irmão e eu usássemos os aparelhos de que precisávamos.

No "Dia de Levar a Filha ao Trabalho", ela permitiu que eu a acompanhasse às aulas. Fiquei quietinha, orgulhosa de estar incluída naquele novo mundo em que minha mãe corajosamente entrara para recuperar uma vida autônoma. Nunca consegui dizer para ela como foi importante para mim.

Quando eu tinha dezenove anos, me vi solteira e grávida. Minha mãe se mudou de uma cidade a 1.600 quilômetros de distância para ficar perto de mim e me ajudar a criar meu filho. E, embora eu tivesse aceitado a jornada de maternidade solo pensando que estaria sozinha, sabia que era capaz pelo tanto que minha mãe acreditava em mim. Por causa do amor dela, não fiquei sozinha sequer uma vez. Ela esteve comigo em uma série de escolhas errôneas e relações falhas. Ela me encorajou a seguir um caminho de crescimento pessoal e a encontrar meu lugar no mundo. Por conta do exemplo dela, monitorei minha saúde mental de perto e aprendi a pedir ajuda sem vergonha nem desculpas.

Há alguns anos, minha mãe decidiu estudar para ser Orientadora de Saúde Mental para seus pares. Com ajuda de uma amiga próxima, ela traçou um plano para atingir esse objetivo. Ela se aventurou a ir para outra cidade, apesar da ansiedade social, para comparecer às aulas. Nunca fiquei tão orgulhosa. Mais recentemente, ela recebeu o diploma universitário e foi a primeira da família a se formar. Ela levou vinte anos.

Nunca vou me esquecer de quando minha mãe contou que entrou para a Nami, a Aliança Nacional para a Saúde Mental. Senti muita alegria de vê-la encontrar um lugar em que influenciaria positivamente o caminho de outras pessoas que enfrentam os mesmos desafios que ela. A mulher que costumava evitar multidões a todo custo me chamou para ajudar a organizar um show beneficente, dizendo que era a coordenadora voluntária do evento. Inscrevi meu filho para ajudar a tirar as cadeiras depois. Aproveitamos o show, e minha mãe até dançou um pouco. Sorri por dentro, tomada por emoção e pensando como ela avançara. Quando eles convidaram os membros do comitê a subir ao palco para apresentá-los, fiquei chocada ao descobrir que minha mãe era a vice-presidente. Eu não fazia ideia.

Nunca soube das dificuldades que ela enfrentou durante minha infância. Mas sei que foi preciso ter coragem e força para seguir apesar da doença. Ela lutou ferozmente e escolheu ser autora da própria aventura. É por isso que minha mãe sempre será uma heroína para mim.

Holly Wilkinson

88 – Ela nunca parou de me amar

Mãe, os laços do seu amor estão ao redor do meu coração.
Autor desconhecido

O policial pigarreou.

— A senhora está bem?

Curvada, limpei o rosto no esparadrapo que cobria a minha coxa lacerada.

— Não. — As lágrimas escorriam de meus olhos enquanto eu orava a Deus com o desespero de um filho perdido. — Quero minha mamãe. — Minha voz oscilou. Tentei mimetizar o colo da minha mãe, enrolando minhas pernas e me agarrando a elas, então me balancei para frente e para trás. Nunca antes eu havia entendido quanto o amor dela era importante.

Eu esperava que ela ainda me amasse.

— Você pode ligar para ela quando chegarmos à delegacia.

Um som gutural se soltou do fundo, e meu choro aumentou.

— Não. Não posso. Ela está no Haiti.

— Ah — disse ele. — Sinto muito.

Era possível aquilo estar mesmo acontecendo?

Minha mãe sempre disse que me amaria não importava o que acontecesse, mas não acreditei nela. Convencida de que ela ficaria decepcionada e pararia de me amar se descobrisse todas as coisas terríveis que fiz, eu me escondi dela. Minha vida estava cheia de segredos e mentiras.

Será que ela pararia de me amar agora que descobriria a verdade?

Na delegacia, prestei um falso testemunho ao detetive. Prometendo que seria sincera se ele questionasse minha história, procurei sinais de descrença; mas, como recebi apenas reforços positivos, as mentiras continuaram. Eu não conseguia sequer pensar na verdade, quem dirá falá-la em voz alta.

Uma batida na porta nos interrompeu.

— A advogada dela está aqui — disse uma voz.

— Minha advogada? — Confusa, balancei a cabeça. — Eu não tenho advogada.

— Bom, ela disse que é sua advogada — respondeu a voz. — Ela quer falar com você.

O detetive bateu na mesa.

— Ela não precisa de advogada.

Assustada, olhei para ele.

— Não preciso?

Ele franziu a testa.

— Por que precisaria?

Meus lábios tremeram.

— Não sei. — Pensei por um momento. — Talvez seja melhor eu ver o que ela quer.

O detetive lançou um olhar desconfiado quando a porta foi aberta e uma mulher entrou. Ela olhou para o chão sob minha perna e apontou.

— Isso é o sangue dela no carpete?

Olhando para baixo, assenti. A mulher apontou para mim.

— Não diga mais nada. — Ela virou para o detetive e colocou a mão nos quadris. — Ela precisa ir para um hospital. Agora!

No pronto-socorro, ela explicou a seriedade da minha situação.

— Sua mãe insistiu que você tivesse uma advogada.

— Minha mãe?

— Sim. Sua irmã ligou para ela, que instruiu sua família a providenciar uma advogada. Isso é bom, e é muito importante que você não diga mais nada.

Depois disso, não falei mais nada a ninguém. Eu tinha medo de que a verdade, que eu atirara no meu marido e o matara, fizesse todos pararem de me amar. Eu me preocupava de que ninguém acreditaria que fora legítima defesa.

Minha mãe pegou o primeiro voo de volta para me ajudar com os preparativos do funeral. Ela segurou meu corpo enquanto eu encarava o homem que já tinha amado em seu caixão. Ela me ajudou a limpar minha casa, que fora uma cena de crime por dois dias, e nunca me perguntou o que acontecera naquela noite.

Demorou meses, mas o telefonema da advogada veio.

— Você foi indiciada por assassinato. Precisa estar no tribunal amanhã de manhã.

Apertando as mãos e com os joelhos tremendo, esperei a sentença do juiz. Então, com uma batida estridente, eu estava atrás das grades.

Minhas memórias de anos atrás voltaram, e as palavras da minha mãe ecoaram em meus ouvidos:

— Não se envolva com ele. Ele não é coisa boa.

Embora tivesse medo de que ela parasse de me amar, casei-me com ele. Eu o amava e precisava do amor dele.

— Estou tão decepcionada. Por que você toma essas decisões? — perguntou ela.

Meu coração apertou.

— Bom — a voz dela demonstrava resignação. — Estou preocupada, mas ainda te amo. Você fez a fama, agora, deite-se na cama.

Pelo menos, ela ainda me amava.

Então tive um filho e o amor maternal transbordou em mim. Quando minha mãe viu o neto pela primeira vez, o rosto dela se iluminou.

— Ah! Ai, meu Deus! Ele é maravilhoso.

Ela fez cafuné nele e passou a mão pelo corpinho, então o pegou no colo e colocou o rosto perto do dele.

O amor dela era avassalador. Ele fluía enquanto ela o apertava contra o peito. Ela olhou para mim com os olhos cheios de lágrimas.

— Ele é tão precioso. Me lembra você.

— Eu? — Franzi a testa. — Por quê?

Ela olhou para ele.

— Abraçá-lo me faz lembrar de abraçar você recém-nascida. Eu o amo, assim como amo você.

Ela realmente poderia me amar dessa maneira?

Conforme o tempo passou, o ciúme extremo do meu marido virou uma obsessão, que evoluiu para violência emocional e verbal. Então a violência se tornou física. Mas o que eu poderia fazer? O antigo mantra dançava em minha cabeça. Preocupada que a verdade fosse me fazer perder alguém amado, guardei meus fardos para mim, mesmo quando a raiva dele passou a ameaças diárias a minha vida com uma faca contra minha garganta. Como minha mãe disse: eu fizera a fama, tinha que me deitar na cama.

Em uma noite sombria, meu marido saiu do controle. Ele me torturou com uma faca e ameaçou a vida de nosso filho. O instinto de protegê-lo entrou em ação e eu soube que precisava fazer o que fosse preciso. Eu morreria por meu filho. Com essa determinação, consegui me afastar do meu abusador e corri para pegar a arma escondida.

O som metálico das imensas chaves me trouxe de volta para a realidade da cadeira. Em uma carta para minha mãe, mencionei quanta alegria receber correspondência me trazia. Depois disso, ela me escreveu todos os dias. A cada carta, a percepção de que ela talvez me amasse afinal, mesmo que eu tivesse feito tantas coisas graves, começou a ser absorvida por mim.

Embora minha mãe morasse em outro país, colocava cuidar das minhas coisas e me visitar no topo da lista dela sempre que estava na cidade. Ela fez tudo que pôde enquanto eu estava encarcerada, por mais de oito meses, inclusive preencher minha declaração de falência, contratar uma advogada poderosa que me tirou sob fiança e pegar a custódia de meu filho para que eu não o perdesse.

Na véspera de meu julgamento, fui tomada pelo medo. Minha mãe me abraçou forte e me ninou.

— Está tudo bem.

Ela me colocou na cama e me deu um beijo na testa.

— Estou aqui com você, não importa o que aconteça.

A presença dela me tranquilizou durante cada minuto do depoimento. Ao final de cada dia, ela me abraçava e me reconfortava. Ela ficou ao meu lado e me amou durante todos aqueles momentos. Quando o júri me poupou da prisão, ela fez um joinha com ambas mãos e sussurrou:

— Eu te amo.

Um sorriso tomou o meu rosto — eu acreditava nela.

Minha mãe me ama, não importa o que aconteça.

Leigh Ann Bryant

89 – O concurso de soletrar

*A melhor maneira de superar o medo de palco
é saber o que você está falando.*
Michael Mescon

Soletrar era a minha atividade favorita no quarto ano. Toda semana, eu memorizava novas palavras e na sexta estava pronta para fazer a prova de soletrar. Eu geralmente acertava. Minha professora, a sra. Casazza, escrevia "100%" e "Excelente!" no topo da prova e eu me sentia muito orgulhosa ao recebê-la.

Na mesa atrás de mim, Donna Slocum se curvava e sussurrava:

— Qual a sua nota?

E eu mostrava minha prova para ela.

— De novo? — perguntava com uma ponta de inveja na voz.

Um dia, a sra. Casazza anunciou que haveria um concurso de soletrar na quinta-feira, o dia anterior à prova.

— Vai ser uma revisão para quem estiver com dificuldades de lembrar as palavras — disse ela.

Ah, não, pensei. No mês passado, quando eu precisara que me levantar para apresentar um livro para a turma, meus braços tremiam tanto que era difícil ler o que eu escrevera. Eu estava excessivamente ciente dos 27 pares de olhos que me observavam e tudo que eu queria era correr de volta para minha carteira. Um concurso de soletrar seria ainda pior. Eu não teria um texto para ler!

Depois do almoço, na quinta, a sra. Casazza pediu para fazermos fila diante da lousa e explicou as regras.

— Diga a palavra, soletre-a e então repita a palavra — disse ela. — Tomem cuidado para não repetir as letras.

Um por vez, ela falou uma palavra para cada aluno soletrar. Os meninos cometeram erros de cara e tiveram que se sentar. Com mãos suadas, esperei a minha vez. Depois que a menina a meu lado soletrou corretamente a palavra dela, a sra. Casazza me chamou e disse:

— Sua palavra é "echarpe".

— Echarpe — comecei. O som da minha própria voz me assustou. — E.

Então tive um branco. Não conseguia pensar. Todo mundo estava olhando para mim, esperando que eu dissesse a próxima letra. Mas eu não conseguia visualizar a palavra na minha cabeça. Só conseguia ver os outros alunos, todos olhando para mim. Meu rosto ficou quente. Engoli seco. O que vinha depois? Era "x"? Não, soava como "x", mas não era. Era "ch".

— E-C-H-A-R-P-E — soletrei lentamente. — Echarpe.

"Uuhs" e "aahs" vieram das crianças a meu redor.

— Você repetiu o "E" — denunciou Donna.

— Ela tem razão — disse a sra. Casazza. — Você tem que sentar.

Olhei para o chão e voltei para minha carteira. Embora eu tivesse ficado aliviada por não estar mais no holofote, tive vontade de chorar porque sabia soletrar a palavra.

Depois de terminarmos, a sra. Casazza disse:

— O concurso funcionou tão bem e foi tão divertido que decidi fazer toda quinta!

Funcionou bem? Foi divertido? Toda quinta?

Eu não queria outro concurso! Estava com medo de fazer besteira de novo. E, claro, quando a quinta seguinte chegou, fiz besteira. De repente, fiquei ciente de estar todo mundo me encarando. Fiquei em silêncio por um longo momento, incapaz de terminar a palavra. A sala estava em silêncio enquanto a sra. Casazza esperava. Por fim, ela me mandou de volta para minha carteira.

Eu temia tanto o concurso de soletrar que não quis ir para a escola na quinta seguinte.

— O que houve? — perguntou minha mãe. — Você está doente?

Contei para ela do concurso e como, toda vez que errava, precisava voltar para meu lugar.

— Mas você é boa em soletrar! — disse ela. — Você vai tão bem nas provas!

— Não consigo soletrar quando todo mundo está olhando! — respondo.

— Ah, então é esse o problema — falou. — Você tem medo de palco. Ouvi falar de um jeito fácil de se livrar disso. Imagine que todo mundo está só de roupa íntima.

Eu ri.

— De roupa íntima?

— Experimente. Vai te lembrar que eles não são diferentes de você.

Mamãe parecia ter certeza de que o truque dela funcionaria, então fui para a escola acreditando nela.

Durante o concurso, minha primeira palavra foi "calhamaço".

— Calhamaço — comecei. — C.

A sensação de que todos estavam me encarando começou a me incomodar de novo, mas me lembrei do que minha mãe disse. Fingi que todos os meus colegas estavam vestidos apenas com a roupa íntima. Devo ter sorrido um pouco. Minha mente se desanuviou e consegui me concentrar. A palavra era com Ç ou SS? Eu sabia essa. Havíamos aprendido que há um "maço" em "calhamaço".

— A-L-H-A-M-A-Ç-O — falei. — Calhamaço.

— Muito bem! — disse a sra. Casazza.

Uhu! Consegui uma vez, então, sabia que conseguiria de novo. E consegui, de novo e de novo. Ao longo do ano, até ganhei um dos concursos de soletrar. E foi só o começo. O truque da minha mãe me ajudou com cada discurso e apresentação de livros que precisei fazer. Parei de pensar que não conseguiria me levantar na frente da turma.

Claro que eu conseguia! Com um pouco de imaginação, todo mundo consegue!

Mary Elizabeth Laufer

90 – Dia da Independência

A liberdade é o oxigênio da alma.
Moshe Dayan

Ainda consigo ouvir aquelas palavras desafiadoras no rádio estrondoso do Volkswagen sedã da minha mãe. Sentada ao lado dela, corríamos pelas ruas de nossa pequena cidade, cuidando das tarefas de sempre, e ela cantava com a música sem perder o ritmo. Ela erguia o braço esquerdo — o direito sempre segurando o volante — como que para acentuar a melodia e cantava com a paixão de alguém que conseguia se identificar com a mulher descrita na letra, com a paixão de alguém com liberdade e independência recém-encontradas.

Pelos gritos e brigas frequentes, pela linguagem agressiva e pelo drama de amor e ódio que se desenrolara entre meus pais diante de meus olhos, eu sabia que "Independence Day", escrita por Gretchen Peters, era mais do que uma música popular daquele verão. Para a minha mãe, era a música da coragem e da autoconfiança. Para mim, na idade formativa de quatorze anos, era a música que virava meu mundo de ponta-cabeça.

A letra da música falava da resposta de uma mulher à violência doméstica, do ponto de vista da filha de oito anos. No Dia da Independência, enquanto a menina vai ao cortejo local, a mulher coloca fogo na casa, e ela e o marido abusivo morrem no incêndio.

A música tem duplo sentido: aquela mulher finalmente está ganhando independência do marido abusivo — por isso, seria o Dia da Independência dela — e tudo acontece no dia 4 de julho. Sua mensagem não sugere que o que a mulher fez foi certo ou errado. Em vez disso, mostra que era a única maneira de ganhar sua liberdade e, ao mesmo tempo, proteger a filha de um lar violento, no qual a menina havia visto hematomas no rosto da mãe vezes demais.

— Let freedom ring, let the white dove sing... Let the weak be strong, let the right be wrong.[1]

Esses eram alguns dos versos que minha mãe cantava com a mais profunda paixão.

Minha mãe abandonou meu pai naquele verão e nunca voltou atrás. Eu era adolescente naquela época e, a princípio, fiquei brava. A última coisa que eu queria era passar tempo com uma mulher que não parecia me entender e cujas decisões me forçaram a viver em outra casa, pegar outro ônibus escolar, memorizar outro telefone e, o pior de tudo, suportar as limitações financeiras da casa de uma mãe solo.

Enquanto continuávamos a cuidar das tarefas fora de casa naquela tarde, lancei um olhar para o assento do motorista, para a mulher de meia-idade de quem meu eu adolescente estava começando a se ressentir. Com os cabelos longos e ruivos, estatura miúda, rosto anguloso e olhos de um castanho profundo, minha mãe era um verdadeiro retrato da beleza. Embora ela às vezes parecesse um pouco autoritária e superprotetora, era minha força e eu a admirava muito. Mas ela estava cada vez pior. Dentro da beleza radiante que a maioria das pessoas enxergava, havia uma mulher cada vez mais machucada, cansada e triste.

Ela tentava ser forte pela minha irmã mais nova e eu, mas a víamos chorando e testemunhávamos a dor do final do relacionamento levá-la a um estado depressivo. Tentei ter empatia, mas havia pouco que eu pudesse fazer ou dizer para curar o coração dela.

Na noite anterior, ela tinha chorado até dormir e, quando nos deitamos ao lado dela, sussurrou:

— Eu amo vocês, meninas, mais do que vocês imaginam.

Ao vê-la cantar naquela tarde, comecei a entender por que aquela música era tão importante para ela. E comecei a compreender como

---

1 Deixe soar a liberdade, deixe a pomba branca cantar... Deixe o fraco ser forte, deixe o certo ser errado [N do T].

eram importantes a liberdade, a independência e a habilidade dela de fazer o que a deixava feliz. Comecei a reconhecer os sacrifícios que minha mãe fazia, não apenas pelo próprio bem-estar, mas também pelo da minha irmã e meu. Embora tivéssemos dificuldades financeiras, a coragem e a força dela permitiram que vivêssemos em uma casa sem brigas e agressões verbais. A decisão dela permitiu que vivêssemos sem medo.

Quando a música terminou e ela estacionou o carro, deu o maior sorriso que conseguiu e disse:

— Meu Dia da Independência será o 31 de julho, não dia 4. Acendam os fogos!

Faz dez anos daquele dia em que assisti à minha mãe cantando harmoniosamente "Independence Day" a caminho do mercado. Já não sou a adolescente no banco da frente, dependente de um motorista. Já não uso um walkman da Sony para interromper a voz aguda dela cantando. Mas há uma coisa que não mudou desde aquele dia quente de verão: o grande impacto que a mensagem da música tem em mim.

Quando ouço as palavras "Dia da Independência", nem sempre penso no 4 de julho, no vermelho, branco e azul ou na liberdade dos Estados Unidos. Em vez disso, saúdo as mulheres que, como minha mãe, tiveram a força e a coragem de fazer mudanças difíceis e dolorosas em suas vidas, mudanças que agora também tenho que enfrentar.

Talvez seja verdade que a história se repete. Há pouco tempo, quando larguei meu marido alcóolatra, conheci o mesmo tipo de dor que minha mãe enfrentou quase uma década antes. Talvez eu devesse ter prestado mais atenção aos ensinamentos dela, os ensinamentos da minha criação e a angústia frequente da infância. Mas talvez eu estivesse destinada a seguir os passos dela, cometer os mesmos erros, sentir a mesma dor e desenvolver a coragem, a força e a independência dela.

Sei que ela nunca quis, mas agora sei. Agora eu compreendo. E, assim que consegui deslocar o fardo, tive meu Dia da Independência.

Coincidentemente, separei-me do meu marido em 13 de julho de 2010 — exatamente oito anos do dia em que minha mãe deixou meu pai.

— Difícil de acreditar — disse ela quando me lembrou de nossa data compartilhada. — Apenas agora você entende por que partir foi tão importante para mim... para mim, para você e para sua irmã.

Pouco depois de nosso telefonema, escutei aquela música, que não ouvia há anos, em uma das minhas saídas noturnas de carro. Como mamãe sempre fez, aumentei o volume e cantei com paixão. E, pela primeira vez naquele dia — provavelmente naquela semana —, não pareceu tão ruim estar sozinha.

Que cante a liberdade.

Ellarry Prentice

91 – O segredo de ofício da vovó

Se nada estiver indo bem, chame sua avó.
Provérbio italiano

Na comunidade afro-americana, há uma ideia incorreta de que cabelo é como colesterol: há uma versão boa e uma ruim. Felizmente, sendo neta da falecida Edna Tucker, nunca dei muita atenção para esses rótulos porque, quando vovó Tucker penteava o cabelo de alguém, não tinha como não ficar bom.

Não sei como ela conseguia — eu só sabia que quando a intervenção divina (as mãos da minha avó) tocava a lã cor de carvão (meu cabelo), o resultado final desafiava a lógica. E, para meu grande prazer, eu também sabia que podia contar com aquilo. Era uma constante. Como as estrelas no céu, desenhos na TV em manhãs de domingo e o nervosismo dos primeiros dias escolares.

Era uma tarde particularmente quente e abafada no final de agosto de 1989 e eu estava muito, muito preocupada. Enquanto encaixava as novas divisórias fluorescentes no meu fichário e separava as roupas novas que usaria no dia seguinte numa cadeira em meu quarto, fiquei com um olho no que estava acontecendo do lado de fora. As nuvens estavam escuras e sombrias, e o ar estava denso e pesado por conta da umidade. Em um dia comum, isso não teria me incomodado, mas não era um dia comum. Eu, na verdade, estava me preparando para o que considerava um evento que mudaria minha vida: o ensino fundamental II. E a perspectiva de encarar essa experiência histórica com cabelos rebeldes, que pareciam — em minhas próprias palavras — "chumaços de algodão", era impensável. Minha mãe, graças a Deus, sabia o que estava em jogo.

— Melhor chamar a vovó — sugeriu ela.

Minha mãe fora cirúrgica, porque ninguém fazia cabelos como a vovó. As proezas dela no departamento de embelezamento de cabelos eram algo como a oitava maravilha do mundo. Não, vovó não era cabelereira certificada, mas, sendo mãe de quatro meninas, sabia um ou dois truques.

— Vovó — supliquei ao telefone. — Você poderia vir aqui e fazer meu cabelo?

Ela esperou um instante, suspirou e deu uma risada.

— Claro, docinho. Estou indo.

Não estou exagerando quando digo que meu ritmo cardíaco voltou ao normal assim que vi vovó subindo até a porta de casa com sua imensa bolsa preta carregando um arsenal de ferramentas.

O inimigo? Frizz. E ele não tinha chance.

Eu tinha acabado de lavar e passar o secador no meu cabelo, então me sentei pacientemente na mesa da cozinha enquanto vovó tirava itens da bolsa e os dispunha diante de mim em uma toalha rosa: um pote de pomada com o rótulo gasto; um pente preto de plástico; algumas folhas de papel-toalha; um fogão portátil; e, por último mas com certeza bem importante, um pente quente. A antecipação se concentrou em mim enquanto assisti a minha avó ligar o fogão portátil em uma tomada e colocar o pente na boca do fogão. Enquanto esperava que esquentasse, ela começou a dividir meu cabelo em quatro partes e aplicou a pomada com cuidado. O mero pensamento de que, em uma hora, meu cabelo ficaria lisíssimo, sedoso e brilhante fazia meu estômago se revirar como um frango de padaria.

Finalmente, a vovó passou um pedaço de papel-toalha nas costas do pente e uma linha sutil e caramelo surgiu: o pente estava pronto. Então ela o passava pelas diferentes partes de meu cabelo enquanto eu ficava imóvel como uma pedra. Eu conseguia erguer um espelho de tempos em tempos, na esperança de conseguir ver o segredo de ofício da vovó, a coisa indiscernível que fazia todas as ferramentas funcionarem melhor, mas eu ficava coçando minha cabeça toda vez (sem trocadilhos). Depois, eu a ajudava a guardar as coisas e nos sentávamos para conversar sobre o que eu considerava assuntos de suma importância: corrida, álgebra e minha paixonite por um menino chamado Billy. Quando chegou a hora, eu me despedi dela com um beijo, muito feliz por minha cabeleira preta agora bater na altura do ombro — e que alguém havia tolerado minha tagarelice sobre um menino cujo nome estou surpresa por lembrar até hoje.

Choveu canivetes no primeiro dia do sétimo ano, mas meu cabelo ficou intacto. Ainda não tenho ideia de como vovó conseguiu. Ela faleceu em 1991 — alguns anos depois daquela tarde memoravelmente úmida e alguns antes de eu começar a alisar meu cabelo. Minha mãe e as irmãs dela ainda dizem que o segredo estava no pulso da vovó.

— Era o jeito que ela virava o pente — fala minha mãe, torcendo o pulso com a mão fechada.

Tendo a concordar. Claro, o pulso da vovó era uma parte importante. Mas o coração dela também era.

Courtney Conover

E agora sou eu que cuido de você

Mãe: a palavra mais bela nos lábios da humanidade.

Kahlil Gibran

92 – Coberta de amor

Faça da suas feridas sabedoria.
Oprah Winfrey

Lembro-me de sentar em meu quarto, rogando pela sabedoria da qual precisava para seguir com o que tinha de fazer. Eu havia sido confrontada por muitos desafios em meus setenta anos, mas este se provava o mais difícil. Havia ficado óbvio que minha mãe precisava de mais ajuda do que eu podia lhe oferecer na casa dela. Havia 24 quilômetros entre nossas casas — não era uma distância tão grande de carro, mas, somada às responsabilidades de um marido doente, era muito mais do que eu poderia aguentar. Ela teria que vir morar conosco.

Até o momento, minha mãe havia rejeitado a ideia de maneira vociferante. A mera menção dela resultava em uma grande discussão, deixando-nos brigadas por dias. Finalmente, entrei em colapso e disse que não iríamos mais discutir o assunto. Em vez disso, resolvi passar mais tempo com meu marido e visitar minha mãe algumas vezes por semana, em vez de todos os dias. Sempre no controle, ela continuava firme em sua teimosia, então fui obrigada a ser também.

Havia outra questão com a qual eu precisava lidar. Era algo que eu detestava ter que reconhecer, mas, se eu queria que a convivência funcionasse, teria que encarar um problema mais profundo e sério. Estava relacionado ao ressentimento que ainda sentia da minha mãe por ela nunca ter dado reforços positivos ou elogios, nem um abraço terno, nenhum reconhecimento de meus talentos. Como eu poderia recebê-la bem, cuidar dela, cozinhar para ela, garantir que ela tivesse uma vida social e fingir que tudo está bem entre nós?

Finalmente, minha mãe cedeu e se mudou para minha casa, deixando claro que o faria do jeito dela.

— Vou ficar no meu quarto! — insistiu ela. — Você pode levar as refeições para lá e eu irei para a sala de estar se tiver visita.

— Mas, mãe — gritei. — Temos um lindo solar e uma varanda! Dá para ver a neve caindo ao lado da lareira. Você vai amar!

— Acho que sei o que eu vou amar — respondeu ela, sem mudar de posicionamento.

Assim, meses se passaram até meu marido sucumbir à doença. Eu estava destruída de luto e ao mesmo tempo brava por ele, meu melhor amigo, ter me deixado sozinha com minha mãe. Eu já tinha mais de setenta anos, e o meu corpo estava se rebelando. Mais do que dor física, a dor emocional estava me derrubando em um nível que eu entendia que seria problemático. Marquei uma sessão com uma psicóloga.

A dra. Janice e eu passamos meses tentando desvendar os motivos do comportamento negativo de minha mãe.

— Ela está presa ao passado — disse a dra. Janice. — Nunca teve uma vida fora do próprio ambiente. Ela não vai mudar. Você vai ter que mudar. Deixe sua mágoa de lado e siga em frente.

— Mas como… — comecei. Não tive oportunidade de continuar.

— Ah, vai — disse ela. — Você é esperta o bastante para descobrir sozinha. A capacidade de raciocinar diminui com a idade, então não espere que sua mãe entenda, mesmo se você disser diretamente como se sente.

— Então me diga o que fazer!

— Encontre um meio-termo — respondeu ela. — Algo que vocês duas possam fazer juntas. Se você quiser mesmo mudar a situação, vai encontrar um jeito.

Pensei na sugestão dela por semanas até enfim ter uma ideia. A dra. Jan dissera que mamãe estava presa no passado. Em vez de lutar com ela, por que não me juntar?

Fui para o sótão, peguei os antigos álbuns fotográficos e coloquei-os no colo dela. Ao começarmos, o tom da voz dela ficou macio e embargado, cheio de emoção. Havia lágrimas quando ela falou de parentes, de irmãos, primos, velhos amigos, todos já falecidos. Mas houve também muitas risadas enquanto ela lembrava os acontecimentos que cercavam cada fotografia desbotada.

— Você sabia que meu pai fazia uísque caseiro? — Ela riu. — Os policiais viviam na nossa porta, mas não para prendê-lo! — Ela virou a página. — Ah, aqui é meu irmão, Tony. Ele ganhou um medalha Coração Púrpuro na guerra, sabe. E minhas irmãs...

— Me fala delas, mãe — pedi, genuinamente interessada, fazendo anotações de tudo que ela estava contando.

Por fim, encontramos um grande envelope cheio de fotos minhas quando eu era criança. Nunca tinha visto esse tesouro antes. Não eram fotos casuais, mas posadas e deliberadas. Cada foto parecia saída de uma revista. As roupas — vestidos, casacos, chapéus, suéteres — eram lindas. Linhas simples e retas resplandeciam em saias de pregas invertidas, feitas à mão, golas de crochê e cintas macias. Fiquei totalmente chocada!

— Mamãe, você sempre fala de como você e papai eram pobres durante a Depressão. Como conseguiam pagar por roupas assim para mim?

— Bom, você era a minha menininha. Eu te amava muito e não queria que parecesse desleixada só porque não tínhamos dinheiro. À noite, depois que você dormia, eu fazia as roupas. Às vezes, eu usava suéteres meus ou minhas saias. Eu guardava a linha e os botões para fazer vestidos para você e cortava as mangas de blusas para fazer calças. Eu fazia crochê em golas e colocava pequenos desenhos. Esse casaco de lã branco lindo é do vestido que usei na minha lua de mel. Demorou muito, porque eu não tinha máquina de costura nem molde.

— Mas essa roupa é de pele — respondi, apontando para um lindo casaco com um chapéu que combinava.

— Ah, sim, eu lembro! — disse ela. — Antes de me casar, vi um casaco de pele numa vitrine. Eu o adorei, então, meu pai comprou para mim como presente de noivado.

Eu estava encantada. Ouvir essas histórias me fez querer saber mais. Fui para o quarto dela todos os dias, notando que o comportamento dela começou a mudar. Ela já não era a mãe brava e exigente que estivera sendo. Estava mais gentil e mais feliz.

Durante os oito anos em que minha mãe esteve comigo, continuamos falando de histórias do passado. Partilhando as dificuldades da vida dela e os desejos secretos, consegui entender que, na época dela, demonstrações de afeto eram um sinal de fraqueza. Ela nunca entendeu que poderia haver outro jeito.

Agora, penso em minha mãe todos os dias e em como aquelas fotos antigas nos deram a oportunidade de estarmos juntas antes de ela morrer. As fotos de uma menininha com longos cachos, vestida na mais alta moda, são um lembrete contundente de que minha mãe me amava de verdade, do jeito dela.

Ela me dera tudo — literalmente até as próprias roupas.

Pam Giordano

93 – Nas mãos dela

Cada problema tem um presente nas mãos.
Richard Bach

Muitas das dificuldades comuns da idade podem ser aceleradas pela doença de Parkinson. Em um período muito mais curto que o normal, um ente querido pode ter uma piora drástica nas capacidades físicas e mentais, tão drástica que é difícil para a família acompanhá-lo com os ajustes psicológicos exigidos pela progressão.

No caso de minha mãe, pareceu que ela estava saudável e ativa em um dia e, do nada, debilitada a ponto de precisar de companhia o tempo todo. A doença a deixou vulnerável a quedas, e o impacto e os machucados de duas quedas sérias agravaram os desafios de seu quadro geral já fragilizado. Era uma imensa mudança para uma mulher que cresceu numa fazenda, trabalhou a maior parte da vida adulta em uma fábrica de automóveis, mantinha a casa imaculada e contava as ausências por doença nos dedos de uma mão. Também foi uma mudança imensa para meu pai, para meus irmãos e para mim, porque a reconhecíamos como o forte cerne de nossa família.

Mais do que tudo, eu me lembro de resistir à inversão de papéis que me foi imposta. Faria de tudo para ajudá-la, mas foi como se eu estivesse programada para ser a filha e permitir que ela cuidasse de mim. Afinal, é o que fomos uma para a outra durante toda a minha vida. Quando a ajudava a se vestir, eu a monitorava enquanto ela usava o banheiro e conferia se a comida estava em pedaços suficientemente pequenos —

eram oportunidades preciosas para garantir que as necessidades dela estavam sendo atendidas. Ao mesmo tempo, eram tarefas tão estranhas, indo na contramão de nossa relação.

Eu não era a única a ter dificuldades com inversão de papéis — minha mãe também parecia estar resistindo. Ela às vezes olhava para mim com uma angústia de partir o coração e sussurrava:

— Desculpa.

Era difícil o bastante não conseguir fazer tarefas básicas do cotidiano, mas deve ter sido ainda pior precisar de ajuda de alguém que ela estava acostumada a ajudar. Fazíamos o melhor possível com a situação, brincando e fazendo piadas sempre que possível, mas as duas sentiam como as circunstâncias eram indesejadas.

Embora eu tenha me esforçado para ser a epítome de uma presença positiva e agradável na casa de meus pais durante minhas visitas aos finais de semana, em meu coração eu queria que tudo voltasse ao "normal". Queria voltar no tempo, apenas alguns meses, para quando minha mãe estava apenas desacelerando, em vez de sendo tomada por uma doença. Com cada fase do declínio, eu tinha que reunir mais força de vontade para vê-la sendo redefinida pela doença de Parkinson.

Então, em uma manhã de sábado, aconteceu um ponto de virada. Eu tinha dirigido do Missouri até o Kansas depois de sair do trabalho na noite anterior, para passar o final de semana com meus pais, como de costume. Minha mãe tinha acabado de tomar o café da manhã, e eu a estava colocando na cadeira favorita dela na sala para uma manhã de visitas. Eu não conseguia deixar de fazer o que eu fazia todo final de semana — reparar, como se fosse a primeira vez, as muitas maneiras que a doença a mudara. Ela estava com apenas uma fração de seu tamanho e força anteriores, o rosto dela estava murcho e o corpo todo tremia. Eu olhava para o cabelo dela, que ainda precisava ser penteado, e para o roupão de algodão, que era a única roupa com a qual meu pai conseguia lidar. E foi então que vi as mãos dela.

O que chamou minha atenção foi que eu tinha deixado de limpar um respingo de aveia em uma das mãos. Teria que voltar para a cozinha e limpar com um pano. Mas subitamente fui inundada pelo reconhecimento daquelas mãos. Elas não haviam mudado, não de fato, nem com a idade, nem com a doença. Claro, havia algumas rugas e tremores, mas eram as mesmas mãos que cuidaram de mim minha vida toda.

Vi naquelas mãos a pessoa que havia servido porções de comida para mim, a pessoa que havia me colocado para dormir, a pessoa que checava minha temperatura e fazia curativos em meus machucados e arranhões, a pessoa que havia verificado se minhas roupas e meus sapatos estavam servindo, a pessoa que havia conferido minha lição de casa e admirado meus boletins escolares, a pessoa que me entregara presentes de aniversário e que havia pedido para ver o primeiro anel que um rapaz me dera. Percebi que ainda era minha mãe que envelhecia dentro daquele corpo envelhecido e doente, porque aquelas eram as mãos dela.

Tantas coisas haviam mudado, mas as mais importantes eram imutáveis. Nas mãos da minha mãe, reconheci a pessoa que tinha cuidado de mim mais do que qualquer outra em todo mundo. É a pessoa de quem eu queria cuidar como retribuição, não uma versão redefinida ou diminuída, mas minha mãe, a mãe que eu via naquelas mãos. Era quem ela era, independentemente de fragilidades ou necessidades.

Daquele momento até as atividades de cuidado terminarem com o falecimento da minha mãe, eu e ela paramos de sentir estranheza na inversão de papéis ou tarefas indesejadas. Posso dizer com sinceridade que não havia sensação nenhuma de estafa, nunca. De alguma maneira, nas mãos dela, consegui mudar o foco, do período desafiador que seriam os últimos anos dela para o panorama da vida inteira dela. Para outros cuidadores, pode ser um brilho no olhar, uma expressão facial ou um tom de voz que entrega tão claramente, apenas por um instante, a pessoa que reconhecemos. Sim, essa pessoa ainda está ali, e é ela que honramos com nosso cuidado.

Judy Brown

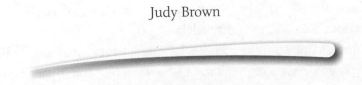

94 – A meia perdida

A felicidade de uma mãe é como um raio, iluminando o futuro, mas
também refletido no passado disfarçado de memórias doces.
Honoré de Balzac

Senti minhas bochechas ficarem subitamente vermelhas de vergonha. Como eu poderia ter notado? Todo Natal, minha mãe gostava de criar memórias e tradições especiais para a família. Mamãe amava o Natal — as compras, fazer as comidas, decorações, música, os presentes, até com o caos que a época traz. O entusiasmo dela era contagiante e encorajava meu irmão, minha irmã e a mim a vivenciarmos a alegria e o maravilhamento do Natal. Embora o Papai Noel viesse a nossa casa, éramos ensinados que o verdadeiro motivo da celebração era o nascimento do nosso Messias — Jesus Cristo.

Muitos anos se passaram desde minha infância. Ainda assim consigo sentir o cheiro dos biscoitos açucarados da mamãe no forno enquanto ela preparava um quitute especial para a família e para o Papai Noel. Essas delícias eram um sinal certeiro de que o Dia de Natal estava chegando.

Na véspera de Natal, minha mãe pendurava todas as nossas meias sob o pinheiro lindamente decorado que meu pai havia escolhido e cortado da floresta. Depois, no meio da noite, Papai Noel enchia as meias.

Na manhã seguinte, abrimos os presentes com entusiasmo, deixando as meias por último. Papai Noel sempre as enchia com brinquedos pequenos, quinquilharias, nozes, laranjas, maçãs e balas coloridas em vários formatos, tamanhos e sabores.

Quando eu tinha vinte anos, fui fazer as compras natalinas com uma amiga. Ela começou a procurar por um presente pequeno para colocar na meia da mãe dela.

— Você cuida da meia da sua mãe no Natal? — perguntei.

— Sim — respondeu ela. — Todo ano, eu encho uma meia com pequenos mimos e deixo para ela na manhã de Natal. Não conseguia suportar que minha mãe não tivesse uma meia própria, especialmente porque é ela quem prepara a meia de todo mundo.

Foi então que senti minhas bochechas arderem de vergonha. Percebi que minha mãe nunca teve uma meia de Natal. E, ainda pior, eu nunca tinha sequer reparado que faltava uma meia para ela.

Minha irmã e eu decidimos começar uma tradição própria naquele ano. Entusiasmadas, compramos bijuterias, doces, meias e uma laranja, e colocamos tudo em uma meia vermelha pequena. Na manhã de Natal, pusemos sob a árvore enquanto minha mãe se ocupava do café da manhã.

Esperamos ansiosamente para ver a reação dela. Ela passou as meias de cada um; então notou a meia extra. Ela a pegou e leu a etiqueta: "Para Betty Ann — Com amor, Papai Noel".

Um maravilhamento tomou seu rosto.

— Essa meia é mesmo para mim?

Sorrimos e confirmamos.

Lágrimas reluziram nos olhos dela.

— Faz tanto tempo... desde que tive um meia de Natal — disse ela. — Obrigada.

Embora eu não me lembre de quais presentes recebi naquele ano, nunca esqueci como minha mãe ficou emocionada de receber uma simples meia vermelha. Ver a reação dela foi o presente mais precioso de todos. E, mais uma vez, ela me ensinou a alegria e o encantamento do Natal... e que é mesmo uma bênção maior dar do que receber.

Teresa Ann Maxwell

95 – Falando com a batata

O bom-senso e o senso de humor são a mesma coisa, movendo-se em diferentes velocidades. O senso de humor é apenas o bom-senso dançando.
William James

Ser criativa enquanto eu cuidava de minha mãe durante o último ano dela não foi fácil, mas era uma necessidade absoluta. Conforme a demência piorava, ela não dizia muito e passava a maior parte do tempo no sofá, vendo TV.

De vez em quando, fazê-la comer era um desafio. Geralmente a única coisa que ela queria era uma batata assada com manteiga e queijo.

Um dia, depois de preparar a batata dela, fui para a sala — e escutei simplesmente:

— Não quero.

— Eu preparei sua batata com manteiga e queijo. Parece deliciosa, mãe!

— Eu não quero!

— Você vai adorar. Está ótimo.

— Eu não quero! Não quero nada!

Mamãe estava pesando menos de cinquenta quilos e precisava comer.

— Sr. Batata — disse eu. — Mamãe disse que não quer te comer.

Em outra voz, respondi:

— Diga que eu tenho um sabor ótimo e quero que ela me coma.

Mamãe falou de novo:

— Não quero comer.

— Mas eu estou cheio de manteiga e queijo, e na temperatura perfeita.

Mamãe ergueu um pouco a cabeça, mas manteve os olhos fechados.

— Fale para Betty que vou chorar se ela não me comer!

O corpo da mamãe começou a sacudir com as risadas. Ela abriu um sorriso e os olhos, olhou para mim e disse:

— Fale para ele que vou comê-lo!

E comeu!

Conforme me aproximei da cozinha para pegar minha batata falante, fiquei muito feliz que ela comeria e que eu a fizera rir, maravilhada com o que ouvi saindo de minha própria boca e muito triste por minha mãe e sua doença — tudo ao mesmo tempo.

Mais tarde naquela noite, meus pensamentos voltaram para anos antes, quando fui visitar minha mãe no hospital. Ao passar pela porta do quarto, ela falou:

— Rezei o dia todo para que você viesse me ver porque sabia que você me faria rir.

Essas palavras mudaram minha vida. Eu sabia que deveria usar minha esperteza e meu senso de humor para ajudar outras pessoas e me tornei uma escritora de humor cristão. Agora, tantos anos depois, estava usando o humor para ajudar minha mãe idosa.

Mesmo com demência, ela sabia que havia algo engraçado na batata falante.

Linda Rose Etter

96 – Um peru de Ação de Graças

*Valorize as coisas pequenas, pois um dia você pode
olhar para trás e perceber que eram grandes.*
Robert Brault, www.robertbrault.com

C resci com a noção maluca de que é 100% possível sobreviver ao câncer. A primeira luta de minha mãe contra a doença aconteceu apenas algumas semanas antes de meu quinto aniversário. Ela foi diagnosticada com câncer de tireoide, e a cirurgia significava que ela perderia meu primeiro dia de jardim de infância. Minha prima Charlotte foi quem me colocou no ônibus naquela manhã. Não me lembro muito do dia. A foto que tenho na frente de casa com minha prima ao meu lado de vestido azul é a única prova que tenho de que minha mãe não estava presente. E a cicatriz na base do pescoço da minha mãe era a única prova de que ela tivera um tumor.

Mamãe sobrevivera a um câncer tireoidiano, mas, ao longo dos anos seguintes, os médicos continuaram encontrando câncer na pele do rosto e das costas dela. Ela fazia procedimentos pequenos para remover as pintas malignas e a vida seguia. Câncer não me parecia uma palavra tão ruim. Era só um incômodo que deixava minha mãe com cicatrizes.

E então chegou meu primeiro ano de faculdade. Eu estava passando o final de semana em casa quando minha mãe se sentou na beirada da minha cama para contar que estava com câncer de mama. Em retrospecto, eu deveria ter ficado apavorada, mas meu medo foi mediado pelo histórico dela de chutar o câncer para longe. Ela sobrevivera ao câncer de tireoide uma vez e ao câncer de pele mais vezes do que eu conseguia contar. Certamente o câncer de mama seria apenas outra pedra no caminho.

O impacto daquele diagnóstico não me atingiu até meu pai chamar meus quatro irmãos e eu para conversarmos sobre o Dia de Ação de Graças.

— A cirurgia da mãe de vocês é apenas alguns dias antes do Dia de Ação de Graças. Ela não vai conseguir levantar peso por um tempo.

Cocei a cabeça. Por que ele estava dizendo aquilo? E por que uma mastectomia atrapalharia para carregar peso? Ah, sim, eu era uma felizarda ignorante a esse ponto. Apenas anos depois, quando um tumor foi removido da minha própria mama, que compreendi que mesmo uma pequena incisão poderia impactar o movimento dos braços.

— Então... — prosseguiu papai — não teremos jantar de Ação de Graças este ano.

— Espera. O quê? — Meu queixo caiu no chão. Mamãe estava com câncer, de novo, e o jantar de Ação de Graças estava cancelado?

— O que vamos fazer, então? — perguntou meu irmão mais velho.

Papai deu de ombros.

— Podemos comer fora.

Tive visões da família no filme *Uma história de Natal* jantando em um restaurante chinês no Natal. Minha família faria o mesmo no Dia de Ação de Graças? Impossível!

Aparentemente, meus quatro irmãos tinham os mesmos sentimentos. Não me lembro de quem teve a ideia primeiro, mas um deles disse:

— Nós podemos cozinhar. Nós cinco vamos fazer o jantar de Ação de Graças.

Eu já mencionei que era a única menina naquela família de quatro rapazes? E que nenhum de nós tinha experiência alguma cozinhando até aquele ponto da vida?

Não importava. Rapidamente colocamos o plano em prática.

— É. Cada um pode fazer uma parte da refeição.

— Mamãe pode se sentar num canto e nos orientar.

— E dizer onde ela guarda tudo. Alguém sabe onde fica a assadeira grande?

— Mamãe não vai precisar carregar peso nenhum.

— Vamos cuidar de tudo.

Vi a preocupação no olhar do meu pai. Poderiam quatro rapazes e uma menina de dezoito anos cuidar do jantar de Ação de Graças sozinhos? Meus dois irmãos mais velhos tinham acabado de começar uma carreira na área da computação. O terceiro irmão estava no primeiro ano de medicina e o mais novo estava no segundo ano do ensino médio. Embora eu cozinhasse um pouco, nenhum de nós sabia de nada significativo sobre culinária, quanto mais preparar um banquete de Ação de Graças para sete pessoas.

Mas estávamos determinados a ter um Dia de Ação de Graças tradicional, com todos os aparatos. Como nerds tecnológicos, meus irmãos mais velhos decidiram fazer uma planilha de Gantt para o jantar. Para os menos nerds, uma planilha de Gantt demonstra o andamento de um projeto na forma de gráfico de barras. O projeto é dividido em elementos menores, e o início e fim de cada um são delimitados na planilha.

Assim, o banquete foi quebrado em partes e as tarefas, repartidas. Eu faria a torta de abóbora. Mike faria a torta de maçã. Dave estava responsável pelo molho de cranberry e pelo pão. Steve faria batatas duplamente assadas. O mais novo, Tom, prepararia o recheio do peru e, com a ajuda do papai, colocaria tudo no forno.

Então cada um dos cozinheiros recebeu um horário para trabalhar. Era imperativo que cada um terminasse sua tarefa pontualmente, para que o próximo pudesse começar. Mamãe foi designada como Chef Executiva, mas as tarefas dela eram puramente de supervisão.

Fazendo uma engenharia reversa e estabelecendo as cinco da tarde como início do jantar, meus irmãos preencheram a planilha de Gantt.

Na manhã do Dia de Ação de Graças, fiz duas massas de torta. Recheei uma com abóbora e a coloquei no forno. Deixei a outra para a torta de maçã do meu irmão. Depois que limpei minha parte da cozinha, Tom entrou para preparar o recheio.

Quando a torta de abóbora saiu do forno, Mike já estava com a torta de maçã pronta para entrar no forno. E, quando a torta dele saiu, o peru estava pronto para entrar. E assim seguiu o dia, cada um de nós assumindo seu turno na cozinha.

Às quatro da tarde, preparamos a mesa do jantar com a louça boa da mamãe, taças de vinho, cálices para água e os talheres de prata. Às quatro e meia, o peru saiu do forno. Era a ave marrom-acobreada mais linda que eu já havia visto. Às cinco em ponto, exatamente o horário previsto na planilha de Gantt, toda a comida estava posta na mesa e as velas estavam acesas. Poderia ser uma cena pintada por Normal Rockwell. Tiramos fotos para nunca esquecer.

Sentamo-nos naquela mesa gratos por muitas coisas. A cirurgia da mamãe dera certo. Ela ainda precisava fazer quimioterapia e radioterapia, mas sobreviveria. Sim, estávamos gratos por termos salvo o jantar de Ação de Graças, mas isso em parte era feito da mamãe também. Ela nos ensinara a não ter medo de experimentar coisas novas. Ela havia incutido em nós a importância da família. Havia nos criado para trabalhar juntos para resolver nossos problemas.

Mais de vinte anos se passaram desde aquele Dia de Ação de Graças. Mamãe batalhou contra o câncer de mama mais duas vezes. Teve inúmeros incidentes com câncer de pele. Ela é a própria definição de sobrevivente de câncer.

E, para honrar nossa mãe, meus irmãos e eu ajudamos até hoje a fazer o jantar de Ação de Graças. Às vezes, mamãe faz guisado de feijão--verde e ajuda com o peru se estiver em boa saúde. Meus irmãos e eu ficamos com nossos papéis tradicionais. O que um dia parecera que seria o peru de um único feriado se tornou o parâmetro do jantar de Ação de Graças.

A.J. Cattapan

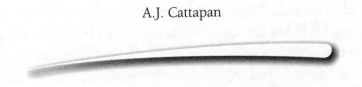

97 – Uma criança pequena irá guiá-los

Corações pesados, como nuvens pesadas no céu,
encontram o melhor alívio deixando sair um pouco de água.
Antoine Rivarol

O marido da minha amiga Eileen morreu subitamente de uma doença que pegou a todos de surpresa. Dan estava com apenas 56 anos, tinha boa saúde — ou é o que todo mundo pensava —, então, como podia ter partido?

Depois do velório, família e amigos se reuniram para compartilhar memórias e tentar consolar a viúva enlutada. Eileen estava se esforçando ao máximo para ser forte e estoica. Ela sempre fora a base da família, o tipo de mulher capaz de aguentar qualquer situação e lidar com o que quer que a vida trouxesse com graça e desenvoltura. Ela se movia pelo grupo enlutado com graça, aceitando condolências, agradecendo as pessoas por terem vindo, pausando para sorrir com as histórias que estavam contando sobre algo doce ou atencioso que Dan fizera.

Ela escondeu bem, mas eu — e todo o resto das pessoas — conseguia ver como ela estava trêmula e emocionalmente frágil. Eu pisava em ovos perto dela, como se ela fosse uma bomba-relógio, sendo muito cuidadosa para não dizer ou fazer nada que pudesse ameaçar seu controle conquistado a duras custas.

Subitamente, no meio de uma história engraçada de Dan que uma das pessoas estava contando, aquilo que temíamos que acontecesse aconteceu. Eileen parou de sorrir e os olhos dela se encheram de lágrimas. Ela olhou para o próprio colo, as mãos fechadas com firmeza na altura das coxas, o queixo tremendo visivelmente enquanto ela se esforçava para não desmoronar na frente de todos. Mas não adiantou. Lágrimas escorreram silenciosas pelas bochechas enquanto ela perdia a luta contra aquele luto terrível e esmagador. Os ombros dela começaram a tremer.

Todo mundo congelou. Qual seria a atitude apropriada? Devíamos continuar falando, fingir que não notamos e dar a oportunidade para ela se recompor? Deveríamos falar algo? Deveríamos abraçá-la? Pegar um lencinho? Oferecer algo para tomar? Deveríamos deixá-la sozinha para sofrer com privacidade?

Enquanto os adultos hesitavam, com medo de fazer algo errado e piorar tudo, a neta de oito anos da Eileen se sentou ao lado dela e segurou uma das mãos da avó com as duas mãozinhas dela.

— Está tudo bem, vovó — disse ela. — Pode chorar. Vou ficar sentada aqui enquanto você chora.

Era tão simples e, ao mesmo tempo, a coisa certa. Enquanto os adultos que deviam ser sábios hesitavam, envergonhados e inseguros diante de uma emoção tão crua, Lauren, do alto do seus oito anos, reconheceu de maneira simples e honesta a dor e o luto de Eileen, e ofereceu o conforto que ela precisava naquele momento.

A atitude inocente e espontânea ofereceu uma prova potente de que simples aceitação e compreensão muito frequentemente são a melhor resposta para a dor de alguém.

Candace Schuler

98 – Destino acidental

Os filhos são a âncora que seguram a mãe à vida.
Sófocles

Como gerente de restaurante, minhas folgas eram raras e espaçadas. Mas, naquela noite, eu tinha uma preciosa folga e mal podia esperar para sair. Assim que comecei a me ajeitar para sair, escutei meu assistente chamar:

— Telefone para você, Cecile.

Por mais tentada que eu estivesse a fingir que não estava lá e deixar que deixassem um recado, fui atender. Meu assistente me entregou o telefone, já sabendo que havia algo errado.

— Alô, é a Cecile — falei, forçando entusiasmo na voz.

A voz do outro lado da linha era familiar, mas o tom de meu pai demonstrava uma mistura de pânico com preocupação.

— Oi, Cecile. É o papai. Que bom que consegui te achar. Não consegui ligar no celular.

De repente, veio um nó na garganta — havia algo errado. Mamãe costumava fazer os telefonemas na nossa casa, não papai. Ele pegava o telefone depois que a mamãe e eu conversávamos, e geralmente no final da conversa só para dizer: "Muito bom escutar sua voz, Raio de Sol. Amo você!"

— Qual o problema, pai? — perguntei, sabendo que ele sempre tenta amenizar as coisas para a filhinha.

— Tenho notícias. Você está sentada? — perguntou com um aperto na voz. Naquele instante, eu soube que algo horrível havia acontecido.

Nossa família era um triângulo sólido. Éramos um time, e mal sabia eu que aquele time ficaria muito mais importante e mais forte.

Ele quase não conseguiu dizer as palavras:

— É sua mãe. Ela sofreu um acidente. Eles ainda não sabem quais são os danos, mas ela ainda não acordou.

A sala começou a girar. Minha mente estava lutando para encaixar as peças. Os joelhos pareciam fracos. Meu assistente percebeu na hora que não era apenas uma chamada de trabalho e que algo tinha dado terrivelmente errado. Eu me senti muito distante e desamparada.

Comecei a dirigir enquanto o sol nascia. São treze horas até o hospital de Kingston, mas acho que fiz o percurso em onze. Não havia outro lugar em que eu quisesse estar. Não avisei meu pai que iria de carro, porque sabia que o preocuparia. Só continuei ligando e pedindo notícias.

Finalmente, passei correndo pelas portas do pronto-socorro.

— Minha mãe está aqui, ela foi atropelada. — Arfei.

A jovem no balcão não hesitou e se levantou num salto.

— Você deve ser a filha da Wendy — disse ela, levando-me para uma salinha onde minha mãe estava presa a tubos e máquinas. Meu pai, sentado ao lado da cama, tinha a cabeça enterrada entre as mãos.

No momento em que entrei, minha mãe se agitou.

— Cecile? — Então a voz dela falhou e ela ficou em silêncio.

A cabeça do meu pai se ergueu com a voz dela — ele estivera esperando que ela falasse desde o acidente, no dia anterior. Ele se levantou e olhou para mim, e lágrimas escorriam pelo rosto quando ele me abraçou.

— Deus te abençoe. Eu sabia que ia vir. Sabia que ia vir.

Tentei me contagiar com o otimismo dele. Eu estava esperando algo ruim, mas era pior. A maior parte das costelas dela estava fraturada; ela quebrara uma perna e lesionara as costas. E foi a lesão cerebral que mudou minha mãe; transformou e desafiou minha família de maneiras que eu nunca sonhei que fossem possíveis. Tirá-la do hospital foi apenas o começo. A reabilitação dela incluiu fonoaudiologia, dezenas de exames e inúmeras sessões de terapia.

As mudanças na personalidade e na estabilidade mental dela foram as que geraram mais dificuldade de adaptação. Senti que tinha perdido minha melhor amiga. Nossos papéis de mãe e filha haviam se invertido. Minha mãe passara a vida como empreendedora, que também fazia trabalho voluntário dando aula de teatro e atuação para crianças de baixa renda. Ela ainda tinha um forte ímpeto de luta e, mesmo nos dias em que a mente dela estava nublada por dor e confusão, a determinação estava presente.

Nos primeiros dois anos, eu fazia bate-e-voltas para lá e me dediquei a ler as pesquisas mais recentes sobre danos cerebrais. No começo, era como se fosse uma língua estrangeira para mim. Gradualmente, comecei a não apenas decifrar as informações, mas fiquei fascinada por esse órgão magnífico que é o cérebro. Comecei a devorar periódicos médicos e a estudar prontuários de lesões cerebrais causadas por trauma. Quanto mais eu pesquisava, mais me sentia maravilhada. Um dia, como um temporal, percebi. Era a isso que eu queria dedicar minha vida.

De repente, entrar na faculdade fazia muito sentido. Fiz a inscrição para o processo seletivo, passei e agora estou no terceiro ano e entre os melhores alunos da minha turma. Continuo gerenciando o cuidado permanente da minha mãe e raramente se passa um dia sem que ela exercite o cérebro com algum jogo que as pesquisas indiquem que ajuda com cognição e memória.

Receber apoio de uma comunidade é muito importante. Inclusive, quando descobri que não existia um grupo de apoio voltado para danos cerebrais na região do país em que eu moro, fiz algumas pesquisas. Uma coisa levou a outra e, agora, estou ajudando a estabelecer um grupo de apoio em minha cidade e tornando-me o contato da Associação do Canadá para Lesões Cerebrais da área.

Passaram-se cinco anos e estou muito satisfeita com a vida que escolhi. Minha família está mais unida do que nunca e minha mãe continua sendo minha melhor amiga.

Cecile Proctor

99 – Tal mãe, tal filha

E as mães são os modelos de conduta das filhas, seu mapa biológico e emocional, o árbitro de todas as relações.
Victoria Secunda

Ainda me lembro de quando que minha mãe saiu do hospital depois da primeira cirurgia. Era um dia ensolarado, o clima contrastava com a atmosfera da casa, que estava mórbida e tensa. Eu havia acabado de abandonar a faculdade para cuidar de minha mãe em tempo integral — uma decisão que eu já estava começando a questionar enquanto descobria o volume de suprimentos médicos que vinha com o retorno da minha mãe. A perspectiva de cuidar de alguém que cuidara de mim a vida toda era aterradora.

Com uma das quatro cirurgias, minha mãe já estava irreconhecível para mim. A mulher terna e robusta que me criara fora substituída por uma criatura pálida que aparentava estar perdida. A dor e o estresse tiraram o brilho do olhar, e as covinhas, sua marca registrada, haviam desaparecido no rosto emaciado. Frágil nunca fora uma palavra que descrevia minha mãe, mas agora a definia. Pela primeira vez, a amplitude do que estava acontecendo me atingia.

As primeiras semanas foram as mais difíceis. Como uma recém-nascida, ela precisava de cuidado e atenção constantes. Os curativos precisavam ser trocados todos os dias. Ela não conseguia se alimentar, se limpar nem mesmo sair da cama.

Eu não tinha certeza de como lidar com essa inversão de papéis. Estava tão acostumada com minha mãe cuidando de outras pessoas que não conseguia suportar vê-la tão fraca e impotente. Realmente não sabia como lidar com aquilo. Entretanto, nada põe o caráter à prova como a necessidade. No fim das contas, a ideia de ser responsável pela saúde da minha mãe era muito mais desafiadora do que a realidade. Nos meses seguintes, ela começou a melhorar aos poucos. Sob meus cuidados, começou a viver de novo. Vi o brilho voltando aos olhos dela quando recuperou força suficiente para fazer pequenas coisas sozinha. Celebramos os pequenos atos, que antes nos pareciam normais — coisas simples como quando ela finalmente teve forças para erguer uma xícara de chá e beber sozinha ou quando conseguiu dormir uma noite inteira sem acordar de dor.

Um dos dias mais felizes foi um dia ensolarado em julho. Fazia algumas semanas da última cirurgia e a recuperação estava lenta e complicada. Quando levei a bandeja do café da manhã, ela virou para mim e disse:

— É uma pena ficar presa em casa num dia tão bonito!

Eu a embrulhei em um cachecol e um casaco e a levei para fora.

Nunca me esquecerei da expressão de pura alegria dela ao olhar para o céu azul. Era a primeira vez no ano que ela podia aproveitar algo simples como o calor no rosto. Ela olhou para mim, colocou a mão sobre a minha e sorriu — um sorriso que dizia mais do que mil palavras. Naquele momento, percebi quanto eu havia ganhado ao me tornar cuidadora dela em tempo integral. Eu me tornara mais madura e responsável, e havia descoberto uma força que nunca havia imaginado. Nossa relação evoluiu para além da tradicional relação entre mãe e filha. Ganhei um novo respeito pela minha mãe. Cuidando dela, aprendi a valorizar o quanto ela é maravilhosa. A perceptível força de vontade, a natureza resignada e, acima de tudo, a habilidade de sorrir apesar da dor são qualidades que espero um dia herdar.

Cuidar da minha mãe foi uma jornada turbulenta para nós duas, cheia tanto de lágrimas como de risadas. Embora nós duas tenhamos tido vontade de desistir às vezes, em última instância, a situação nos uniu e permitiu que eu considerasse a cada dia que passamos juntas como uma bênção.

Anna Fitzgerald

100 – Época de narcisos

*As flores do final do inverno e início da primavera ocupam lugares
em nossos corações muito maiores do que o próprio tamanho.*
Gertrude S. Wister

Minha mãe abriu os olhos e encarou, sem piscar, o vaso de narcisos na mesa ao lado do leito hospitalar.

— Quem mandou essas flores lindas? — perguntou ela em uma voz quase inaudível.

— Ninguém as mandou, mãe. — Apertei a mão dela. — Eu colhi no seu jardim. Estamos em março, época de narcisos.

Ela me deu um sorriso fraco.

— Me promete uma coisa?

Assenti. Eu prometera muitas coisas desde que passei a aceitar que o câncer no pâncreas da minha mãe logo tiraria a vida dela.

— Prometa que, antes de vender minha casa, você vai desenterrar os bulbos dos narcisos e plantá-los no seu quintal.

Tentei, sem sucesso, segurar as lágrimas.

— Vou fazer isso, mãe. Prometo.

Ela sorriu e fechou os olhos, voltando para a névoa que caracterizou seus últimos dias de vida.

Antes do mês dos narcisos acabar, ela partiu. E, nas semanas seguintes, semanas tão cheias de luto que meus irmãos e eu parecíamos zumbis ambulantes, nós esvaziamos a casa dela, lavamos as janelas, limpamos os carpetes e cadastramos em uma imobiliária a casa em que fomos criados. Contratamos um menino da vizinhança para cuidar do jardim.

E não pensei mais nos narcisos, que há muito haviam parado de florescer, nenhuma vez, até um dia no final do outono em que a casa seria finalmente vendida. Meu irmão, minha irmã e eu iríamos encontrar os compradores para assinar o contrato em uma manhã que eu sabia que seria repleta de sentimentos conflitantes. Por um lado, ia ser bom deixar para trás o fardo de ter uma casa vazia. Por outro, em breve estaríamos entregando as chaves da casa da família para completos desconhecidos.

Desconhecidos que, eu tinha certeza, nunca a amariam tanto quanto a gente.

Será que essa família fritaria hambúrgueres no Quatro de Julho na churrasqueira de alvenaria que meu pai construíra há tantos verões? Será que as crianças passariam tardes de outono varrendo as folhas para baixo do imenso bordo até o monte ter meio metro para pularem nele? Será que descobririam qual canto da sala de estar seria perfeito para uma árvore de Natal? E ficariam maravilhados com o que brotava no jardim da mamãe a cada primavera?

Açafrão. Cebolas florescendo. Jacintos. E centenas e centenas de narcisos.

Os narcisos! Oito meses depois, subitamente me lembrei da promessa que fizera no leito de morte de minha mãe. Joguei uma pá e uma caixa de papelão no porta-malas do carro e fui até o quintal que, em poucas horas, pertenceria a alguém sem nenhum vínculo comigo.

Não havia nenhum sinal dos narcisos, claro. Eles haviam se retraído havia bastante tempo e agora estavam cobertos por folhas. Mas eu sabia onde estavam. Ignorando o fato de que eu estava com roupas chiques demais para mexer no jardim, enfiei a ponta da pá na terra, ergui um conglomerado de bulbos e os joguei na caixa de papelão. Indo em direção à cerca, colhi dúzias de bulbos.

Mas deixei mais do que levei, certa de que a família que comprara a casa ficaria muito feliz com os adoráveis presságios da primavera.

Como eu. Faz mais de cinco anos desde que minha mãe faleceu. Mas, em todo mês de março, eu colho montes de flores amarelas intensas do meu quintal e as coloco em vasos. Uso algumas para decorar minha casa. Outras, levo para a ala de câncer de um hospital próximo.

— Quem mandou essas flores lindas? — talvez pergunte um paciente moribundo.

E eu apertarei a mão dele ou dela, olharei nos olhos nublados por aquela névoa familiar demais e direi o que acredito, em meu coração, que seja verdade:

— Minha mãe as mandou especialmente para você. Sabia que é época de narcisos?

Jennie Ivey

101 – Rebobinar

Uma filha é um presente do amor.
Autor desconhecido

Quando eu era pequena, há muito tempo
Seu caminhar comigo era tranquilo e lento
Me protegendo, segurava a minha mão
E diminuía os passos como adaptação

Agora é minha vez de ser seu arrimo
o mínimo que posso fazer é diminuir o ritmo
Subimos e descemos pelo corredor longo
Para evitar que tropece e leve um tombo

Você aperta minha mão e me dá um sorriso
Aperto de volta e sincronizo
Esqueceu meu nome, mas tudo bem
Sei que sua memória já não se mantém

Não foi esta a jornada que escolhemos
a cada dia percebo quanto perdermos.
Você está voltando no tempo devagar
E assisto a sua vida aos poucos rebobinar

Suas memórias estão pálidas, mas estou aqui
Mesmo sabendo que em breve vou sumir

Serei apagada, mesmo que forte eu te segure
Sua força diminuirá, embora a minha perdure

Segurarei sua mão, estará protegida
Diminuirei meus passos nesta acolhida
Em todo contexto lado a lado vamos andar
Viajaremos juntas neste longo separar.

Kala Cota

Conheça os colaboradores

Maizura Abas foi treinada para ensinar inglês como língua estrangeira no Reino Unido. Hoje, ela mora na Malásia. Maizura devota a vida a seus dois filhos. Está em dívida com o marido, que revisou seus textos de escrita criativa, além de amá-la apesar de ela não saber grelhar o bife perfeito e de suas inúmeras peculiaridades.

Monica A. Andermann mora e escreve em Long Island, onde divide a casa com seu marido Bill e seu gatinho Samson. Seus textos participaram de publicações como *Woman's World*, *Guideposts* e muitos livros da série Canja de galinha para alma.

Ronda Armstrong escreve de Iowa sobre família, fé e perseverança. Suas histórias aparecem em diversas antologias, além dos livros da série Canja de galinha para alma. Ela faz parte da equipe do thebridgemeditations.wordpress.com. Ronda e o marido praticam dança de salão. Fale com ela no e-mail ronda.armstrong@gmail.com.

William Mark Baldwin está prestes a receber um ph.D. em ciências geológicas e atmosféricas na Mississippi State University. Mark é de Crossville, Tennessee, e se graduou na Tennessee Technological University (bacharelado) e na Western Kentucky University (mestrado). Ele gosta de correr, caçar tempestades e viajar. Fale com ele no e-mail wmb3@msstate.edu.

Toni Becker tem bacharelado em Belas-Artes pela Lakeland College, Sheboygan. Ela trabalha para o Departamento Estadual de Saúde e Serviços Sociais, gerenciando dois centros para idosos e oferecendo apoio doméstico para pessoas da terceira idade. No tempo livre, gosta de escrever para publicações locais e regionais. Seu e-mail é lynn-be@hotmail.com.

Carole A. Bell, orientadora profissional certificada, escreve, palestra e orienta na área de paternidade e maternidade. Ela escreve semanalmente uma coluna cristã sobre o assunto e tem textos publicados em outros livros da série Canja de galinha para alma e More Christmas Moments. Seu livro *From Birth to Seven: Building a Strong Foundation* foi publicado em março de 2016.

Susan Blakeney é autora de ficção para crianças e adolescentes, com diversos projetos encaminhados para publicação, incluindo dois romances históricos e uma obra de ficção especulativa — a história que despertou sua paixão pela escrita há muitos anos. Fale com ela no e-mail susan@susanblakeney.com.

Donna Brothers obteve seu diploma de bacharel em ciências da comunicação pela California Polytechnic University. Trabalhou na CBS Television e em seguida recebeu credencial para dar aulas de Linguagem das Artes e Educação especial. Atualmente trabalha como professora de educação especial em Yorba Linda, Califórnia. Além da série Canja de galinha para alma, ela teve um conto publicado na revista *Women's World*. Ela gosta de fotografia, de cozinhar e de fazer trilhas.

Judy Brown mora em Holland, Michigan. Ela trabalhou no Evergreen Commons, um centro comunitário para idosos, e na Holland Rescue Mission. Ela gosta de escrever, tanto textos acadêmicos como textos motivacionais, e pretende continuar nesta empreitada.

Depois de criar com sucesso quatro filhos e fazer um bacharelado, **Rhonda Brunea** está se reinventando em Orkney, Scotland, onde redescobriu seu amor pela escrita e a magia curadora das histórias.

Leigh Ann Bryant, autora de *In My Defense*, é uma sobrevivente da síndrome da mulher maltratada. Suas paixões incluem Deus, família, enfermagem, viagens, educar pessoas sobre violência doméstica e pregar em presídios. Descubra mais sobre ela e seu livro de memórias sobre matar seu marido abusivo em legítima defesa em www.leighannbryant.com.

Jill Burns mora nas montanhas da Virgínia Ocidental com sua maravilhosa família. Ela é professora aposentada de piano e intérprete. Gosta de escrever, de música, cuidar do jardim, da natureza e, principalmente, de aproveitar a companhia dos netos.

Barbara Burris mora com seu marido Bruce em uma casa de madeira no meio de três acres em meio a campos e bosques. O terreno serve como inspiração para as fotografias e aquarelas da Barbara. Seus planos futuros incluem uma série de contos de verão que se passam na cabana de sua avó.

A.J. Cattapan é uma autora premiada, além de palestrante e professora de Inglês do fundamental na região de Chicago. Seu romance young adult *Angelhood* ganhou múltiplos prêmios e seu mistério para o público infantil *Seven Riddles to Nowhere* saiu em agosto de 2006. Acompanhe suas aventuras de escrita e viagens em www.ajcattapan.com.

J.D. Chaney é um professor aposentado cujo diploma de bacharelado foi obtido na San Jose State University e o de mestrado, na Cal State, Dominguez Hills. Atualmente mora na região da baía de São Francisco com sua esposa, que é terapeuta. A filha de J.D. estuda na Oregon State University. Seus hobbies são viajar e correr.

A.B. Chesler é escritora e blogueira, e mora no ensolarado sudeste da Califórnia. Ela gosta de passar tempo com a família e amigos, bem como encontrar um lado leve na vida. Sinta-se à vontade para visitar seu blog, thishouseoflove.net, ou se comunicar com ela pelo e-mail achesler24@gmail.com.

Courtney Conover é escritora, professora certificada de ioga e entusiasta de cabelos cacheados. Seu primeiro livro foi lançado em 2016. Graduada pela University of Michigan, ela mora no Michigan com o marido e dois filhos. Passe para dar um oi em www.courtneyconover.com.

Depois de 35 anos em diversos ofícios, **Patrick Coomer** voltou para a escrita. Seu amor pelas palavras foi herdado de sua mãe, e ele foi publicado neste livro e no *Chicken Soup for the Soul: Think Possible*. Atualmente trabalha como motorista de ônibus em Portland, Óregon. Suas histórias entretêm e inspiram cada vez mais pessoas em patcoomer.wordpress.com.

D'ette Corona é a assistente editorial da editora da série Canja de galinha para alma. Ela tem bacharel em administração. D'ette está em um casamento feliz há 24 anos e tem um filho de dezenove que ama muito.

Kala Cota mora em uma pequena comunidade de lenhadores em Óregon. Ela é professora de pré-escola e gosta de ficar com seu marido, os dois filhos adultos e a neta. Desde que a mãe dela recebeu o diagnóstico, Kala fica incredulamente grata pelo apoio e encorajamento de sua família e amigos. Mande um e-mail para ela em kccota@frontier.com.

Nancy Bravo Creager nasceu e cresceu no Chile. Ela agora mora no estado de Washington. É esposa, mãe e avó. Nancy gosta de ler os clássicos; seu poeta favorito é Neruda e seu escritor favorito é Steinbeck. Ela está fazendo experimentos com prosa e poesia motivacionais.

Tracy Crump gosta de storytelling (do tipo bom, não falso) e foi publicada em inúmeros livros da série Canja de galinha para alma. Ela encoraja outras pessoas com seus workshop Write Life, além de webinar e da edição da popular newsletter de escrita The Write Life. Mas seu trabalho mais importante é ser avó da pequena Nellie. Visite Tracy em WriteLifeWorkshops.com.

Cindy D'Ambroso-Argiento é de Nova York. Ela agora mora na Carolina do Norte com a família. Cindy é escritora freelance e recebe matéria-prima abundante da família. Para ler mais do seu trabalho, confira o website www.cindyargiento.com. Mande e-mail para ela pelo endereço cargiento@aol.com.

Angel Dionne está no primeiro ano do ph.D. na University of New Brunswick, em Fredericton. Atua como membro-fundador na revista *Peculiar Mormyrid* e gosta de escrever, viajar e ler. Ela espera continuar escrevendo e em algum ponto trabalhar como professora titular na universidade. Comunique-se com ela pelo e-mail paper_lantern4@hotmail.com.

Lucille Engro DiPaolo mora em Plymouth Meeting, Pensilvânia. Ela foi publicada pela série Canja de galinha para alma diversas vezes. Lucille ama viajar e já foi a várias aventuras de sua lista de sonhos para realizar antes de morrer, incluindo fazer parasail, andar de balão, fazer tirolesa e, o mais empolgante, andar em um trenó puxado por cachorros na geleira Mendenhall.

Tricia Downing é palestrante profissional e atleta. Em 2000, ela foi atropelada enquanto andava de bicicleta e ficou paralisada. Tricia credita ao exemplo de fé, resiliência e determinação da mãe a habilidade de lidar com a difícil experiência. Saiba mais em www.trishdowning.com ou mande um e-mail para ladyterp_td@hotmail.com.

Logan Eliasen formou-se na Wheaton College em 2014 como bacharel em estudos bíblicos e teológicos. Atualmente é estudante de direito na University of Iowa. Logan gosta de ler romances clássicos e de colecionar discos de vinil.

Shawnelle Eliasen é escritora de textos motivacionais. Ela contribuiu com a série Canja de galinha para alma com inúmeros relatos. Ela e o marido moram em uma antiga casa vitoriana perto das margens do rio Mississippi com seus cinco filhos e o labrador caramelo chamado Rugby. Siga suas aventuras em shawnellewrites.blogspot.com.

Linda Rose Etter é professora aposentada com mestrado em Artes e Estudos Bíblicos. Seu livro devocional *Listen To HIS Heartbeat #2* foi publicado em 2015 e o *#1*, em 2011. Os dois contêm analogias bem humoradas e textos das escrituras, sendo ótimos presentes e ferramentas de ensino. Você encontra mais informações sobre os livros em www.etterlinda.com.

Gail Eynon fez bacharelado na University of Hawaii em Hilo, mestrado em Casamento e Família na Capella University e o ph.D. na mesma instituição. Gail passou o último ano lutando contra um câncer de mama em estágio final e aproveita a vida ao máximo.

Melissa Face mora na Virgínia com o marido e dois filhos. Ela é professora de inglês em meio-período na Appomattox Regional Governor's School e publicou mais de sessenta ensaios em diversas revistas e antologias. Mande seu e-mail para writermsface@yahoo.com.

Elizabeth Reardon Farella se graduou na Molloy College, onde obteve um diploma em Pedagogia. Em seguida, ela fez mestrado em Literacia. Dá aulas de primeiro ano na St. Edward the Confessor School em Syosset, Nova York. Gosta de ler, escrever e viajar com a família. Mande um e-mail para Elizabeth no endereço jeeec@aol.com.

Victoria Fedden é escritora e mãe, nascida em Fort Lauderdale, Flórida. Seu livro de memórias, *This is Not My Beautiful Life*, foi lançado em junho de 2016 pela editora Picador USA. O site dela inclui uma seção de blog, que você pode conferir em www.victoriafedden.com. Visite também a página no www.facebook.com/victoriacfedden.

Anna Fitzgerald fez seu bacharelado, com honras, e mestrado em Belas-Artes na National University of Ireland, Maynooth. Anna gosta de ler, escrever e viajar. Atualmente está estudando Direito. Mande seu e-mail para pearl4@eircom.net.

Judith Fitzsimmons é escritora freelance e consultora de negócios, e mora no interior do Tennessee. Os hobbies dela são aromaterapia, ioga e exercícios, mas sua paixão é ser mãe.

Mãe de três filhas adultas, **Sally Friedman** as vê como sua obra mais importante. Agora que elas mesmas são mães, forneceram muita matéria-prima para os ensaios que Sally tem escrito nas últimas quatro décadas. Formada pela University of Pennsylvania, ela mora em Moorestown, Nova Jersey. Mande seu e-mail para pinegander@aol.com.

Pam Giordano obteve seu bacharelado na Georgian Court University. Ela é professora aposentada de ensino fundamental e seus hobbies incluem escrever e pintar. Pam é membro de diversos corais. Mande seu e-mail para pam.giordano@gmail.com.

Patricia Gordon é professora aposentada de ensino fundamental, mãe e avó. Ela tem diplomas em Pedagogia pela Illinois State University e pela Western Michigan University. Atualmente, dá aulas de educação musical na Grand Valley State University e adora escrever sobre a própria família. Também escreve ficção como Patricia Kiyono.

Robin Rylee Harderson gosta de ler, escrever, pintar e da sua linda neta. Foi casada com seu marido, Marty, por 28 anos. Robin já foi publicada na *Women's World* e na *Sewing Memories*.

Jennifer Harrington recentemente se aposentou de uma carreira na área de tecnologia da computação e gosta de fazer música, jogar no computador e assistir a filmes com o marido e seus quatro filhos. Ela cuidou da mãe na jornada com o Alzheimer e atualmente é voluntária na Alzheimer's Association Northern California Chapter.

Isabel Harris mora e dá aulas em Nova York. Pretende escrever um livro de memórias sobre viver com depressão grave e está entusiasmada com a oportunidade de compartilhar essa parte de sua história. Ela nunca deixou de amar cavalos e ainda se considera uma vaqueira urbana.

Sonja Herbert é autora de um romance premiado sobre a sobrevivência de sua mãe no Holocausto em um circo, e de outras histórias reais. Mora na Alemanha, onde está se readaptando à convivência com a mãe e os irmãos. Mande seu e-mail através do site germanwriter.com.

Os contos de **Julie Hornok** estiveram em diversas publicações e sites, e está é sua quarta aparição na série Canja de galinha para alma. Quando não está ocupada levando os filhos de carro pelo DFW Metroplex, ela gosta de ajudar famílias que convivem com o autismo. Para contatá-la, acesse o site www.juliehornok.com.

Lisa Hutchison é autora best-seller internacional e educadora holística. Compreende os desafios de manter uma conexão consigo e com o Divino em um mundo hiperestimulante. Como psicoterapeuta certificada, ajuda seus clientes empáticos a expressarem suas vozes autênticas, protegerem sua energia e confiar em seus instintos. Saiba mais em www.lisahutchison.net.

Jennie Ivey mora em Cookeville, Tennessee. Ela é colunista de jornais e autora e inúmeros textos de ficção e não ficção, incluindo contos em diversas antologias da série Canja de galinha para alma.

Kara Johnson mora em Eagle, Idaho, com seu marido Jim, o filho Weston e a filha Kyah. Gosta de viajar, fazer mergulhos, acampar, fazer rafting, escrever e tentar acompanhar o ritmo dos seus filhos pequenos. Ela se sente abençoada e incrivelmente em dívida pelo amor que Joan demonstra por ela. Mande seu e-mail para karagym777@hotmail.com.

Sheridan Kee obteve seu diploma tecnológico em 2014. Ela está dando continuidade à sua formação em assistência social na Union University e pretende trabalhar com pessoas necessitadas. Gosta de andar a cavalo, cozinhar, ter bons momentos com amigos e família e fazer atividades da Igreja. "Filhinhos, não amemos de palavra nem de boca, mas em ação e em verdade" (1 João 3:18).

Jennifer Knickerbocker é mãe de quatro meninos. No tempo livre, ela gerencia uma ONG educativa em Spokane, Washington. Jennifer é apaixonada pela família e pelos filhos, o que não significa que seja fácil. "A maternidade é o melhor trabalho duro."

April Knight acabou de terminar seu romance: *Sweet Dreams, 65 Bedtime Stories for Big Girls*. Ela escreve uma coluna chamada "Crying Wind" para o jornal *Indian Life*. April é artista profissional e você pode conferir suas pinturas em www.cryingwind.com.

Mimi Greenwood Knight é mãe de quatro crianças no sul da Louisiana. Sente-se abençoada por ter mais de mil ensaios e artigos publicados em revistas e antologias. Novata no movimento sustentável, está se esforçando para aprender a tricotar e cuidar do jardim, de abelhas, de minhocas e de galinhas.

Nancy Julien Kopp, nascida em Chicago, viveu no Kansas por muitos anos. Ela tem textos em dezessete livros da série Canja de galinha para alma, quinze em outras antologias, revistas e jornais. Ela era professora, mas agora só ensina através da palavra escrita. Visite o blog para dicas e encorajamento www.writergrannysworld.blogspot.com.

Ann Kronwald é escritora freelance que gosta de escrever a vida cotidiana e celebrá-la. Ela nunca recusa uma grande caminhada, desde que haja chocolate amargo depois. Ann é mãe de quatro filhos já adultos e vovó de nove anjinhos, que lhe dão bastante munição para a escrita.

Karen Kullgren é a autora de *Grace in the Gray Areas: Thriving in Life's Paradoxes*. Ela é escritora e editora freelance com especial interesse em explorar a vida de mulheres, suas jornadas espirituais, culturas diversas e a universalidade da experiência humana. Mande um e-mail para graceinthegrayareas@gmail.com ou visite www.graceinthegrayareas.com.

Terri Lacher é escritora e palestrante freelance, e mora no Texas com o marido Bob e o golden retriever Lab Samson. Seu humor ácido está polvilhado em seus contos motivacionais, poesia e colunas bimestrais no jornal. Mande seu e-mail para btlacher@sbcglobal.net.

Victoria LaFave é escritora e coordenadora de marketing de nove escolas católicas no Michigan. Ela foi publicada em diversos livros da série Canja de galinha para alma, além da My Teacher Is My Hero. Seus textos também estão em revistas como *Parents, FamilyFun* e *Woman's Day*. Mande seu e-mail para vrlafave@sbcglobal.net.

Mary Ellen Langbein escreve contos e poesias desde os tempos de escola. É um de seus hobbies favoritos. Ela também se ocupa com golfe, pádel, decoração e viagens com o marido. Ela mora em Nova Jersey, é casada e mãe da Lauren e do Logan.

Mary Elizabeth Laufer é formada em Educação em Língua Inglesa pela SUNY Albany. Recentemente deixou a docência para dedicar mais tempo à escrita. Um de seus contos recebeu uma menção honrosa no concurso de ficção americana do The Saturday Evening Post Great American Fiction Contest em 2016 e foi publicada em uma antologia com os outros finalistas.

Ali Lauro é estudante do ensino médio e tem quinze anos. Ela gosta de ler e escrever desde muito pequena e deseja trabalhar na área algum dia. Mora com os pais, a irmã gêmea, outra irmã e dois cachorros.

Barbara LoMonaco trabalha no Canja de galinha como editora desde 1998. Ela foi coautora de dois livros da série Canja de galinha para alma e tem contos em inúmeros outras obras. Barbara é graduanda na University of Southern California e professora certificada.

Aimee Cirucci Lorge é uma escritora freelance e ensaísta pessoal com foco em família, carreira e a intersecção única entre ambos na vivência de esposa de um militar. Formada pela Wake Forest University e pela Temple University, ela mora no exterior e trabalha como instrutora de comunicação para nível superior. Saiba mais em www.aimeelorge.com.

Graduada pela Queen's University, **Gail MacMillan** teve seu trabalho publicado na América do Norte e na Europa Ocidental. É autora premiada de dois livros e de diversos contos, tendo 35 livros publicados de maneira tradicional. Gail mora em New Brunswick, Canadá, com o marido e dois cães.

Teresa Ann Maxwell mora em Washington com seu pescador favorito e marido, Richard. Ela tem muitas memórias ternas e nevadas de natais passados em família em seu estado natal, Idaho. A família ainda comemora o Natal em família com meias — incluindo a da mamãe.

Debra Mayhew é esposa de um pastor, mãe de sete crianças (geralmente) maravilhosas e escritora. Ela ama morar em uma cidade pequena, longas caminhadas, bons livros e momentos em família. Saiba mais em www.debramayhew.com.

Annette McDermott é escritora freelance e autora de livros infantis que foram publicados tanto em revistas para adultos como para crianças, além de em veículos virtuais. Ela gosta de escrever sobre uma vasta gama de assuntos, mas se especializou em tópicos de vida holística. Quando não está ocupada escrevendo e cuidando da família, gosta de cantar, cuidar do jardim e ler. Mande seu e-mail para annette@annetemcdermott.net.

Michelle McKague-Radic mora em Ontario com o marido e os filhos. Ela é formada em Inglês e História e atualmente trabalha como escritora freelance enquanto fica em casa para cuidar das crianças. Seu endereço de e-mail é misha_beth@yahoo.com.

Chris Mikalson é uma contadora aposentada que gosta de acampar com o marido, além de se dedicar aos seus "amores da vida" criativa — escrita e pintura. Chris é mestre de reiki e encontra grande alegria em ajudar pessoas a se curarem com essa linda energia. Mande seu e-mail para chris_mikalson@yahoo.ca.

Carrie Monroe mora e escreve de Minneapolis, Minnesota. Trabalha com teatro e tem histórias publicadas em revistas infantis. Ela gosta de escrever, andar de bicicleta, nadar e correr. Confira o blog dela: carriemonroewrites.wordpress.com.

Donia Moore é escritora freelance no sul da Califórnia. "Pilota enferrujada" que não voa há muito tempo, ela adora aviação e escreve artigos para diversas publicações do assunto regularmente. Seus finais de semana favoritos são dedicados a andar de caiaque com seu cachorro no verão e andar com raquetes de neve no inverno.

Beth Morrissey é escritora freelance que mora em Dublin, Irlanda. Ela gosta de fazer novos amigos, então, por favor, visite-a virtualmente no site www.bethiswriting.com.

Quando **Lava Mueller** contou para sua mãe que "Bolas de algodão" foi aceito pra esta publicação, ela disse: "Que ótimo, querida, fico feliz que pude ajudá-la a ficar rica. Acabei de comer um inseto." A novela young adult de Lava, *Don't Tell*, pode ser adquirida pela Amazon. Mande seu e-mail para lavamueller@yahoo.com.

Lee Ann Sontheimer Murphy cresceu em St. Joseph, Missouri, na sombra do Pony Express, cuja vida foi curta, mas agora mora na região das Ozarks, no Missouri. Ela é escritora em período integral e membro tanto da Missouri Writers Guild como da Ozark Writers League. Seus contos foram amplamente publicados e seu romance, *Kinfolk*, foi lançado pela Champagne Books em 2011.

Hank Musolf nasceu em Wisconsin e agora mora em Minnesota com a família. Ele toca violoncelo na orquestra da escola e também está no Clube de Oratória.

Ava Pennington é escritora, palestrante e professora de estudos bíblicos. Ela publicou inúmeros artigos em revistas de circulação nacional e participou de 28 antologias, incluindo vinte da série Canja de galinha para alma. Ela também é autora de *Daily Reflections on the Names of God: A Devotional*, recomendado por Kay Arthur. Sabia mais em www. AvaWrites.com.

Jornalista na área rural de Minnesota, **Ellarry Prentice** estudou viagem e turismo. Além do seu trabalho como repórter para o jornal local, ela é escritora freelance e fotógrafa, além de promotora de saúde mental e conscientizadora sobre alcoolismo. Ela gosta de ler, fazer trabalho voluntário e viajar com seu marido, Greg.

Cecile Proctor atualmente é estudante em tempo integral na University of New Brunswick e o contato da Associação do Canadá para Lesões Cerebrais. Está se esforçando para se formar com honra em Psicologia com especialização em Neurociência. Ela planeja continuar os estudos para entrar na área de neuropsicologia.

Winter Desiree Prosapio é uma romancista premiada e colunista de humor. Sua série Blue Sage Mystery mostra mães e filhas perseverando em circunstâncias únicas e desafiadoras com coragem, humor e sabedoria. Leia mais em wdprosapio.com.

Susan R. Ray escreve uma coluna de jornal semanal chamada "Where We Are", disponível em susanrray.com. Professora aposentada, faz trabalho voluntário com uma turma de segundo ano, e também escreve, lê e faz excursões com seus oito netos. Susan gosta de viajar, fazer pão e patchwork.

Denise Reich é italiana criada em Nova York e escritora freelance, além de dançarina e fotógrafa. Ela fica feliz por ser participante frequente da série Canja de galinha para alma. Denise atualmente escreve pra a revista canadense *Shameless*. Seu livro de memórias sobre a Broadway, *Front of House*, foi lançado em 2015.

Dra. Kelle Z. Riley, escritora, cientista e especialista em segurança e artes marciais, foi publicada desde de fóruns de jornais locais até em rede nacional na televisão. Seu livro de estreia, *Dangerous Affairs*, foi celebrado por expor de maneira precisa questões femininas em um formato acessível e interessante. Saiba mais em www.kellezriley.net.

Kimberly Ross tem mestrado em Divindades pela Saint Paul School of Theology. Em seu emprego anterior como capelã e pastora, trabalhou em um abrigo para pessoas em situação de rua, hospital para veteranos de guerra, manicômio, centro para retiros e igreja. Ela é escritora, mestre de reiki, mãe orgulhosa de três filhos adultos e a adorável avó de uma criança.

Jessie Santala é assistente pessoal e fotógrafa de meio-período, e mora em Denver, Colorado. Ela tem mestrado em Escrita Criativa pela University of Denver.

Donna Savage é esposa de um pastor e adora encorajar mulheres. Quando não está escrevendo ou dando aulas, está tentando simplificar a própria vida, ver mais alegria nas coisas e superar seu vício em chocolate. Seu celular tem mais de cem fotos dos netos. Contate Donna pelo e-mail donnasavagelv@cox.net.

John Scanlan formou-se em 1983 na U.S. Naval Academy e é tenente-coronel aposentado das Forças Navais. Está trabalhando em sua segunda carreira como escritor e pode ser contatado pelo e-mail ping1@hargray.com.

Lisa J. Schlitt mora em Kitchener, Ontario. Ela está casada com Patrick há dezesseis anos. Juntos, eles têm quatro filhos e estão no processo de adotar o quinto. Lisa espera que seu conto "A corrida" seja ilustrado e publicado no mercado de literatura infantil.

Além de ser autora de 26 romances, **Candace Schuler** também escreve estudos de caso, documentos informativos, propostas para bolsas, releases de imprensa, material de marketing e muito mais. Ela compartilha a vida com o marido com quem é casada há 37 anos e com dois dobermans de trinta quilos que pensam que são cães de colo. Sabia mais em www.CandaceSchuler.com.

Natalie Scott é mãe de três crianças: Eleanora (que está no céu), Pierce e Everett. É casada com Nicholas Scott e escreve para a Easter Seals. Formou-se na University of Delaware em 2005 em Inglês com especialização em Jornalismo.

A escritora multipremiada **Jacqueline Seewald** deu aulas de escrita na Rutgers University e trabalhou como bibliotecária acadêmica e especialista em mídias educativas. Tem quinze livros de ficção para adultos, adolescentes e crianças. Seus contos, crônicas, poemas, ensaios, resenhas e artigos estão presentes em publicações e antologias. Saiba mais em jacquelineseewald.blogspot.com.

Penny Smith, formada em seminário, dá aulas em conferências, retiros e eventos no exterior. Sua escrita conta uma variedade de gêneros e está presente em inúmeros periódicos cristãos. É autora de *Gateways to Growth and Maturity Through the Life of Esther*. Mande um e-mail para psmithgtg@gmail.com ou sabia mais em www.pennyesmith.blogspot.com.

Escritora, performer e palestrante, **Kim Stokely** mora em Nebraska com o marido e três cachorros neuróticos. É autora de *Woman of Flames, Winter Trees* e *Spring Rains*. Visite www.kimstokely.com ou Facebook.com/kimstokelyauthor para mais informações sobre suas apresentações e obras.

O conto de **Daryl Wendy Strauss,** "A meia de Natal da mamãe", gerou muitas doações para seu projeto, e a edição de 2015 foi a mais bem-sucedida até o momento. Ela é uma leitora certificada de Angel Card, atriz e praticante de reiki. Mande seu e-mail para darylwendy@ msn.com e saiba mais pelo site www.momschristmasstocking.com.

Janet Taylor é uma enfermeira registrada que mora Franklin, Tennessee, com Robert, seu maior apoiador. Sua família do Mississippi lhe fornece inspiração e frequentemente é assunto de suas histórias. Mande um e-mail para Janet pelo endereço janet@4door.com.

Michelle Vanderwist está estudando na Georgetown University. Ela adora desenhar, pintar, tocar guitarra, trabalhar com animais e se manter ativa. É uma cozinheira terrível, mas tem um talento oculto para bambolê. Mande um e-mail para ela no endereço mav49@georgetown.edu.

Kristin Viola é uma escritora que mora em Los Angeles e que contribuiu com textos no *Los Angeles Times, Zagat, Angeleno* e outras publicações. Além de correr, ela ama viajar, ler e uma boa taça de vinho. Mandei seu e-mail para kjviola@gmail.com

Holly Wilkinson, seus filhos e sua mãe vivem na linda região do Pacífico Noroeste. Ela gosta de café, música e chuva e escreve contos, avaliações e poesia em seu blog *Woman at the Well*: womanatthewell--womanatthewell.blogspot.com. Continua sendo inspirada pela força da mulher que a criou.

Katrina Anne Willis é esposa e mãe de quatro filhos. Escritora e ensaísta, foi indicada para a categoria Voz do Ano do prêmio BlogHer de 2015. Seu primeiro livro, *Parting Gifts*, foi publicado pela She Writes Press em abril de 2016. Mande seu e-mail para katrina_willis@me.com.

Beth M. Wood mora em St. Louis com seus três lindos filhos. É uma veterana do marketing com vinte anos de profissão, escritora por escolha, leitora devotada e editora semifanática. Ela compartilha seus pensamentos em blog.bethmwood.com e tuíta em @a1972bmw.

Lisa Wright-Dixon tem bacharelado em Sociologia pela Syracuse University. Atualmente mora na Carolina do Sul com seu marido Gregory e seis gatos. Lisa atualmente está escrevendo outros contos e planeja escrever um livro de memórias de infância.

Conheça Amy Newmark

Amy Newmark foi escritora, palestrante, analista em Wall Street e executiva no mundo das finanças e telecomunicações por trinta anos. Atualmente, é autora, editora-chefe e coordenadora da série de livros Canja de galinha para alma. Ao fazer a curadoria e a edição de histórias reais motivacionais de pessoas comuns que tiveram experiências extraordinárias, Amy manteve a coleção atual e relevante, como uma parte do zeitgeist atual.

Amy se formou com honras em Harvard, onde se habilitou em Português e também em Francês. Sua tese é sobre poesia popular e fala do Brasil, o que envolveu viajar pelo país e conhecer poetas e escritores para registrar suas histórias. Ela fica muito feliz em fechar o ciclo de sua carreira de escrita — indo de reunir poesia "do povo" no Brasil aos vinte anos para, décadas depois, reunir histórias e poemas "do povo" para o Canja de galinha.

Amy é frequentemente convidada para aparições no rádio e na TV, transmitindo ensinamentos práticos e dicas úteis que aprendeu lendo e editando milhares de histórias para esta coleção.

Ela e o marido são pais orgulhosos de quatro adultos e, em seu limitado tempo livre, Amy gosta de visitá-los, fazer trilhas e ler livros que ela não precise editar.

Siga-a no Twitter pelos perfis @amynewmark e @chickensoupsoul.

Agradecimentos

Um muito obrigada para todos os nossos colaboradores que escreveram sobre suas mães em nossos livros anteriores. Lemos as histórias e escolhemos dentre uma abundância de possibilidades para fazer com que esta edição especial do Canja de galinha para alma inspire e divirta muitas mães, mostrando a elas como são reconhecidas.

Um muito obrigada à editora assistente D'ette Corona e à editora plena Barbara LoMonaco, que passaram o pente fino em nossa vasta biblioteca para escolher as histórias e moldaram o manuscrito que se tornou este livro.

Toda a equipe editorial merece um aplauso, incluindo nosso diretor de produção, Victor Cataldo, e nosso designer gráfico, Daniel Zaccari, que transformou o manuscrito em um lindo livro.

Este livro foi impresso pela Cruzado,
em 2022, para a HarperCollins Brasil.
O papel do miolo é pólen soft $70g/m^2$,
e o da capa é cartão $250g/m^2$.